Carsten Sebastian Henn (Hg.)
Wein, Mord und Gesang

Carsten Sebastian Henn (Hg.)

Wein, Mord und Gesang

KBV

Originalausgabe

www.kbv-verlag.de
E-Mail: info@kbv-verlag.de
Telefon: 0 65 93 - 99 86 68
Fax: 0 65 93 - 99 87 01
Umschlaggestaltung: Ralf Kramp
Druck: Aalexx Buchproduktion GmbH, Großburgwedel
Printed in Germany
ISBN 978-3-940077-91-2

Inhalt

Die 13 deutschen Qualitätsweinbaugebiete

Die Exoten: Wo sonst noch Wein wächst

Die große deutsche Wein-Cuvée

Die 13 deutschen Qualitätsweinbaugebiete

Ahr

Die Ahr ist sicher eines der schönsten deutschen Weinanbaugebiete – und eines der kleinsten. Auf gerade einmal 25 Kilometer Länge wird Wein angebaut, rund 500 Hektar Weinberge gibt es, vor allem mit roten Rebsorten wie Spätburgunder, Dornfelder, Portugieser oder Frühburgunder bestockt. Wobei letzterer eine lokale Spezialität ist, die sogar in die »Arche des Geschmacks« der Slow-Food-Bewegung aufgenommen wurde.

In früheren Jahren war das Ahrtal beliebtes Ausflugsziel von Bustouristen und es galt der Spruch »Wer an der Ahr war, und weiß, dass er da war, der war nicht an der Ahr.« Heute kommen die Scharen eher, um den wunderschönen Rotweinwanderweg entlang zu spazieren – und erst danach dem Roten von der Ahr zuzusprechen. Einige von Deutschlands besten Rotweinwinzern sind an der Ahr beheimatet, deren Weine durch die Schieferböden des Tals eine ganz besondere Note besitzen.

Bis(s) im Ahrtal

Von Carsten Sebastian Henn

Der Mond strahlte am Himmel über Heppingen wie ein frisch poliertes 5-Mark-Stück. Diese Münze war zwar seit einigen Jahren nicht mehr im Umlauf, aber Gernot dachte stets im großen zeitlichen Rahmen. So schöne Nächte wie diese, mit einem lauen Windchen, und einer wie entfesselt aufgeknospeten Natur, waren selten. Egal, wie viele Jahrhunderte man schon lebte.

Das Schicksal meinte es heute gut mit ihm. Denn auch das Ambiente war beim Essen von großer Wichtigkeit. Und er würde gleich hier essen, in dem Gebüsch hinter sich, das weit von der Straßenlaterne entfernt war. Wenig Licht fiel darauf, niemand würde erkennen können, wenn Gernot herzhaft zubiss. Selbstverständlich nur mit einem Zahn. So machten es alle seit dem großen Missverständnis im Jahr 1897, als der irische Theatermann, dieser Bram Stoker, einen Roman über den rumänischen Fürsten Vlad III. Drăculea veröffentlichte. Seitdem dachte jeder bei zwei Einstichen am Hals gleich an Vampire. Weswegen alle nur noch einseitig bissen. Nur keine Aufmerksamkeit erregen. Glücklicherweise vergaß Stoker das Serum zu erwähnen. Das Procedere glich dem der Stechmücken. Diese spritzten in die Saugstelle Proteine ein, um das Gerinnen des Blutes zu verhindern. Das taten Vampire auch, doch in ihrem Speichel befand sich zudem ein leichtes Narkotikum, welches das Opfer seine kurze Zeit als Nahrungsspender auf der Stelle vergessen ließ.

Die Natur war bewundernswert erfinderisch.

Gernot hatte seit einer Woche nicht gesaugt, um sich heute die Blutbahnen vollschlagen zu können. Der Durst brodelte in ihm und Gernot merkte, wie Wahnsinn sich in sein Verlangen mischte. Doch der heutige Genuss würde das Warten wert sein. Der Höhepunkt seines Lebens als Gourmet-Vampir. Niemand wusste besser als er, wo schmackhaftes Blut zu bekommen war. Zum Beispiel dieser kleine Maori-Kindergarten an Neuseelands Südost-Küste, wo der salzige Geschmack dem jungen Blut einen besonderen Kick gab. Oder diese eine, ganz besonders entlegene Ranch in Argentiniens Hochland, wo die Männer sich nur von gegrilltem Fleisch ernährten, wodurch ihr Blut eine glutige Würzigkeit besaß. Gernot berichtete regelmäßig in seinem Internet-Blog über die Funde. Natürlich passwortgeschützt.

Doch über sein heutiges Festmahl würde er nichts schreiben. Es sollte sein Geheimnis bleiben. Schließlich war es ihm auch als solches anvertraut worden.

Trat da schon jemand aus dem Restaurant »Zur alten Eiche«? Ja … aber nur zum Telefonieren. Und zum Rauchen. Raucher würde er heute nur zur Not aussaugen. Das ganze Nikotin war schlecht für seinen Blutkreislauf. Es gab allerdings Vampire, die schreckten trotzdem nicht davor zurück. VIP-Sauger zum Beispiel. Die bissen nur Berühmtheiten. Und wer Altkanzler Helmut Schmidt in seiner Sammlung haben wollte, der musste eben ein gerüttelt Maß an Teer in Kauf nehmen.

Der Mensch beendete sein Gespräch und ging zurück ins hell erleuchtete Sternerestaurant des berühmten Julius Eichendorff. Einem Mann mit exquisitem Geschmack, dem Gernot vermutlich auf ewig dankbar sein musste.

Und ewig konnte man in diesem Fall wörtlich nehmen.

Gernot trat näher an den Glaskasten mit der aktuellen Menükarte. Ein marmoriertes Blatt kündete vom heutigen Event. »Frühburgunder-Abend« stand dort. Einmal im Monat veranstalteten sie einen solchen. Es gab nichts anderes Alkoholisches als diese Rebenspezialität des kleinen Ahrtals, alle Gerichte waren so konzipiert, dass sie perfekt dazu passten.

Und nichts vermählte sich dermaßen gut mit Menschenblut wie Frühburgunder.

Es war, als würden einem Teufelchen auf die Zunge pieseln.

So hatte sein Onkel Friedensreich es beschrieben. Ein Nenn-Onkel, der Gernot in seinen ersten Jahren als Vampir ab und an zur Seite gestanden hatte. Friedensreich hatte im Ahrtal gelebt. Bis er vor Kurzem gestorben war. Es musste fürchterlich gewesen sein. Geschwollene Zunge, blutunterlaufene Augen, Pusteln auf der eisigen Haut. Mit seinen letzten Worten hatte er einen Brief an Gernot diktiert und ihm von diesem Restaurant erzählt. Er wollte etwas gutmachen, sie hatten sich zerstritten. Gernot war mit Friedensreichs Gefährtin durchgebrannt, jugendlicher Hitzkopf, der er damals noch war. Danach hatten sie nie mehr miteinander gesprochen, obwohl Gernot es mehr als einmal versucht hatte.

Frühburgunder-Blut, hatte Friedensreich geschrieben, ist der Beweis, dass Gott den Vampiren ihre Schuld vergibt. Doch nur im Ahrtal sei es so köstlich, wegen des Devonschiefers, auf dem die Trauben hier reiften.

Heute Abend würde Gernot das Elixier endlich kosten.

Seine Arterien und Venen waren mittlerweile so vertrocknet, dass er sie bei jeder Bewegung knistern hören konnte. Seine letzten, verbliebenen Bluttropfen kratzten durch die Bahnen.

Die große, gusseiserne Tür des Restaurants öffnete sich wieder. Ein einzelner Mensch trat heraus, männlich, knöpfte sich den Mantel zu – und zündete keine Zigarette an.

Abendessen war fertig.

Gernot wurde eins mit den Schatten, mit dem Flüstern des nächtlichen Windes, mit dem Geruch feuchter Blätter. Er erschien mehr hinter dem gesättigten Mensch, als dass er dorthin ging. Ein letztes Mal blickte er sich um. Niemand zu sehen, alle Gardinen zugezogen. Ein kurzer Schubs und sein Opfer fiele ins Gebüsch, rasch würde sich sein Zahn in die Halsschlagader senken, pumpend würde das warme Blut in seinen Schlund schießen. Gernot konnte nicht anders, er musste hier und sofort, mitten auf dem Gehweg, einen kleinen Bissen nehmen. Einen Snack. Für den kleinen Hunger zwischendurch. Geschwind senkte er den Kopf zum Hals des Menschen.

Und hielt inne.

Von der Haut des Mannes ging eisige Kühle aus. Jetzt erst fiel ihm der edle Zwirn auf, in den er gewandet war. So etwas gab es nur in Mailand.

Im Mailand des späten 19. Jahrhunderts.

Und mit einem Mal erkannte er auch den Haarschnitt. Seit 78 Jahren der gleiche.

»Holger?«

Der Mann drehte sich um. Es war tatsächlich Holger. Eigentlich hieß er Wilhelm, wie der deutsche Kaiser zu seiner Geburt. Aber er gab sich alle paar Jahrzehnte einen neuen, modischen Namen.

»Gernot! Was für eine Freude, dich hier zu sehen. Du wolltest mich doch nicht etwa beißen?«

»Nein.«

»Nein? Sah aber so aus.«

»Dann sah es falsch aus. Was machst du hier?«

»Na, wahrscheinlich dasselbe wie du! Zuerst hab ich drinnen ein Rinderhüftsteak gegessen, schön blutig. Und jetzt gibt es hier den Nachtisch. So'n fettes Ehepaar aus Ennepetal saß einen Tisch neben mir, die haben eben schon das Dessert bekommen. Ich nehm das Weibchen, steh halt auf süßes Blut, in Ordnung?«

Gernot spürte die Wut in sich brodeln wie einen zu stark geschüttelten Champagner. »Woher weißt du von diesem Restaurant?« Das ist mein verdammtes Geheimnis, wollte er hinzusetzen. Aber was für ein Geheimnis war das, von dem andere wussten? Ein beschissenes.

»Von wem ich das weiß?«, fragte Holger zurück. »Na, von Gabi. Der aus dem Osten. Die du nach der Wende gebissen hast, als Begrüßungsgeschenk. Die Gabi mein ich. Deine Gabi!«

Seine Gabi. Der einzige Vampir, dem er vom Ahrtaler Frühburgunder-Blut berichtet hatte. Sie hatte ihm Verschwiegenheit geschworen. Hoch und heilig. Gernots Wut vermischte sich mit seinem mittlerweile unfassbaren Hunger, der ihm fast die Sicht vernebelte und er biss Holger in die Kehle. Das gehörte sich natürlich nicht. Untereinander beißen war verpönt. Außerdem schmeckte es auch nicht wirklich lecker. Das Blut war einfach zu kalt und irgendwie... tot. Gernot spuckte alles wieder aus und warf Holger ins Gebüsch. Diese blöde Gabi! Die Liebe seines Lebens - hatte er damals gedacht. Doch sie war ein flatterhaftes Wesen, kam und ging, wie es ihr gefiel. Doch Gernot konnte nicht von ihr lassen, war ihr ausgeliefert. Sie spürte, wenn er eine neue kulinarische Entdeckung gemacht hatte und kitzelte diese aus ihm raus. Gabi wusste genau wie.

Das Ehepaar aus Ennepetal ließ sich Zeit. Gernot entschied einen Blick durchs Fenster zu wagen. Die zwei sahen wirklich schmackhaft aus, und ihre Augen waren schon glasig vom Frühburgunder. Ein Festmahl. Vielleicht wäre danach sogar noch ein Nachschlag drin. Er ließ seinen Blick schweifen.

Und das wenige, kühle Blut, das in seinem Körper floss, begann zu kochen.

Der ganze Raum war voll.

Voll mit Vampiren.

Mindestens an vier Tischen. Gernot kannte sie alle. Sämtlich Freunde von Gabi. Wie vielen Vampiren hatte es dieses schwatzhafte Weib erzählt? Vampirinnen waren doch alles Schlampen! Und selbst nach über achthundert Jahren fiel er immer noch auf sie rein. Das Untotsein brachte irgendwie das Schlechte in Frauen hervor.

Die Vampire in der »Alten Eiche« würden ihm alles kaputtmachen, würden alles aussaugen, bevor er auch nur einen Tropfen abbekam.

Und regelmäßig wiederkehren.

Er musste sie loswerden. Sofort.

Gut, man tötete eigentlich keine anderen Vampire. Aber jetzt hatte er eh schon Holger ins endgültige Jenseits befördert, da kam es auf ein paar zusätzliche Morde auch nicht mehr an. Außerdem verwandelten sich tote Vampire zu Staub, da blieb nichts zurück. Würde ihm keiner was beweisen können.

Doch Gernot hatte keine Lust, sie alle auszusaugen. Also brach er in die nächstgelegene Kirche ein, zwang einen Passanten, den seine Frau gerade mit dem Hund zum Gassi gehen rausgeschickt hatte, ihm Weihwasser in eine Thermosflasche abzufüllen, und riss ein paar spitze Pfähle aus einem alten Jägerzaun.

Gut. Konnte losgehen.

Es war nicht schön. Wirklich nicht. Kein Spaß. Dieses ganze Herzendurchbohren und mit Weihwasser besprenkeln. Eklig war das. Und ganz schlecht für den Appetit. Mit einigen Vampiren sprach er vorher noch ein paar Sätze. Sie alle bestätigten Holgers Geschichte. Gabi hatte ihnen begeistert vom Frühburgunder-Blut berichtet.

Man sah nicht jeden Tag alte Freunde zu Staub zerfallen. Wobei zerfallen das falsche Wort war. Zuerst schien sich das Innere nach Außen zu stülpen, also die ganzen Gedärme, dann sank alles zusammen und sah aus wie eine verunglückte Portion überbackene Cannelloni, bevor es zischend und brodelnd zu Staub wurde.

Es schlug Gernot gehörig auf den Magen, aber Durst hatte er trotzdem noch.

Wahnsinnigen Durst.

Das Ehepaar aus Ennepetal saß immer noch drinnen. Der Chefkoch machte gerade seine Runde und stand schon eine ganze Weile an ihrem Tisch. Sie unterhielten sich blendend. Wenn die Beiden nicht bald rauskämen, käme Gernot rein. Er hielt es einfach nicht mehr aus. Gab es vielleicht in irgendeiner Ecke des Raumes jemanden, der gerade aufbrach? Es musste doch einen Gast geben, der nach Hause wollte. Schließlich war es schon nach zwölf! Gernot lehnte sich weiter vor und trat zur Seite des Fensters, so dass er den ganzen Raum in Augenschein nehmen konnte. Dort stand tatsächlich eine Frau auf! Er konnte sie nur von hinten sehen, eine attraktive Blondine, kurzer Rock, hochhackige Schuhe. Sie drehte sich um.

Gabi!

Dieses verdammte Miststück.

Gernot hob die Thermosflasche prüfend hoch. Noch genug Weihwasser drin. Er würde ihr zuerst die Beine wegätzen, damit sie nicht wegrennen konnte, dann die Arme, einen nach dem anderen, einfach aus Spaß an der Freude. Und dann… mal sehen. Man musste Freiräume für spontane Eingebungen lassen.

Das Ehepaar aus Ennepetal kam vor ihr heraus. Gernot ließ sie zurück nach Ennepetal fahren. Er wollte Gabi um nichts in der Welt verpassen. Wenn er sie nicht tötete, wäre alles umsonst gewesen.

Sein totes Herz schlug ihm hart in der Brust, als ihr goldenes

Haar aus der sich öffnenden Eingangstür hervorlugte. Wie liebte er dessen Duft nach Vergissmeinnicht, wie wundervoll war es, in der Nacht daneben zu erwachen …

Doch jetzt hasste er nichts so sehr wie dieses Aroma. Es widerte ihn an. Genau wie die Frau, die es jeden Tag auflegte.

Gernot machte keine Anstalten sich zu verstecken. Er stand mitten auf dem Weg, der von der Hauptstraße zur »Alten Eiche« führte.

Sie erkannte ihn sofort. Und lächelte. »Wusste ich doch, dass ich dich hier finden würde! Ich hab dich so vermisst. Das ist jetzt auch schon wieder drei Wochen her, oder? Dass wir uns… *gesehen* haben.« Sie zwinkerte ihm zu. »Hast mich auch vermisst, was? Tierisch, oder?« Sie trat näher, ihre ausladenden Hüften schwenkend. »Du bist keinen Tag gealtert.« Ein schon historischer Vampirwitz, doch Gabi brachte ihn betörend keck. Das Mondlicht verlieh ihren Haaren einen magischen Glanz und Gernot stieg der Duft von Vergissmeinnicht in die Nase. »Soll ich dich heute wieder zum Heulen bringen, als wärst du mein kleiner Werwolf?«

»Nein«, sagte Gernot. »Heute sollst du nur eins für mich tun.«

»Was denn, mein Wilder?«

»Sterben.«

Er warf sie in den Busch, der bereits von den Aschen etlicher Vampire gedüngt worden war. Gabi erkannte den Geruch. Jeder Vampir erkannte den Geruch.

»Was ist hier…?«

Gernot ließ einen Tropfen Weihwasser auf ihr Schienbein fallen. Er fraß sich zischend hindurch.

»Kein Wort mehr«, befahl Gernot. »Du hast allen vom Frühburgunder-Blut erzählt, dabei habe ich dir von diesem Geheimnis im Vertrauen berichtet. Aber du konntest deinen schönen Mund ja nicht halten, und deshalb wirst du nun sterben. Aber erst nachdem du mir berichtet hast, wer noch alles davon weiß.« Er hob die Thermoskanne über ihren Kopf. »Oder soll ich dich vorher noch ein wenig begießen?«

»Warte!« Gabi hob die Arme schützend empor. »Sie haben mich gezwungen! Ich wollte nichts sagen, ums Verrecken nicht. Aber sie haben gespürt, dass da was war, weil ich so glänzende Augen nach unserem letzten Treffen hatte, sie haben die Vorfreude gesehen und wollten die Wahrheit aus mir rausprügeln – aber ich habe standgehalten und nichts verraten! Da haben sie mich gefesselt und hungern lassen, haben vor meinen Augen Blut gesaugt und mich schließlich zur Ader gelassen, bis ich keine Kraft mehr hatte. Erst da habe ich geredet, das musst du mir glauben! Ich liebe dich doch! Nur dank dir bin ich doch zum Vampir geworden!«

Und Gabi war gerne Vampir, das wusste Gernot. Sie liebte es Blut zu saugen. Er betrachtete sie schweigend. Sie hatte wirklich wundervolle mahagonifarbene Augen, die im Mondlicht glänzten wie ein perfekt polierter Sarg.

»Glaub mir doch, Gernot! Denkst du, ich hätte es weitererzählt, obwohl ich wusste, wie wichtig dir das Frühburgunder-Blut ist? Für was hältst du mich denn?«

Hatte er vorschnell geurteilt? Aufgrund des Hungers ganz vergessen, was er an Gabi hatte?

»Ich liebe dich, du dummer Junge«, hauchte sie. Mit diesem Augenaufschlag, den selbst ein Nachtfalter nicht eleganter hinbekommen hätte.

»Hilfst du mir hoch?«

Gernot reichte ihr die Hand.

»Und jetzt trinken wir endlich Frühburgunder-Blut«, sie strahlte. »Oh, wie ich mich darauf gefreut habe, das kann ich dir gar nicht sagen. Ich habe in den letzten Tagen viel anderes Wein-Blut ausprobiert, ich war in Württemberg wegen Trollinger und an der Mosel für Riesling, bin sogar nach Frankreich, um Bordeaux auszuprobieren. Und ich hab mich umgehört, worauf die anderen schwören. Das Burgund ist ganz vorne, und die Rebsorte da, der Spätburgunder, ist ja mit dem Frühburgunder verwandt. Holger meinte, wenn einer Coq au Vin gegessen und dazu ordentlich Gevrey-Chambertin getrunken hat, das sei un-glaub-lich. Hab ich dann auch probiert. Und was soll ich sagen? Groß! Wirklich! Danach fühlst du dich, als hättest du Wimbledon gewonnen.«

Sie kicherte, Gernot brach ihr das Genick. Und drehte den Kopf ab.

Liebe hin, Liebe her. Sie redete zu viel. Ganz einfach. Gabi würde niemals ihre Klappe halten. Das wäre gegen ihre Natur. Da konnte sie gar nichts für. Er nahm ihr das nicht übel, aber sterben musste sie trotzdem.

Drinnen wurden bereits die Tische neu eingedeckt, den letzten Gast geleitete der Chefkoch höchstpersönlich zur Tür. Diesen Menschen würde er bis zum letzten Tropfen aussaugen, egal ob es auffiel oder nicht. Er hatte jetzt so lange gewartet. Gernot war alles egal. Seit seinem ersten Tag als Vampir, bei dem er bis zum letzten Moment gewartet hatte, bis er sich endlich traute einen Menschen zu beißen, hatte er nicht mehr dermaßen nach Blut gelechzt. Wahrscheinlich würde ihm jetzt sogar das Blut eines alten Dackels köstlich erscheinen – wie überwältigend musste da erst Frühburgunder-Blut sein?

Der letzte Gast der »Alten Eiche« torkelte, ja er schien wie von selbst den Weg zum Gebüsch zu finden, an dessen Wurzeln sich nun ein kniehohes Häuflein Asche befand. Er mochte um die 50 sein und war mit dem Bauchvolumen eines strammen Walrosses ausgestattet. Gernot musste ihm nur noch einen kleinen Stups geben, da lag er schon.

Prima, am liebsten aß Gernot eh im Liegen. Wie ein Römer.

Spontan beschloss er beide Zähne zu nehmen. Denn aus seiner Zeit als Mensch erinnerte er sich daran, dass man Champagner stets in großen Schlucken trank.

Butterweich senkten sich seine scharfen Reißzähne in das Fleisch, der Mann stöhnte nur kurz auf, bevor das Narkotikum zu wirken begann.

Oh, Gott, war das wundervoll, warm und seidig strömte das Blut über seinen Gaumen, von köstlichen Aromen nach Erdbeere, Sauerkirsche und Vanille durchsetzt, dazu kam die kristalline Klarheit des Schiefers, alles verbunden mit dem Eisen des Blutes. Niemals, weder als Mensch noch als Vampir, hatte Gernot etwas so Köstliches genossen.

Doch mit einem Mal konnte er seine Zunge nicht mehr spüren, sie war taub, wurde immer dicker, klebte schließlich am Gaumen, seine Augen tränten, er konnte die Äderchen darin platzen hören, und seine ganze Haut kribbelte als vergrüben sich tausende Feuerameisen darin. Gernots Körper bestand nur noch aus Schmerzen und er spürte, wie die Hitze in ihm aufstieg, die ihn verbrennen, ihn zu Asche werden lassen würde.

Onkel Friedensreich, du alter Drecksack. Hast mir also doch nicht vergeben! Sondern mich umgebracht, so wie du selbst gestorben bist. Frühburgunder-Blut war für Vampire scheinbar so etwas wie Nüsse für Nussallergiker.

Aber geschmeckt hatte es trotzdem …

Würde überall auf der Welt Frühburgunder angebaut, dachte Gernot mit den letzten Zuckungen seines sich verflüssigenden Hirns, gäbe es innerhalb kürzester Zeit keine Vampire mehr.

Wie gut, dass das Ahrtal nur so klein war.

Und sie ihren Wein hier fast komplett allein tranken.

Baden

Viele Weingenießer verbinden Baden vor allem mit dem Kaiserstuhl, dieser mächtigen Erhebung, die heute aussieht wie die Trittleiter eines Riesen – doch da gibt es noch viel, viel mehr. Das Markgräfler Land zum Beispiel, berühmt für seinen Gutedel, den Tuniberg, die Ortenau, wo der Riesling noch Klingelberger heißt. Baden ist das ausgedehnteste (400 Kilometer Länge) und vielseitigste aller deutschen Weinbaugebiete. Rund 16.000 Hektar Weinberge gibt es hier, das ist Platz drei in Deutschland. Im Vergleich zu nördlicheren deutschen Anbaugebieten auch enorm heiß, weswegen es als einzige deutsches Gebiet zur Weinbauzone B zählt (so wie das Elsass, die Champagne oder das Loiretal). Als heißeste Weinlage Deutschlands gilt übrigens der Ihringer Winklerberg am Kaiserstuhl.

Berühmt ist Baden vor allem für seine Burgunder, doch auch mancher Riesling oder Silvaner zählt zu Deutschlands besten. Der Spätburgunder bedeckt mehr als ein Drittel der Fläche, wobei badische Weine dank der vielen Sonne sehr kräftig und häufig auch hoch im Alkohol ausfallen. Nichts für Warmduscher also.

Vergessen

Von Ralf H. Dorweiler

Werner starrte auf die große Eisentür, hinter der die Freiheit auf ihn wartete. Nur einen Meter davor hatte er sich auf den Boden des kargen Ganges sinken lassen, um nachzudenken. Ein unbestimmtes Gefühl, etwas vergessen zu haben, ließ ihm keine Ruhe. Er wandte den Blick von der Tür ab. In der kalten Notbeleuchtung wirkte die Haut seiner faltigen Hände noch fahler und fleckiger als sonst. Er stellte sich vor, dass sie schon bald den schlanken Stiel eines Weinglases zu fassen bekommen würden. Endlich wieder. Er stand mühselig auf.

Natürlich hatte Werner die Franzosen bevorzugt, aber seine Heimat war Baden. Schon als Kind ging er mit zum Herbsten in die Reben. Mama, Papa, der Bruder, der Onkel, die Kusine, alle waren sie um ihn herum, schufteten und stimmten gemeinsam Lieder an im sonst so stillen Weinberg. Je länger der Tag währte, umso ruhiger wurde es, bis schließlich jeder für sich konzentriert seiner Arbeit nachging. Werner hatte diese Momente geliebt, wenn er eine Traube nach der anderen mit seiner Rebschere abgeschnitten hatte und sich der Korb ein ums andere Mal füllte. Dabei vergaß er alles andere um sich herum – bis zur Vesper.

Was hatte er nur vergessen? Die Ungewissheit nagte an ihm. Hatte er an den Schlüssel gedacht? Hektisch tastete er nach der Brusttasche seines Schlafanzugs. Sofort spürte er den kleinen, metallischen Gegenstand und atmete auf. Er zog den Schlüssel hervor, schaute ihn kurz liebevoll an und küsste ihn. Er wollte ihn schmecken, dieses kleine Ding, das ihn endlich wieder in den Genuss eines Glases Wein bringen würde, des köstlichsten aller Getränke, des Tranks der Götter. Er führte den Schlüssel an den Mund und schloss die Augen. Metall, ein wenig Erde, keine Fruchtnote. Scharfe Kanten statt der samtweichen Flüssigkeit, die eigentlich seine Zunge umschmeicheln sollte. Er musste hier raus. Und zwar schnell!

Werner spuckte den Schlüssel wieder aus. Wie viele großartige Tropfen hatte er in seinem Leben weggespuckt? Es mussten Tausende gewesen sein. Um die mittelmäßigen oder gar schlechten Weine, die lieblos ausgebauten, auf geizigen Böden von zu wenig Sonne beschienen, tat es ihm nicht leid. Aber um die edlen Tropfen von strahlender Farbe, mit noblem Bouquet. Viele der Guten hatte er natürlich genussvoll getrunken, um auch ihren Nachhall beurteilen zu können, aber in seinem Beruf musste man einen klaren Kopf bewahren. Zu viele Abgänge konnten sich schnell rächen.

Der Schlüssel war noch voller Spucke. Werner rieb ihn an seinem Schlafanzug trocken, bevor er sich wieder der schweren Eisentür zuwendete. Die sollte ihn davon abhalten, nach draußen zu kommen, aber heute würde sie ihn nicht daran hindern, Wein zu trinken.

Auch die Tür zum Weinkeller des Vaters war für Werner kein großes Hindernis gewesen. Das alte Gewölbe, in dem sich Fass an Fass reihte, oft mit alten Schnitzereien und alemannischen Sinnsprüchen zum Wein verziert, hatte es ihm schon früh angetan. Diese Gerüche! Feuchter Stein, schweres Holz und die fruchtig-bittere Süße des Rebensafts. Sein Vater war kein wirklich begabter Winzer gewesen. Der einfache Gutedel aber, den er eigentlich nur für den Eigenbedarf angebaut hatte, war Werner in bester Erinnerung. Sein erster Rausch mit diesem Wein hatte ihm auch seinen ersten Kuss beschert, für den er sich am nächsten Morgen genauso sehr schämte, wie sein Kopf schmerzte. Als sein Bruder das Gut im Markgräflerland übernommen hatte, war Werner eine Lehre im »Schützen« angeboten worden. Der Schützenwirt hatte gerade auf gehobene Gastronomie umgestellt und die Gäste lernten die Weinempfehlungen des jungen Burschen schnell zu schätzen. Der Marschbefehl hatte seiner Lehre ein jähes Ende gesetzt. Eine dunkle Zeit hatte für ihn begonnen.

Im spärlichen Licht konnte er das Schlüsselloch kaum erkennen. Er ertastete es mit zittrigen Händen und versuchte, das kleine Stück Metall einzuführen. Eine von den Schwestern hatte ihren Bund in seinem Zimmer vergessen. Als sie wieder weg war, hatte er den Schlüssel entfernt, auf dem ein kleines Zettelchen klebte, worauf »Hintertür« geschrieben stand. Den restlichen klirrenden Bund hatte er im Mülleimer unter einer Bananenschale verschwinden lassen. Dass sein Zimmernachbar etwas davon mitbekam, störte Werner nicht. Der konnte nur brabbeln. Und angeschnallt an sein Bett würde er auch niemandem zeigen können, wo die Schlüssel hingekommen waren.

Die Schwester war später noch einmal ins Zimmer gekommen. Gesagt hatte sie nichts, aber Werner hatte genau gewusst, wonach ihre Blicke auf Tisch und Boden gesucht hatten. Ohne einen Fund war sie wieder gegangen.

Der Krieg hatte ihn etwas ganz Besonderes finden lassen. Die Alliierten hatten Frankreich befreit und ihn gefangen genommen. Doch zu seinem Glück entschied ein amerikanischer Kommandant, den schmächtigen, verängstigten Jungen statt in ein Lager zur Landarbeit ins Pomerol zu verschicken. Das winzige Château, in dem er für einen strengen, aber gerechten Herrn schuftete, gab es schon ein paar Jahre später nicht mehr, aber Werner hatte dort auch das Château Pétrus kennen gelernt. Als er das etwas heruntergekommene Gebäude mit seinen hellblauen Fensterrahmen 1945 zum ersten Mal gesehen hatte, wusste er noch nicht, dass es sein Leben verändern würde. Aber als er den Wein kosten durfte, war er endgültig verloren. Es war eine Offenbarung. Man konnte den Trüffel schon schmecken, der sich erst Jahre später voll entfalten sollte. Diesen Merlot würde er nie vergessen.

Irgendetwas fehlte, dachte sich Werner. Irgendetwas war anders, als es sein sollte. Da war der Schlüssel, da war die Tür. Er musste ihn doch bloß hineinstecken in das Schloss. Aber war es wirklich der richtige Schlüssel? Er schaute noch einmal angestrengt auf den winzigen, aufgeklebten Zettel, aber seine Augen waren zu schwach. Er konnte nur erahnen, dass »Hintertür« darauf stand. Er hoffte bloß, dass er passen würde. Dass er nicht zu klein oder zu groß für das Schloss war.

Nicht dieser andere Kerl war es gewesen, sondern er hatte den Pétrus in Deutschland groß gemacht. Entlassen in die Freiheit, in ein Deutschland, das zunächst wieder aufgebaut werden musste, hatte er bald als Sommelier gearbeitet. Eine seiner Geschäftsreisen hatte ihn wenige Jahre später ins Bordelais geführt. Der kleine Umweg über das Château Pétrus war für ihn damals sofort beschlossene Sache gewesen. Und dort erkannte man ihn wieder. Aus dem jungen Gefangenen, der damals in schlechtem Französisch so sehr über den Wein geschwärmt hatte, war ein Mann geworden. Es hatte ihn zwar seine ganze Überredungskunst und eine Woche extra gekostet, aber schließlich war Werner mit einem Vertrag zum Schloss Bühlerhöhe zurückgekehrt, der ihm ein recht ordentliches Kontingent des seiner Meinung nach besten Weines der Welt sicherte. Gäste, die es sich leisten konnten, kamen so an Gaumenfreuden, die sie gar nicht genug zu schätzen wussten. Politiker, gekrönte Häupter, Unternehmer und neureiche Emporkömmlinge. Sie waren gekommen, hatten gegessen und getrunken und waren dann wieder verschwunden. Ohne den Wein gebührend zu würdigen. Ein Frevel.

Werner riss sich aus seinen Erinnerungen. Dass sie heute so stark waren wie lange nicht mehr, musste an der Aussicht auf den Wein liegen. Er wollte ihn endlich wieder schmecken. Und es gab nur diese eine Chance, dieses Gefängnis zu verlassen. Erwartungsvoll drehte er den Schlüssel langsam im Schloss. Als es leise knackste, zauberte ihm die Vorfreude ein seliges Lächeln auf das Gesicht.

Eine andere Schwester hatte ihm das Abendessen gebracht: einen Brei und Brot ohne Rinde, Butter in zwei Plastikschälchen, etwas Wurst und Käse. Werner hatte nur den Brei gegessen und widerwillig den Becher lauwarmen Tees zu sich genommen. Trinken wollte er das nicht nennen. Der Rest war in der Hosentasche seines Schlafanzugs verschwunden. Wenn er länger untertauchen musste, hätte er so wenigstens etwas Proviant dabei.

Werner ließ die Hand in seine Hosentasche gleiten, um sich zu vergewissern, dass das Essen wirklich noch da war. Er ertastete die fettige Wurst, den gummiartigen Käse, das Brot und die Butterschälchen. Das war es also nicht gewesen, was er vergessen hatte.

Er musste hier raus. Dass seine Tochter ihn in ein Irrenhaus gesteckt hatte, wo er keinen Wein bekam, würde er ihr nie verzeihen. Ja, ein Irrenhaus. Auch wenn niemand je sagte, dass er verrückt war. Aber da waren der Brabbler und der Große, der sich ständig mit der flachen Hand auf den Kopf schlug. Da war die Frau, die ununterbrochen davon erzählte, dass sie in einer Wurstfabrik gearbeitet hatte und der beide Daumen fehlten. Oder die Dürre, die stundenlang den Wasserhahn auf- und zudrehte und dabei schrie: »Auf! Zu! Auf! Zu!«. Ihre Namen hatte er längst vergessen, aber dumm war er nicht. Alle hier waren verrückt. Zurecht eingesperrt in dieses Haus, wo die Menschen nur vordergründig freundlich waren. Würden sie es wirklich gut mit ihm meinen, hätten sie ihm den Wein nicht verboten. Ab und zu ein Gläschen, das konnte man ihm doch nicht verwehren.

Werner musste nur noch durch die Tür hinaustreten. Die ganze Welt stand ihm offen. Er brauchte nur noch zu wählen. Ob einen Franzosen, einen Italiener, bei Gott, er würde sogar einen australischen Wein genießen können, wenn es sein musste. Aber am allerliebsten einen einfachen Gutedel. Oder einen schönen Spätburgunder? Da gab es welche, die sich mit Weinen aus dem Burgund durchaus messen konnten. Natürlich durfte man die großen Weißen nicht vergessen. Der Gedanke an einen Riesling vom Burkheimer Schlossgarten ließ Werner andächtig verharren. Grauburgunder! Eine rosige Muskateller Spätlese! Oder, wenn Gott gnädig zu ihm sein sollte, ein Pétrus ... Ihm lief leider nur das Wasser im Mund zusammen.

Erneut überkam ihn das Gefühl, etwas Wichtiges vergessen zu haben. Und dieses Mal war es stärker als zuvor. Unwillkürlich ließ er den Schlüssel los und drehte sich um. Der kurze Gang, in dem er stand, hatte mehrere Türen. Er war durch die hinterste gekommen, die zur kalten, dunklen Küche führte. Doch mit der Küche hatte sein Problem nichts zu tun.

Werner setzte sich wieder auf den Boden und steckte den rechten Daumen in seinen Mund. Er genoss das Gefühl, wie der warme Speichel seinen eisigen Finger umspülte. Seine Zunge sendete Botschaften an sein Gehirn: würzig, mild, abgerundet, kurzer Abgang, ein Hauch Zimt. Keine Fruchtnote. Aber kühl wie ein Silvaner sein musste, den man an einem heißen Sommertag zum Kabeljau wählen würde.

Nach einiger Zeit war der Daumen wieder angenehm warm. Werner freute sich darüber, dass sein Körper die Kälte besiegen konnte. Er überprüfte, ob noch ein anderes Körperteil fror. Ja, seine Füße. Kein Wunder auf den blanken Fliesen. Aber die Zehen würde er nicht mit dem Mund wärmen können, auch wenn er sich fragte, wie sie wohl schmecken würden. Er musste sich etwas anderes einfallen lassen.

Und da wusste er endlich, was er vergessen hatte. Wie hatte er nur seine Pantoffeln im Zimmer stehen lassen können? Was hätte der Wirt gesagt, wenn er ohne Pantoffeln gekommen wäre? »Was, alter Mann, Du willst Wein? Dann zieh' Dir erst einmal Deine Pantoffeln an!« Das hätte er gesagt. Alle würden mit dem Finger auf ihn zeigen und rufen: »Der Werner hat seine Pantoffeln vergessen!« Und sie würden über ihn lachen und ihn fortjagen! Er musste zurück in sein Zimmer. Ohne seine Pantoffeln konnte er nicht fliehen.

Werner stand auf und ging auf die Küchentür zu. Mit jedem Schritt spürte er seine nackten Füße. Zum Glück war es nicht weit bis zu seinem Zimmer. Trotzdem ärgerte es ihn, dass er so vergesslich gewesen war. Dabei hatte er doch sonst an alles gedacht. Mit Handtüchern und den Wolldecken aus dem Schrank hatte er in seinem Bett eine Attrappe gebaut. Bei einem Kontrollblick sollte es so aussehen, als läge er in einem tiefen Schlaf. Den Brabbler hatte er geknebelt. Nachts geschah es oft, dass er laut schrie und dann kam die Schwester, um nachzusehen und ihn zu beruhigen. Aber Werners Stofftaschentuch würde dafür sorgen, dass heute Nacht Ruhe herrschte. Die Nachtschwester würde nicht kommen müssen und niemand erfahren, dass Werner wieder dahin zurückgegangen war, wo er hingehörte.

Werner hatte die Tür erreicht, die in den großen Speisesaal

führte. Hier musste er vorsichtig sein, denn die Fenster in dem Raum, wo ihm und den anderen mittags ein meist schrecklicher Fraß vorgesetzt wurde, waren riesig. Das grelle Licht der Straßenlaternen schien bedrohlich herein, wie Scheinwerfer in einem Kriegsgefangenenlager. Er schlich vorsichtig zu der Wand mit den Fenstern und legte sich auf den Boden. Wenn er direkt unter den Scheiben entlangkroch, konnte ihn niemand sehen.

Eine Spinne nutzte denselben Schatten aus wie er. Sie blieb still vor ihm sitzen. Werner versuchte, das Tier mit der Hand wegzuscheuchen, aber die Spinne reagierte nicht. Dann endlich lief sie schnell davon, heraus aus dem Schatten. »Pass auf, dass sie Dich nicht sehen«, flüsterte Werner ihr nach. Er kroch weiter. Ein breiter Durchgang führte an der anderen Seite des Saals in die Flure der Wohnbereiche. Es fiel ihm schwer, dort wieder aufzustehen. Werner musste sich am Rahmen des Durchgangs hochziehen und spürte, dass sich seine Bandscheiben wieder meldeten.

In seinem Metier war er eine Berühmtheit gewesen. Von der Bühlerhöhe war er nach Basel abgeworben worden. Im *Les Trois Rois* hatte er den Schweizern nahe gebracht, dass in gutem Wein mehr lag, als nur die Wahrheit. Karlsruhe, Berlin, ein kurzer Aufenthalt in Paris. Er hatte viel gesehen. Aber so oft er seine Stellen wechselte, so einsam war er auch gewesen. Erst als er zurück zur Bühlerhöhe gegangen war und sich wieder regelmäßig auf dem Gut seines Bruders aufhielt, hatte er *sie* wiedergesehen. Seine große Liebe aus Jugendtagen. Er hatte für Emma immer nur schmachtende Blicke gehabt. Emma I., die Weinkönigin. Zwei Jahre älter als er war sie gewesen, eine richtige Frau schon, während er immer noch seinen Weg zur Männlichkeit gesucht hatte. Aber jetzt gingen sie miteinander aus, küssten sich, liebten sich in den Reben. Sie waren so lange glücklich gewesen. Wo steckte sie jetzt nur? Werner hatte sie seit Jahren nicht mehr gesehen.

Die siebte Tür führte zu seinem Zimmer. Werner schlich an den anderen Türen vorbei. »Nachtschwester« stand auf einem Schild. Dumpf hörte er den Fernseher aus ihrem Raum. Sie passte also nicht einmal besonders auf. Das war ihm recht. Trotzdem bewegte er sich nur sehr langsam und auf Zehenspitzen an dem Zimmer vorbei.

Zwei weitere Türen musste er hinter sich bringen und stand dann an seiner eigenen. Langsam drückte er die Klinke. Er musste jetzt besonders vorsichtig sein. Die Tür konnte manchmal hässlich knarren. Aber er schaffte es, sie mit einem kaum hörbaren Geräusch zu öffnen.

Die warme Luft des Zimmers schlug ihm entgegen und der gewohnte Geruch empfing ihn wie ein alter Freund. Es war schön, wieder zu Hause zu sein. Er zog die Tür hinter sich zu, ohne auf das laute Knarren zu achten und schaltete das Licht an. Auf der rechten Seite stand sein Bett. Verdammt, da lag ja ein anderer! Dem würde er es zeigen, sich in sein Bett zu stehlen. Aber als er an dem Körper rüttelte, stellte er fest, dass da nur Handtücher und die alten Wolldecken aus dem Schrank unter der Decke aufgeschichtet waren. Die Wolldecken würde die Schwester morgen wieder zurück packen müssen. Was sollten die in seinem Bett? Allerdings war es tatsächlich ein bisschen kalt, dachte sich Werner. Ob sein Zimmerkamerad vielleicht fror? Werner wandte sich der linken Zimmerhälfte zu. Leise, um seinen Freund nicht zu wecken, ging er auf das Bett zu und zog die Decke vom Kopf des Alten. Er würde sonst darunter noch ersticken.

Werner erschrak, als er den Kopf des anderen sah. Der Zimmerkamerad hatte Werners liebstes Stofftaschentuch in den Mund genommen. Nur ein Zipfel ragte noch heraus. Aber Werner brauchte das Taschentuch doch noch. Warum hatte der Alte es in den Mund genommen? So etwas schmeckte doch gar nicht. Werner ergriff den Zipfel und zog ihm das klamme Stück Stoff aus dem Mund. Es war voller roter Flecken. Sein Freund hatte sich vielleicht auf die Zunge gebissen und das Taschentuch genommen, um die Blutung zu stillen. So ergab alles einen Sinn.

Er steckte das Taschentuch in den Ärmel seines Schlafanzugs und schaute dann den Schlafenden noch einmal an. Er war sehr blass. Das fiel ihm sofort auf. Als Werner seine Wangen berührte, um zu prüfen, ob sein Freund vielleicht krank sei und Fieber habe, wunderte er sich über die Kälte, die der Kopf ausstrahlte. Fieber war das nicht.

Beruhigt ging Werner zurück zu seinem Bett. Als er die Pantoffeln ausziehen wollte, bemerkte er, dass die gar nicht an seinen Füßen steckten. Sie standen ordentlich auf dem kleinen Läufer vor dem Bett. Er brachte die Handtücher in das kleine Badezimmer und legte die Wolldecke auf einen Stuhl. Danach kroch er unter die wärmende Decke. Seine Füße waren ganz kalt. Fast so kalt wie der Kopf seines Freundes.

Als Werner endlich gemütlich lag, überkam ihn das Gefühl, etwas Wichtiges vergessen zu haben. Er zog sein Taschentuch aus dem Ärmel des Schlafanzugs und nahm es in den Mund. Das half ihm manchmal beim Erinnern. Aber es schmeckte anders als sonst. Eisen, Kupfer, streng. Keine Fruchtnote. Gar nicht wie Wein.

Der Brabbler hatte noch gar nicht geschrien heute Nacht. Werner schloss die Augen und schlief ein.

Franken

Fränkisch trocken, das war jahrelang ein Gütesiegel für durchgegorene Weine, während anderswo in Deutschland noch fröhlich die süße Welle schwappte. Heute sind die Weine in Franken süßer und in anderen deutschen Anbaugebieten trockener geworden. Und weg ist das Alleinstellungsmerkmal. Ein anderes jedoch ist geblieben: die Rebsorte Silvaner. Nirgendwo sonst erbringt diese uralte Rebsorte so faszinierende, würzige Weine wie auf den 6.000 Hektar von Bamberg bis Aschaffenburg. Die Nummer eins der Rebsortenstatistik ist er allerdings nicht, diese Ehre wird dem Müller-Thurgau zuteil. Die bekanntesten Güter sitzen in Würzburg, es sind die Weinriesen Juliusspital, Bürgerspital zum Heiligen Geist und Staatlicher Hofkeller.

Gemischte Sätze

VON ANGELA ESSER

Allegro, der erste Satz.
Eine kleine Nachtmusik *von Mozart. Karl Böhm und die Wiener Philharmoniker. Eduard von Kallwitz schob die Disk in den CD-Player, drückte auf Play und blieb einen Moment stehen, um mit geschlossenen Augen den Beginn dieser wundervollen Musik im Raum zu genießen. Die CD dagegen, die er von seiner Mutter letzte Woche geschenkt bekommen hatte, legte er angewidert auf den kleinen Tisch neben den Player.* Die Wildecker Herzbuben. *Auch noch eine Doppel-CD. Das Grauen schlechthin. Wie konnte seine Mutter nur einen solch schlechten Geschmack haben? Er überlegte noch kurz, wen er mit dieser unsäglichen CD beglücken könnte, dann dimmte er das Licht und setzte sich in seinen Lieblingssessel.*

Welch herrlich zeitlose Klänge, dachte er.

»Leben. Endlich leben …«

Er saß an dem kleinen Tisch im Bistro, spielte mit einer Streichholzschachtel und redete mit sich selbst. Nein, er würde jetzt keine Zigarre rauchen. Schließlich lag seine Frau im Sterben. Lieber noch ein Glas von dem Weißen, der war hier wirklich gut. Der Rote war ihm zu schwer und erinnerte ihn zu sehr an Blut. Obwohl er wusste, dass keines fließen würde, während sie starb. Die Zigarre würde er später rauchen, wenn alles vorbei war. Warum eigentlich gläserweise bestellen, dachte er, eigentlich könnte ich genauso gut eine ganze Flasche nehmen. Ist billiger und der Abend ist ja noch nicht zu Ende.

Geliebt hatte er sie. Ja, auch wenn er schon damals gewusst hatte, dass es für ein ganzes Leben nicht reichen würde. Die Hellste war sie nicht gewesen, aber die Hübscheste, ein Ass in Sport und sparsam. Jetzt war sie einfach nur verbraucht und langweilig. Eine alte Frau.

Den *Gemischten Satz* hatte er extra für sie besorgt. Ihren Lieblingswein. »Das klingt so poetisch«, hatte sie immer gesagt, »und erinnert mich an zu Hause«. Poetisch, er lachte auf. Die Hacken war er sich danach abgelaufen. Wer trank denn heute noch so was? Klar war dieser Wein pure Verschwendung, aber irgendwie hatte er sie ja in die Heul- und Sterbestimmung kriegen müssen. Wenn sie ein Glas ihres fränkischen Weins trank, fing sie nicht nur an zu lallen, sondern auch an zu heulen. Alles Leid dieser Welt stand dann in ihrem Gesicht. So war es auch diesmal gewesen. Als er ihr dann erzählte, er würde sie verlassen, war sie nur noch ein Häufchen Elend. Aber für die Schlaftabletten hätte es noch nicht gereicht. Also musste er ihr die Sache mit Juliana, der Praktikantin erzählen. Allein schon der Name! Königlich. Juli nannte er sie liebevoll. Wie ein langer, endlos schöner Sommer. Juliana - jung, hübsch, schlank, strahlend blaue Augen. Voller Lebendigkeit. Und vor allem jung.

Das hatte seiner Frau den Rest gegeben.

Hoffentlich. Nein, ganz sicher.

Vielleicht hätte er doch den *Alten Satz* kaufen sollen. Der hätte besser gepasst, allein vom Namen her. Aber den hätte er nur übers Internet bekommen. Dazu sündhaft viel Porto.

Nein, er musste sie ja nur betrunken kriegen, sonst nichts. Hastig trank er sein Glas leer und schaute in Richtung des grauen Mehrfamilienhauses auf der gegenüberliegenden Seite. Das Licht im Wohnzimmer ihrer gemeinsamen Wohnung brannte noch.

Er sah sie vor sich, am Eichenholztisch sitzend, mit dem Weinglas in der einen Hand und mit dem zerknüllten Taschentuch in der anderen. Rot verheulte Augen wird sie jetzt haben, dachte er, und sich fragen was sie falsch gemacht hat. Alles, ganz einfach alles.

Er konnte diese stumpfen Haare nicht mehr sehen und dieses öde, faltige Gesicht. Was war nur aus dieser Frau geworden? Aus den Nähten gegangen war sie. Gut, er hatte mit den Jahren auch einen kleinen Bauch bekommen, aber das war schließlich was anderes. Frauen hatten sich einfach ein bisschen mehr zusammenzureißen. Und graue Haare machten sie ganz bestimmt nicht anziehender.

Nein, es reichte. Alte, ausgetretene Hausschuhe wirft man ja auch weg oder gibt sie zur Altkleidersammlung.

Sie hatte es nie verstanden, sich für ihn hübsch zu machen. Die immergleichen Hosen, die nach Küchendunst rochen und dann ihr ewiges Genörgle. So behandelt man nicht den Ehemann, den Vater ihrer Kinder, aber vor allem den Ernährer. Wer will abends denn ein Hausmuttchen neben sich sitzen haben?

Und dann die Stullen, die sie ihm fürs Büro mitgab. Vollkornbrot mit Leberwurst. Wie oft hatte er ihr gesagt, dass es als Abteilungsleiter absolut daneben ist, ein nach Leberwurst stinkendes Brot im Büro auszupacken? Aber einfallslos war sie ja schon immer gewesen.

Streichholzschachteln sammeln, wer machte denn in der heutigen Zeit noch so was? Oder Weinetiketten von Flaschen ablösen und in Alben einkleben? Computer-Kurse wollte sie plötzlich belegen, da hatte er ihr allerdings gleich gesagt, dass er für solche Kinkerlitzchen kein Geld ausgeben würde. Da hatte sie die Idee, einen Job anzunehmen. Ja verdammt, hatte sie denn zu Hause nicht genug zu tun?

In einen Fitnessclub wollte sie dann, aber da hatte er mal richtig auf den Tisch gehauen. Dass sie allein auf den Gedanken gekommen war, machte ihn jetzt noch wütend. Schließlich gab es Fernsehgymnastik oder Joggen. Kostete nix und hatte die gleiche Wirkung. Aber nein, mit allen Mitteln ihm Geld aus der Tasche ziehen wollen. Nicht mit ihm.

Nicht für sie.

Bei Juliana war es etwas anderes. Mit ihr konnte er endlich leben. Die Chance sein Leben neu zu beginnen. Atmen. Keinen Spießbürgermief mehr.

Zufrieden lächelte er in sich hinein und goss den Rest der Flasche in sein Glas. Das Licht brannte immer noch. Ein bis zwei Stunden musste er wohl noch warten, bis er nach Hause gehen konnte, um sie zu finden. Er durfte auf gar keinen Fall zu früh kommen. Womöglich wäre sie dann noch zu retten. Ins Krankenhaus fahren und Händchen halten war das Letzte, was er wollte.

Romance.

Ein Wein wie geschaffen für diese Musik. Alter Satz. *Er schenkte sich ein Glas ein. Sein Großvater aus Franken hatte ihm immer davon erzählt. Von dem Wein und seinem Freund, dem alten Hufnagel, der im Jahr des Baus der ersten dampfbetriebenen Eisenbahnlinie einen kleinen Weinberg für seine Familie angelegt hatte. Vor 175 Jahren, und die Reben trugen immer noch Trauben! Über zwanzig Rebsorten, die auf dem ältesten Weinberg Frankens wuchsen, gemeinsam gelesen und vergoren wurden. Seine Nachbarin hatte ihm den Artikel in der Zeitung gezeigt. Jetzt gab es ihn wieder, den* Alten Satz. *Er nahm die Flasche in die Hand und betrachtete das Etikett, streichelte liebevoll den Bocksbeutel. Warum nur fiel sein Blick dabei auf diese verdammten Wildecker Herzbuben? Ärgerlich. Sehr ärgerlich. Zwei widerliche alte…. er stöhnte und räumte die CD vom Tisch ins CD-Regal.*

Sie saß am Wohnzimmertisch und schaute auf die geleerte Flasche. Sein Glas stand noch unberührt daneben. Aus und vorbei. So schnell geht das. Geliebt hatte sie ihn, aber jetzt war er einfach zu einer anderen gegangen. Einfach so. Eine Jüngere, eine Hübschere und gemeinsam Erlebtes wird ad acta gelegt.

Den *Gemischten Satz* hatte er besorgt. Ihren Lieblingswein. Flüssige Poesie. Erinnerungen an das fränkische Zuhause. Die vielen Weinberge, die in jeder Jahreszeit der Landschaft ihre unverwechselbaren Farben gaben. Wie ein Gemälde, das sich jeden Tag veränderte. Verändern durfte. Sie dachte an den vertrauten Dialekt, das Lachen der Menschen, an ihre Familie und an den neuen Nachbarn im Mehrfamilienhaus, der seine Wurzeln auch dort hatte. Sie weinte.

Heute Abend geht nicht nur meine Ehe zu Ende, dachte sie, sondern auch mein Leben. Alles war umsonst gewesen. Umsonst auf so vieles verzichtet. Es gab keine Zukunft mehr. Nicht mit ihm. Sie hatte geglaubt, er würde mit ihr reden wollen. So wie früher. Aber nichts war mehr wie früher.

Sie brauchte gar nicht in den Spiegel zu schauen, um zu sehen, wie sie aussah. Fünfzig Jahre, drei erwachsene Kinder und eintönige Hausarbeit waren nicht spurlos an ihr vorüber gegangen.

Und sie wusste genau, dass ihr Mann sich niemals von ihr scheiden lassen würde, das wäre nicht sein Stil. Vor allem zu teuer. Er würde einfach nur seine Sachen packen und gehen. Erspartes hatte sie nicht. Wovon auch? Das mühsam erkämpfte Taschengeld ging fast komplett für den Friseur drauf und den Rest steckte sie ab und an den Kindern zu. Sie sollte ihr Leben noch einmal neu beginnen, aber in ihrem Alter und ohne Beruf?

Irgendwann war sie mit all ihren Wünschen und Hoffnungen auf der Strecke geblieben. Sie schaute auf ihre Hände und erschrak. In wenigen Minuten würden sie schlaff von ihrem leblosen Körper hängen. Sie trank sein Glas leer und schaute auf die Uhr. Sie wusste genau, wo er jetzt war.

Sie sah ihn an dem kleinen Tisch im Bistro sitzen und Wein trinken. Er war nicht bei ihr und würde auch nicht mehr kommen. Er würde zu diesem Gör gehen, die seine Tochter sein könnte.

Sie hatte Schlaftabletten in ihrem Nachtkästchen, genügend. Alles würde ganz schnell gehen.

Hoffentlich. Nein, ganz sicher.

Sie ging in die Küche, um die leere Flasche in ein Wasserbad zu legen. Das Etikett löste sich nach wenigen Minuten und schwamm an der Oberfläche. Sie lächelte, eine alte Angewohnheit, die keinen Sinn mehr ergab.

Menuetto.

Der dritte Satz war zu Ende. Eine berauschende Stille, die er mit einem Schluck Wein im Mund tief in sich hineinsog. Doch Eduard von Kallwitz stutzte. In die Stille hatte sich ein Geräusch geschlichen. Leise zwar, aber wahrnehmbar. Ein vertrauter, trauriger Klang. Das Weinen seiner Nachbarin unter ihm. Wie oft hatte er sie schon weinen hören. Eine so herzli-

che Person. Strahlte Weichheit und zugleich unendliche Kraft aus. Das Funkeln in ihren Augen brachte ihn immer zum Lächeln. Vielleicht hätte er sie einladen sollen. Aber dann hätte er auch ihren Ehemann hier sitzen gehabt. Ein unangenehmer Zeitgenosse. Hatte sie überhaupt nicht verdient. Dieser ignorante Fatzke bekam wahrscheinlich gar nicht mit, was für eine warmherzige und an so vielem interessierte Frau er hatte. Brüllte immer nur durch die Gegend und nervte die ganze Nachbarschaft. Leider gab es viel zu viel von diesen Nervensägen. Wie die Wildecker Herzbuben. Unfassbar, dass diese Kreaturen sich immer wieder in seine Gedanken schlichen. Eduard von Kallwitz schnaufte. Die CD beleidigte, ach was, verunstaltete seine ganze Sammlung. Absolut widerlich. Er stand auf, zog sie aus dem Regal und legte sie auf das Fensterbrett. Gleich morgen würde er sie mit ins Geschäft nehmen. Vielleicht konnte die ewig gackernde Trulla am Empfang damit etwas anfangen. Würde zu ihr passen. Diesem hirnlosen Huhn.

Er hatte noch Zeit. Deshalb würde er jetzt Juliana anrufen und fragen, ob er noch auf einen Sprung vorbei kommen könnte. Ach was, dachte er, ich fahre einfach hin. Die Bushaltestelle war genau vor seinem Haus und gleich würde der 713er kommen. Er bezahlte und verließ hastig das Bistro. Die frische Luft versetzte ihm einen Schlag, der Wein tat seine Wirkung. Regen kühlte sein Gesicht. Bald wird alles überstanden sein, dachte er, als der Bus kam. Er kramte in seinen Hosentaschen nach der Streifenkarte. Als er wieder aufschaute, sah er nur noch die Rücklichter.

»Arschloch! Verdammtes Arschloch!«, schrie er, »Keine Augen im Kopf oder was?« Er tobte auf dem Bürgersteig, doch niemand hörte ihn, die Straße war menschenleer.

Der ganze Sperrmüllkrempel der Nachbarn, die neben ihnen wohnten, stapelte sich auf dem Bürgersteig. Er trat gegen ein altes Sofa und fluchte weiter. Plastiktüten voller Müll fielen um. Flaschen zerbrachen.

»Asoziales Pack! Stellt einfach euren ganzen Müll dazu. Am besten schmeißt ihr euer ganzes Zeug aus dem Fenster, dann braucht ihr nicht mal einen Schritt zu gehen.«

Irgendjemand rief etwas zurück.

»Ich zeig dich an, du Schwuchtel«, brüllte er und schaute auf die Uhr. In fünf Minuten würde der 709er kommen. Bald würde er mit Juliana in einem schicken Penthouse wohnen. Ganz bestimmt nicht mehr in diesem Viertel. Diese Zeit war ein für alle mal vorbei. Ein neues Leben begann. Endlich. Wie hatte er es hier nur so lange aushalten können? Zum Ersticken.

Zeit spielt keine Rolle mehr, dachte sie, und trocknete die etikettenlose Weinflasche ab, als sie von der Straße sein lautes Fluchen hörte. Sie löschte das Licht und sah ihn da unten stehen. Brüllend und fluchend. So wie sie ihn seit Jahren kannte. Ein paar Sätze an die Kinder werde ich noch schreiben müssen, dachte sie. Sie würden sonst nicht verstehen.

Sie hörte Musik. Ganz leise.

Bist du eigentlich verrückt, fragte sie sich plötzlich. Immer ging es nur um ihn. All die Jahre. Es wird Zeit, dass ich anfange zu leben. Endlich tun, was ich all die Jahre schon tun wollte. Ich werde es schon schaffen, verdammt noch mal.

Soll er doch machen, was er will.

Nichts werde ich schreiben. Keinen einzigen Satz.

Sie erschrak über ihre eigenen Gedanken.

Rondo. Der letzte Satz.

Klar und mit allem im Reinen. Ein großes Ganzes. Der Alte Satz *war fast geleert, die Musik hielt den Beginn der Nacht umfangen. In völliger Harmonie hatten sich die Instrumente miteinander unterhalten. Was für ein Verlust, dachte Eduard von Kallwitz, wenn es wirklich stimmte, dass von* Der kleinen Nachtmusik *ein paar Sätze verloren gegangen waren. Berauscht von der Musik trank er noch einen Schluck Wein und hörte ein furchterregendes Getöse von der Straße. Dazu brüllte irgendein wildgewordener Hansel wie verrückt durch die Landschaft. Konnte man nicht einmal mehr am Abend in Ruhe Musik hören? Störenfriede permanent und überall. Eduard von Kallwitz stand auf und machte die Musik lauter. Aber das Geschrei auf der Straße war immer noch zu hören. Unfassbar. Es reichte. Er ging ans Fenster und sah auf die Fratzen der Wildecker Herzbuben. Himmel nochmal, immer wieder diese unfassbare Doppel-CD.*

Ekelerregend. Er beschloss, dass nichts und niemand ihm diesen herrlichen Abend verderben würde. Weder Gebrüll, noch all diese widerwärtigen Monster, die eigentlich nichts anderes als Ohrmüll produzierten und eine Plage für alle waren. Vor allem für ihn. Dass seine Mutter so ignorant war, machte ihn mehr als fassungslos. Er öffnete das Fenster und warf wutentbrannt die Doppel-CD hinaus und fühlte sich unendlich befreit ...

Er hörte, wie über ihm ein Fenster geöffnet wurde und im gleichen Augenblick sah er etwas auf sich zukommen. Es sah aus wie ein großer schwarzer Vogel mit glitzernden Flügeln. »Was ...?«

Erschrocken trat er einen Schritt zurück, stolperte über eine umgefallene Stehlampe und fiel rückwärts auf die Straße. Der Busfahrer des 709er trat auf die Bremse. Zu spät.

Sie öffnete das Fenster.

»Geh wohin der Pfeffer wächst«, flüsterte sie.

Etwas Glitzerndes flog vorbei.

Was war das denn? Das musste aus der Wohnung vom neuen Nachbarn ...

Den Satz hatte sie noch nicht zu Ende gedacht, als sie das Quietschen von Reifen hörte. Dann ein merkwürdiges Rumpeln. Sie schaute auf die Straße, dann nach oben zur Wohnung über sich, sah in die Augen von Eduard von Kallwitz.

Sie lächelten beide.

Verstohlen.

Hessische Bergstraße

Die Hessische Bergstraße ist das vielleicht unbekannteste der deutschen Qualitätsweinbaugebiete. Was zum einen daran liegt, dass es mit gerade einmal 440 Hektar zu den kleinsten zählt, und zum anderen daran, dass fast alles vor Ort getrunken wird. Vor allem Riesling, der rund die Hälfte der Rebberge bedeckt. Die Heppenheimer Genossenschaft »Bergsträsser Winzer« ist der örtliche Weingigant, über 260 Hektar werden von ihren Mitgliedern bewirtschaftet. Sie liegen – die Weinberge, nicht die Winzer – vor allem zwischen Heppenheim und Zwingenberg, an den Hängen des Odenwaldes. Im Zuge des Rotweinbooms hielten auch hier rote Rebsorten Einzug, genau wie die populären Burgunder-Rebsorten.

Eine kleine Insel gehört auch noch zur hessischen Weinstraße – allerdings eine Weininsel, und keine richtige, von Wasser umgebene. Der Bereich Umstadt, die so genannte Odenwälder Weininsel, er liegt nördlich des Odenwaldes bei Groß-Umstadt.

Château Soundso

Von Carola Clasen

Dann wollen wir doch mal den Wein probieren, den uns Erlinger da mitgebracht hat!«, rief Alfred Graf von Alserbach nach dem ersten Gang, hob ein leeres Glas und winkte damit den Diener herbei.

Er und seine Gattin hatten auf Büttenpapier zu einem kleinen Dinner auf Schloss Alserbach geladen, ihrem malerischen Domizil an der Hessischen Bergstraße. Alfred Leuster, wie er eigentlich hieß, war nicht nur mein Gastgeber, sondern auch mein Chef und Inhaber des kleinen chemischen Betriebes in Bensheim, in dem ich mit acht weiteren Kollegen beschäftigt war. Den Adelstitel hatte er erst vor einem guten Jahr durch seine Heirat mit Charlotte Gräfin von Alserbach, einem alten hessischen Adelsgeschlecht, erworben.

Leuster trug an diesem Abend ein maßgeschneidertes weißes Dinnerjackett. Die Gräfin hatte mich in der Halle in einem langen, dunkelroten Kleid empfangen, dessen Dekolleté gewagt war. Ich sah sie an jenem Abend zum ersten Mal und wusste sofort, als sie die Marmortreppe heruntergestiegen kam, dass Leuster sie nur des Titels wegen genommen hatte und wegen des Schlosses natürlich. Sie war eine bereits verblühte, üppige Rothaarige, deren blaues Blut durch ihre weiße, sommersprossige Haut schimmerte. Sie war keine Schönheit, auch wenn ihre Nase ziemlich adlig sein mochte. Ihre Stimme war es nicht. Sie war ein wenig zu schrill.

Ich an Leusters Stelle hätte die Gräfin nicht genommen. Auch nicht mit Schloss.

Ich hatte ein gutes Gefühl, als sich der Diener mit der Flasche Wein näherte, die ich mitgebracht hatte. Ich trinke ihn regelmäßig, es ist mein Hauswein und sein Geld wert. Allein die Flasche! Welch ungewöhnliche Form! Kurz und bauchig, lief sie am Hals konisch zu und hatte in Bauchhöhe einen Griff aus Glas. Die Tatsache, dass ich nur eine einzige Flasche mitgebracht hatte, eingebettet in Holzwolle in einer kleinen Kiste aus Walnussholz, ließ den Wein noch kostbarer erscheinen. Die Etiketten der Vorder- und Rückseite hatte ich unter fließend warmem Wasser gelöst, auch vom Korken hatte ich die dunkelrote Metallkappe sorgsam entfernt. Der Wein sollte nicht den Eindruck von Massenware erwecken.

Der Diener hatte die Flasche bereits entkorkt, eine weiße Serviette um ihren Hals geschlungen und schenkte auf Geheiß Leusters Kristallglas halbvoll, während der Wein im Glas der Gräfin gerade den Boden bedeckte. Das dunkle Rot leuchtete satt und leicht lilafarben.

Leuster hob sein Glas, ließ es mit gekonntem Schwung kreisen, dass der Wein fast über den Goldrand schwappte. Die Gräfin verfuhr ebenso.

»Was ist das für ein Wein, Erlinger?«, fragte er und betrachtete das Glas von allen Seiten, hielt es mal gegen das Kerzenlicht, mal gegen den Kristall-Lüster, der von der hohen Stuckdecke hing. Die Gräfin verfuhr ebenso.

»Finden Sie es heraus!«, forderte ich ihn auf.

Leuster hielt seine Nase über den Rand des Glases, ließ seine Nasenflügel flattern und inhalierte mit geschlossenen Augen und hochgezogenen Augenbrauen. Er spitzte die Lippen und benetzte sie ansatzweise mit der kostbaren Flüssigkeit. Endlich ließ er sich einen Schluck auf der Zunge zergehen. Die Gräfin verfuhr ebenso.

Ich wartete auf das Urteil.

Eine Welle des Entzückens glitt über das Gesicht meiner Gastgeber. Zungen fuhren synchron und genießerisch über Lippen, mit deutlichem Schnalzen wurde nachgeschmeckt. Man probierte ein weiteres Mal. Man nickte sich zu.

Endlich räusperte sich Leuster: »Es ist kein Spätburgunder, kein Dornfelder, kein St. Laurent, mit anderen Worten, er ist nicht von hier, Erlinger, so viel steht fest.«

»Richtig«, lobte ich den Kenner.

»Er ist nicht mehr jung«, fuhr Leuster fort und zog alsdann das komplette Register der Weinsprache: »Er ist … sehr harmonisch … ruht in sich … körperreich. Eine aromatische Dichte … ein feiner Duft nach Holz … Wildkräuter klingen an … diskreter Charakter … tinten- bis purpurfarben …die Tanninstruktur wird diskret untermalt vom Geschmack der Himbeere … große Nachhaltigkeit … beeindruckende Komplexität … das Gefüge der Struktur … exzellente Länge … Syrah- und Grenache-Trauben von tonhaltigen Böden … gelagert in Zedernfässern …

Ich war beeindruckt. So hatte ich meinen Hauswein noch nie gesehen.

»Verehrtester«, begann die Gräfin und tupfte sich die Lippen ab. Ich war damit gemeint. »Es ist auf jeden Fall ein wunderbarer Wein.«

»Der aber zwei entscheidende Nachteile hat«, meinte Leuster ungehalten und stellte das Glas ab. »Er stammt nicht von den wunderbaren Weingärten der Hessischen Bergstraße. Und wir haben ihn nicht in unserem Weinkeller«.

Ich war erleichtert. Es hätte schlimmer kommen können.

»Sicher sagt uns Erlinger gleich, wie er heißt«, forderte mein Chef mich auf.

»Nennen wir ihn ... Château Soundso?«, schlug ich vor.

»Château Soundso? Dass ich nicht lache. Woher haben Sie ihn?«

Mit dieser Frage hatte ich nicht gerechnet. Das war naiv, mögen Sie denken. Aber ich schließe immer von mir auf andere, ich an seiner Stelle hätte das nicht getan. Um Zeit zu gewinnen, bat ich meine Gastgeber das Ratespiel fortzusetzen.

»Was glauben Sie denn, woher er kommt?«

»Er ist ein Franzose!«, rief Leuster voller Überzeugung.

Ich nickte wohlwollend, obwohl es sich um einen Italiener handelte.

»Ein Bordeaux!«

»Richtig«, lobte ich Leuster, der über einen Montepulciano sprach.

»Aus dem Jahr 2005!«

»Korrekt!« Dieses Mal lag er wirklich richtig.

Wir prosteten uns zu.

»Nun?« Leuster ließ nicht locker. »Wo haben Sie ihn denn nun her, Erlinger?«

Ich wand mich.

»Nun lass ihn doch, mein Lieber«, mischte sich die Gräfin ein, »du siehst doch, dass er sein Geheimnis hüten will.«

Ich lächelte ihr dankbar zu. »Ich kann Ihnen gern eine weitere Flasche zukommen lassen«, bot ich an und zog verlegen an meinem Hemdkragen, der mir plötzlich viel zu eng vorkam.

»Eine?«, brüllte Leuster mich an. »Hunderte, wenn ich bitten darf. Ich kann ohne diesen Wein nicht mehr leben.«

»Hunderte wird schwierig sein«, gab ich zu bedenken und versuchte den Schweiß zu ignorieren, der sich auf meiner Stirn gebildet hatte und mir gleich über die Wangen laufen würde. »Dieser Wein ist handverlesen. Es gibt nur wenige Flaschen davon. Ich könnte versuchen …«

»Ich will sie alle haben!«

»Ich werde tun, was ich kann«, versprach ich.

»Ich befehle es Ihnen!«, befahl Leuster.

Die folgenden vier Gänge des Dinners konnte ich nicht mehr richtig genießen. Ich hatte ein mulmiges Gefühl, obwohl ich wusste, dass Nachschub zu besorgen einfacher war, als ich dargestellt hatte. Es gab vermutlich einen unerschöpflichen Vorrat dieses Weines. Er gehörte nämlich zum Stammsortiment meines Lieblings-Discounters, der ein bundesweites, flächendeckendes Filialnetz und somit auch eine Filiale in Bensheim betreibt. Zuhause nennen wir ihn immer »Château Aldi Sud«.

Dennoch musste ich die Verknappung pflegen und ließ es bei einem 6er-Karton bewenden. Ich löste die Etiketten von den Flaschen sowie die Kapseln von den Hälsen und ließ die vermeintlich kostbare Fracht zusammen mit meiner Visitenkarte per Kurier auf Schloss Alserbach bringen. Geld dafür wollte ich selbstverständlich keines.

Nach ein paar Tagen kam Leuster in mein Büro und ließ die Tür hinter sich ins Schloss fallen. Ich erhob mich, dachte, er wolle sich bei mir bedanken.

»Erlinger!«, hob er an, »nun hören Sie endlich mit Ihrer verdammten Geheimniskrämerei auf und sagen Sie mir auf der Stelle, woher Sie diesen Château Soundso haben.«

Ich schüttelte bedauernd den Kopf. »Es geht nicht, ich habe es dem Winzer versprochen«, log ich tapfer. »Es soll ein Geheimtipp bleiben«.

»Ich befehle es Ihnen aber«, drohte er mir.

Ich verschloss mich.

Als er merkte, dass er bei mir nicht weiterkam, wurde er zutraulich, freundschaftlich, jovial. Er stellte mir sogar eine Beförderung in Aussicht. Seit Jahren warte ich darauf, aber ich konnte das Angebot nicht annehmen.

»Ich besorge Ihnen den Wein«, war alles, was ich in meiner Situation versprechen konnte, ohne mich, den kleinen Betrüger, und ihn, den großen Weinkenner, bloß zu stellen. »Ich versuche so viele Flaschen wie möglich zu bekommen. Aber ich kann einen Wein wie diesen nicht länger umsonst abgeben, Sie verstehen?«

»Geld spielt keine Rolle. Beeilen Sie sich, Erlinger. Ich erwarte in den nächsten Tagen Gäste. Ranghohe Diplomaten! Ich gebe Ihnen für die Beschaffung zwei Tage frei. Ich will diesen Wein, haben Sie verstanden?«

O ja, ich hatte verstanden, ich saß in der Klemme.

Denn bei dem einen Diplomatenempfang blieb es nicht, Leuster ließ nicht locker, er forderte immer weiter, er wollte immer mehr, er war unersättlich.

Und ich? Ich kannte keinen Feierabend mehr. Kartonweise schleppte ich den Wein zu mir nach Hause. Ein Glück, dass er kein saisonales Sonderangebot meines Lieblings-Discounters gewesen war. Bange hoffte ich, dass er noch lange lieferbar war.

Ich nahm 148 Euro pro Flasche plus Porto. Ohne Rechnung, wie man es unter Weinhändlern so macht, sagte ich. Leuster nannte das einen Spottpreis.

Die Differenz zwischen Einkauf und Verkauf war eine kleine Entschädigung für meine Aufregung, das Umherfahren von einer Filiale zur nächsten, das Ein- und Ausladen, das Herauf- und Heruntertragen und die langwierige Prozedur des Ablöse-Vorgangs der Etiketten unter warmem Wasser. Von den Benzin- und Wasserkosten ganz zu schweigen.

Ich selbst gönnte mir keinen Schluck mehr von meinem Hauswein, jede Flasche reichte ich weiter.

Eines Tages kam mir Leuster in seinem Jaguar entgegen, als ich gerade aus der Straße bog, in der sich eine Filiale befand. In meinem Kofferraum standen sechs Kartons. Leuster saß im Fond, schlug seinem Chauffeur auf die Schulter und hob seine rechte Hand, die ein imaginäres Glas hielt, an seinen Mund.

Ich baute fast einen Unfall. So konnte es nicht weiter gehen, beschloss ich. Lieferant oder Empfänger? Einer musste von der Bühne abtreten. Die Frage wer, war schnell geklärt.

In meinem kleinen chemischen Betrieb standen mir alle Türen offen. Schon am nächsten Tag, als die Belegschaft in der Mittagspause war, mischte ich einen tödlichen Cocktail aus Arsen, Strychnin sowie Zyankali, kippte das Teufelszeug in einen klebrig-süßen Dessertwein und hoffte, dass er alles Bittere neutralisierte. Selbstverständlich konnte ich nicht probieren.

Ich füllte die Mischung in eine kleine, namenlose Flasche und schickte sie in einer anonymen Sendung an Leuster persönlich. Ich wusste, dass er seine Finger nicht davon lassen konnte, er war viel zu neugierig. Und seit dem Dinner auf Schloss Alserbach wusste ich auch, er war viel zu gierig, um mit der Gräfin zu teilen.

Jetzt, dachte ich, konnte ich meinen kleinen Hauswein wieder selbst trinken und meinen Feierabend genießen. Alle Hetze hatte ein Ende.

Die Beerdigung fand an einem regnerischen Tag auf dem verwitterten, schlosseigenen Friedhof statt. Ich nahm Charlotte Gräfin von Alserbach unter meinen schwarzen Golf-Schirm. Ich musste sie stützen. Sie wirkte zerbrechlich und zittrig. Geistesabwesend blickte sie durch den schwarzen Schleier ihres Hutes. Kurz bevor sie in den Fond des Jaguars stieg, bat sie mich mit tragischer Stimme, die Geschäfte des Unternehmens vorläufig kommissarisch zu übernehmen, bis es ihr wieder besser gehe.

So kam ich doch noch zu meiner Beförderung.

Vor einem Monat, kurz vor Ladenschluss, stand sie bei meinem Lieblingsdiscounter hinter mir an der Kasse. Ich hätte sie beinah nicht erkannt. Ihre Frisur war derangiert. Sie hatte abgenommen. Ihre Wangen waren eingefallen, ihre Augen umschattet. Sie sah noch älter aus als zuvor. Wie sehr musste der Tod ihres Mannes sie mitgenommen haben!

Unverwandt blickte sie auf meinen geliebten Hauswein, der gerade als einziger Artikel über das Band rollte. Auch der Einkauf der Gräfin Charlotte von Alserbach bestand nur aus einem Artikel. Einem Weinkarton. Sie raten nie, welcher Wein darin war.

Während ich in meinem Portemonnaie nach den 2.95 € suchte, legte sie eine Hand auf meine und raunte: »Ich wusste, dass ich Sie hier eines Tages treffen würde.«

Seit diesem Tag gehe ich im Schloss ein und aus. Ob ich will oder nicht. Charlotte hat mich in der Hand. Nicht nur wegen Wucher, ihr verstorbener Gatte hatte sie von dem Dessertwein kosten lassen. Sie hatte nur daran genippt. Danach war es ihr sehr schlecht ergangen, zur Beerdigung hatte sie sich mit letzter Kraft geschleppt, war eine Zeitlang bettlägerig gewesen und erholte sich nur langsam. Sie leidet heute noch unter Spätschäden.

Sie wird niemandem etwas sagen, sagt sie, solange ich bei ihr bleibe.

Sie kann einfach nicht allein sein.

Mittelrhein

Deutschland hat eine Weinregion, die gleichzeitig eine UNESCO-Welterbestätte ist: den Mittelrhein. Gut, eigentlich nur das Obere Mittelrheintal, aber das Untere trägt den Titel dank des Limes nun auch irgendwie. Weintechnisch reicht der Mittelrhein von Bingen bis Bonn. Und eins hat er zur Genüge: Burgen. Und dank der Loreley auch: Japaner.

Am malerischen Mittelrhein mit seinen gerade einmal 460 Hektar herrscht Deutschlands weiße Paraderebsorte, der Riesling. In Bacharach, Boppard oder Leutesdorf leben die Winzer, die die Arbeit in den Steilhängen nicht scheuen. Besonders berühmt ist die Region für ihre halbtrockenen und feinherben Tropfen – die sogar überzeugte Trockentrinker begeistern können. Goethe und Heinrich Heine liebten die Tropfen vom Mittelrhein. Bedanken kann man sich für diese übrigens bei den Römern, denn sie brachten den Weinbau hierher.

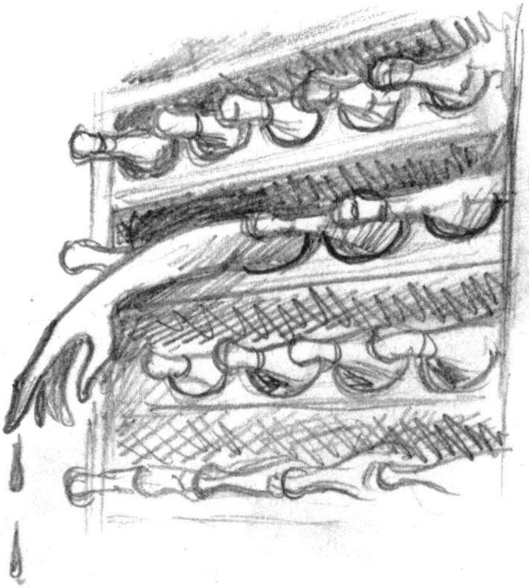

Schein und Wein

Von Ina Coelen

Im Wein liegt Wahrheit –
der Schwindel liegt auf dem Etikett
(unbekannt)

Ich habe eine Idee«, hatte Timo am Telefon gesagt, »eine todsichere Geschäftsidee«, und dass er mich unbedingt sehen wolle. Suse hätte mir geraten, die Finger davon zu lassen und mich keinesfalls mit ihm zutreffen. Sie hielt nichts von meinem Jugendfreund und wurde nicht müde mich vor ihm zu warnen. Er sei mit seinen fünfundvierzig Jahren noch immer nicht erwachsen, habe kein geregeltes Einkommen und keinen Plan, wie sie es nannte. Er habe es noch zu nichts gebracht, kein Auto, kein Haus und sicherlich nicht mal einen Baum gepflanzt, geschweige denn einen Rebstock. Mir war das egal, auch das mit den Pflanzen. Ich hatte ein Auto, einen Doktortitel, ein Haus und von meinen Eltern ein beträchtliches Vermögen geerbt. Geld ist nicht alles. Jedenfalls wenn man genug davon hat.

Timo hatte dafür die schönsten braunen Augen, in die ich mich jemals verguckt hatte und eine atemberaubend athletische Figur mit starken, breiten Schultern. Er sah einfach hinreißend gut aus, mit glänzend schwarzen Haaren und Dreitagebart.

Aber ich wollte gar nichts von Timo, außer mit ihm befreundet sein. Das redete ich mir jedenfalls ein, schon aus reinem Selbstschutz.

Er war mein Traummann, und ich war klug genug, um zu wissen, dass man so ein Exemplar nicht für sich alleine bekommt. Einen Traummann muss man teilen. So fand ich mich damit ab, dass Timo sich mehr oder weniger regelmäßig bei mir meldete, weil er entweder Geld brauchte oder seelischen Beistand wollte oder einfach nur Beischlaf. Er hatte keine festen Beziehungen, genau wie ich.

Obwohl wir sehr verschieden waren, hatten wir einen Draht zueinander. Vielleicht weil wir uns optimal ergänzten. Er hatte Aussehen und Charisma, ich Köpfchen und Geld. Allerdings ließ ich mich bei allem, was mit Timo zu tun hatte, nicht von meinem Kopf sondern eher von meinen Hormonen steuern.

Wenn du als Frau mit einem Mann wie Timo ein Restaurant betrittst, egal wie viele Sterne es hat oder wie viele große gelbe »Ms«, du kannst sicher sein, dass dir jeder mit mehr oder weniger weit geöffnetem Mund hinterher starrt und dir neidische Blicke zuwirft. Dann hast du dieses sensationelle Feeling, eine beneidenswerte, außergewöhnliche Frau zu sein, weil alle glauben, dass dieser Adonis auf dich steht. Alleine dieses erhebende Gefühl war es mir wert, ab und an in eine von Timos Geschäftsideen zu investieren. Für dieses geile Feeling lohnte sich jeder Cent, denn meist war das Geld schneller futsch, als ich »tadellose Tanninstruktur« oder »generöser Gerbstoffgehalt« sagen konnte. Mir ging es nicht ums Geld. Ich genoss einfach, dass ich Timos beste und älteste Freundin war. Mehr war nicht möglich, denn ich bin nicht so der Typ, auf den Männer fliegen. Ich sehe unscheinbar aus. Meine blassblonden Locken ließen sich nie zu einer Frisur bändigen und wurden schon grau als ich noch keine Dreißig war. Vermutlich bin ich das, was man eine graue Maus nennt. Männer übersehen mich einfach. Ich fürchte auch Timo nahm mich nicht als Frau wahr, eher als guten Kumpel, Kummertante oder vielleicht nur Mäzen.

Ich kannte Timo von der Uni in Bonn. Er hatte nur das Grundstudium beendet, ich mit einem Doktortitel abgeschlossen. Allerdings ist das für eine Frau eher hinderlich. Auf dem Heiratsmarkt giltst du damit als schwer vermittelbar.

»Wo und wann?«, hatte ich nur gefragt und wir verabredeten uns für den kommenden Abend auf den Rheinterrassen in Königswinter. Ein bisschen Luxus muss sein, meinte Timo. Es war klar, dass er mal wieder blank war und ich zahlen würde. Wir flachsten ein bisschen rum, und er tat geheimnisvoll, wollte am Telefon nicht sagen, welch todsicheren Deal er diesmal plante.

Unser Date stand unter keinem guten Stern. Am Nachmittag erfuhr ich, dass mein Wagen nicht rechtzeitig aus der Inspektion kommen würde. Ich rief kurz entschlossen bei Suse an, um ihren Golf auszuleihen.

»Suse, liebe Suse, raschelt's im Stroh?«, versuchte ich Frohsinn zu verbreiten.

»Hier rappelt's im Karton. Einen ungünstigeren Moment hättest du dir nicht aussuchen können.« Suses Stimme klang angespannt. »Gibt es etwas Wichtiges? Und wenn ich wichtig sage, meine ich lebenswichtig.«

»Alles ist relativ. Auf einer Skala von eins bis drei würde ich sagen Alarmstufe zwei. Ginge die Skala bis zehn, würde ich neun sagen.«

»Cora! Mir ist nicht nach Scherzen!«, stöhnte Suse.

»Deine Probleme möchte ich vermutlich nicht haben, aber ich bin bereit sie mit dir teilen.« Ich legte auf und nahm umgehend eine Taxe zu ihrem Weingut nach Leutesdorf.

Ich fand Suse in ihrem kleinen Büro, wo sie und ihr Bruder Vinz sich schweigend anstarrten. Der schmale Raum war dominiert von einem papierübersäten Holzschreibtisch, der schon seit Generationen hier zu stehen schien, ähnlich wie der angestaubte Computer. Überall in den Regalen und auf dem Boden standen wild durcheinander Weinflaschen und Kartons. Es sah aus, als hätte eine Bombe eingeschlagen.

»Was ist das hier für eine Bombenstimmung?«, versuchte ich gute Laune zu verbreiten. Vinz warf mir einen Blick zu, in dem ich etwas las wie ›Auf dich haben wir gerade noch gewartet.‹ Ich sah mich nach einem freien Stuhl um, fand aber keinen.

»Wofür hast du dich so aufgetakelt?« Suse sah mich kritisch an. »Für die Schuhe brauchst du einen Waffenschein.«

Vinz verließ wortlos den Raum.

»Was ist dein Bruder denn so gesellig heute?«, lenkte ich ab.

Suses Blick verfinsterte sich. »Er hat sich linken lassen.« Sie nahm ihre dunkle Strickjacke von der Stuhllehne und zog sie über.

»Geht es ein bisschen konkreter?«

Meine Freundin machte eine wegwerfende Bewegung. »Ich habe gleich geahnt, dass ›Beste Note‹ nichts Seriöses ist, aber Vinz ist voll drauf abgefahren.«

»Ich kenne nur ›Beste Bohne‹«, rutschte es mir heraus.

Suse verdrehte die Augen. »›Beste Note‹ ist ein so genannter Wein-Wettbewerb um eine so genannte Auszeichnung.« Sie malte mit den Zeigefingern Anführungsstriche in die Luft. »Was Vinz übersehen hat, ist eine Art Anmeldegebühr. Um mitzumachen, muss man eine Grundgebühr entrichten und für jede Flasche, die man einreicht eine Teilnahmegebühr. Wobei die Chancen steigen, je mehr Flaschen man einreicht.« Sie tippte sich mit der flachen Hand vor den Kopf. »Vinz ist denen auf den Leim gegangen, will das aber nicht einsehen. Angeblich soll ein Bericht in einer neuen Fachzeitschrift erscheinen und in einem Magazin in den USA. Das sei quasi der Einstieg, um in die Staaten zu exportieren. Dort sind sie angeblich ganz verrückt nach Weinen aus der alten Welt.« Suse nahm ihre blonden Haare zusammen und steckte sie mit einem Bleistift am Hinterkopf fest. »Dieser dubiose Weinmanager hat das Blaue vom Himmel versprochen und Vinz hat geglaubt, so könne er unseren Betrieb sanieren. Aber er musste erst einmal ein paar Tausend Euro hinlegen, und die sind wir jetzt los.«

»Das ist alles Betrug. Denen geht es nur ums Geld.«

Ich sah Suse mitleidig an, fast hätte ich ihr über das Haar gestrichen wie einem Kind. »Ja, das ist normal. Es geht doch immer nur ums Geld. Dafür stehst du morgens auf und arbeitest. Deine Mitarbeiter schaffen für Geld und du verkaufst deine Weine für Geld.«

Nachdem ich ein paar Rechnungsformulare zur Seite geschoben hatte, hockte ich mich auf die Schreibtischkante. Dabei stellte ich fest, dass mein enger Rock alles andere als günstig geschnitten war für diese Position.

»Vielleicht ist ja doch was dran«, begann ich und kam mir vor wie ein Versicherungsvertreter, der einer Rentnerin eine Lebensversicherung andrehen will. »Mit so einer Plakette verkaufen sich Weine bestimmt viel besser. Das ist für den Kunden eine Hilfe bei der Kaufentscheidung. Das sollte man nicht unterschätzen. Ist doch egal was hinter so einem Aufkleber steht.«

»Das glaube ich nicht. Das ist Betrug. Alles nur heiße Luft!« Suse sprang auf. »Der einzige, der an diesem Pseudopreis verdient, ist dieser Wein-Manager-Betrüger. Dieses angebliche Fachmagazin ist sicher auch nur erfunden. Ich wette, das gibt es gar nicht. Und in den USA kräht kein Hahn nach unseren Weinen. Die wissen nicht einmal, dass es unser Weingut gibt.«

»Du meinst ...«

»Keine Auszeichnung, kein Bericht, keine PR, aber eine Stange Geld für nichts als eine Illusion.«

»Ihr braucht einen Anwalt, der euch da raus haut«, wechselte ich die Seite.

»Klar, dem schmeiße ich dann noch mal ein paar Tausender hinterher, weil Vinz so blöd war. Dummheit schützt vor Strafe nicht, schon mal gehört?«

»Wahrscheinlich wäre das für euch gar nichts gewesen, in die USA zu exportieren. Die wollen Abertausende Flaschen mit derselben Brühe, alle mit den gleichen Geschmacksnoten vom Barrique-Holz. Ihr müsstet wahrscheinlich den Alkoholgehalt erhöhen...«

»Nenn' unseren Wein nicht Brühe!«

Ich hatte nicht wirklich Ahnung von dem was ich sagte, aber ich fand es klang kompetent.

Suse war nicht zu beruhigen. Nach einer angemessenen Zeit, in der ich versuchte, das Positive an der Situation zu erläutern, verabschiedete ich mich dezent, nicht ohne sie um Wagen und Autoschlüssel gebeten zu haben. Ich war spät dran.

So genau kann ich mich nicht erinnern, wie es zu dem Unfall kam. Ich stand unter Zeitdruck und wollte eine Abkürzung nehmen, aber ich verfuhr mich und landete schließlich auf einem schmalen Schotterweg. Die Abendsonne blendete mich, und meine große Sonnenbrille war eher ein modischer Gag als eine Sehhilfe. Wie aus dem Nichts war ein Transporter vor mir aufgetaucht, dem ich nicht ausweichen konnte. Das heißt, irgendjemand hatte ihn dort abgestellt und ich erwischte ihn mit meinem rechten Kotflügel. Also mit Suses rechtem Kotflügel.

Wegen meiner hohen Absätze hatte ich nicht rechtzeitig bremsen können, und weil es auf der linken Straßenseite ein Stück steil bergab ging, hatte ich lieber auf den Wagen draufgehalten statt auszuweichen. Kurz dachte ich daran einfach zu verschwinden, aber mit einem fremden Auto wollte ich dann doch keine Fahrerflucht begehen. Ich rief also zuerst die Polizei und dann Timo an.

»Es tut mir leid, ich werde nicht kommen können, ich hatte einen Unfall.«

»Ist dir etwas passiert?«

Ich freute mich über den fürsorglichen Unterton. Timo machte sich Sorgen um mich. Oder um seine Geldquelle, schob sich ein hässlicher Gedanke in den Vordergrund.

»Mir geht es gut. Ich bin nur mit dem Kopf gegen das Seitenfenster geknallt. Allerdings ist es etwas einsam hier und schon fast dämmerig. Ich muss auf die Polizei warten und das kann dauern haben die gesagt. Bei Vollmond ist viel los.«

Ich stieß einen hohen, gellenden Schrei aus. Zugegebenermaßen war das ein wenig überspitzt. Timo sollte sich ruhig ein bisschen sorgen.

»Was ist los? Cora, bist du noch dran?«

»Etwas großes Dunkles hat meinen Arm gestreift.« Das war eine Lüge.

»Komm schon, du hast nicht etwa Angst im Dunklen?« Timo lachte. Er hatte mich durchschaut »Wenn du willst, bleibe ich in der Leitung bis jemand kommt.«

Wir plauderten, und ich stellte fest, was für eine angenehm warme Stimme Timo hatte. Mit so einer Stimme kann man jedem alles verkaufen.

»Ich habe mir gerade einen Wein bestellt. Rate doch mal, was ich gerade trinke.«

»Rotwein.«

»Nicht so voreilig! Ich sehe ein dunkles, undurchsichtiges Rot. Intensiv, stark fruchtbetonte Nase.« Ich hörte Schmatzgeräusche. »Am Gaumen massive Frucht, Heidelbeere, etwas Cassis. Deutliche

Süße.« Während ich Timos Ausführungen lauschte, stöckelte ich um den Wagen herum und begutachtete erneut den Blechschaden.

»Dezenter, nicht zu aufdringlicher Vanilletouch, viel Körper, richtig Power«, fuhr Timo fort. Ich hockte mich vor die Motorhaube, um zu sehen, wie groß der Schaden war.

»Ordentliche Tanninstruktur, gute Länge, einigermaßen eingebundener Alkohol.«

Ich beugte mich vor. Wenn das Auto nicht mehr fahrbereit war, müsste ich auch einen Abschleppdienst anrufen.

»Es fehlt an Feinheiten, etwas plakativ aber dennoch gutes...«

Als ich aufstehen wollte, rutschte ich mit den Absätzen auf dem Kies aus und verlor das Gleichgewicht. Ich strauchelte, landete auf den Knien, und fast wäre mir das Handy aus der Hand geglitten. Durch meinen engen Rock war meine Bewegungsfreiheit derart eingeschränkt, dass ich ein Stück den Hang hinunter schlidderte, bis ich von einem alten Rebstock gebremst wurde. Mit der einen Hand hielt ich krampfhaft das Mobiltelefon fest, mit der anderen bekam ich ein Gestrüpp zu fassen. Wenig vornehm versuchte ich auf die Beine zu kommen. Gut, dass es hier so einsam war, ich musste eine lächerliche Figur abgeben. Eine ein Meter achtzig große, geschmackvoll gewandete Frau, die auf allen Vieren durch einen Weinberg robbte. Ich klopfte den Schmutz von meiner Kleidung und versuchte meiner Stimme einen beiläufigen Tonfall zu geben. Ich wollte cool klingen und nicht wie ein ungeschickt gefallenes Mädchen. »Was redest du, Timo und seit wann verstehst du etwas von Wein?«

»Cora, ich bitte dich!« Timo schien empört. »Was waren das gerade für Geräusche?«

»Nichts weiter. Ich sehe jetzt aber auch ein dunkles, undurchsichtiges Rot.« Widerwillig leckte ich Blut von meinem Handgelenk, während ich die Böschung erklomm. »Auf der Zunge habe ich einen, hm, mineralisch-salzigen Geschmack mit leicht aufdringlichem Eisentouch.«

»Cora, geht es dir nicht gut?«

Ich war gerade auf dem Kiesweg angelangt, als ich ein sich näherndes Fahrzeug hörte. Nach wenigen Augenblicken legte der

Fahrer eine Vollbremsung hin und brachte den Wagen direkt vor mir zum Stehen. Ich hätte mich kaum ungeschickter auf dem Fahrweg platzieren können. Aber ich war dankbar, als zwei Polizeibeamten aus dem Wagen stiegen.

»Timo, die Retter nahen. Danke, dass du mich nicht alleine gelassen hast. Sehen wir uns morgen? Nein, besser übermorgen.« Wir verabredeten schnell einen neuen Treffpunkt, während der jüngere der beiden Beamten mir abschätzende Blicke zuwarf. Vermutlich waren sie eher abfällig. Sein älterer Kollege war schon dabei den Halter des Fahrzeugs festzustellen. »Zeigen Sie mal Ihre Papiere«, knurrte er.

Ich hatte mir verschiedene Versionen zurechtgelegt, wie ich Suse das Schicksal ihres Wagens schonend beibringen wollte. Natürlich würde ich den Schaden ersetzen. Aber Suse schien sich über den Blechschaden gar nicht aufregen zu wollen, sie hatte ganz andere Probleme.

»Cora, setz dich hin.« Sie schob mich auf den einzig freien Stuhl ihres Büros und seufzte tief. »Vinz ist verschwunden.«

»Wie? Wohin?« Ich fröstelte. Draußen brannte der Planet vom Himmel, aber hier waren es gefühlte zwölf Grad.

»Er ist weg. Ich habe keine Ahnung wohin.«

Ich dachte nach, wo ich hingehen würde, wenn ich Vinz wäre.

»Da ist noch etwas.« Suse sah mich so ernst an, dass ich überlegte, ob sie mich um Geld bitten wollte, weil ihre gesamte Ernte der gemeinen Weinbergheuschrecke zum Opfer gefallen war oder was es sonst für Katastrophen in Weinbergen gab.

»Worum geht es? Um euren Preis? Hat sich da was geklärt?«

»Nicht direkt«, druckste Suse herum.

»Nun sag schon!«

»Es hat mit Timo zu tun.«

»Womit hat Timo zu tun?« Sollte Timo der zweifelhafte Weinmanager sein? Daher stammten also seine neu erworbenen Kenntnisse über Wein. Meine Beine wurden schwer. Meine Körpertemperatur schien um mehrere Grad zu steigen.

Suse berichtete weitschweifig von ihrem Streit mit Vinz, der in letzter Zeit immer häufiger Probleme gehabt hätte, sich von seiner älteren Schwester etwas sagen zu lassen.

»Vinz wird versuchen die Sache wieder gut zu machen. Er hat wohl eingesehen, dass er auf diese Typen reingefallen ist. Aber ich fürchte er macht es nur schlimmer.«

»Du hast gesagt Timo hat damit zu tun.«

»Mein Bruder ist kein Geschäftsmann. Er ist zu weich. Und er ...«

»Was ist jetzt mit Timo?«

Suse sah mich an wie eine Lehrerin ein sündiges Schulkind. »Timo ist der Kompagnon dieses selbsternannten Weinmanagers. Die beiden stecken unter einer Decke.«

Ich verzog schuldbewusst das Gesicht. »Also das ist seine geniale Geschäftsidee.« Ich hatte immer noch gehofft, dass er mit dieser Geschichte nichts zu tun hätte. Aber wozu brauchte er mein Geld, wenn er mit seinem Kumpel erfolgreich ehrgeizige Winzer ausnahm?

»Ich fürchte Vinz hat den Wagen manipuliert, um dich daran zu hindern Timo zu treffen.« Jetzt war es an Suse beschämt zu gucken. »Ich bin sicher, dass Vinz Timo zur Rede stellen will und versuchen wird, unser Geld zurück zu bekommen.«

»Suse, das klingt nach Verschwörungstheorie. Wie sollte Vinz den Wagen manipulieren?«

»Er wird an den Bremsen gefummelt haben, das liest man doch immer wieder.«

Ich konnte mir ein Lachen schwer verkneifen. »Ja, in schlechten Krimis. Nein, es war meine Dummheit, dass ich den Unfall hatte.« Meine Freundin starrte an mir vorbei auf einen roten, verwischten Fleck auf der Tapete. Vermutlich hatte dort eine Mücke ihr Leben ausgehaucht.

»Hoffentlich macht Vinz keine Dummheiten. Er ist gestern Abend, kurz nach dir gefahren und hat sich bis jetzt nicht gemeldet.«

»Suse, du siehst Gespenster. Er hat sich voll laufen lassen, oder er ist bei irgendeinem Mädel.« Suse kam mir wirklich etwas weltfremd vor. Es konnte auch nicht gesund sein, dass sie immer noch die Erziehungsberechtigte spielte, obwohl ihr Bruder bereits zwei Mal die Volljährigkeit erreicht hatte. Sie war einfach zu dominant.

Ich musste unpassenderweise grinsen, weil ich vor kurzem von einer Rebsorte gelesen hatte, die Domina hieß, aber die wuchs nicht hier am Mittelrhein.

»Ich treffe mich morgen sowieso mit Timo und werde ihn zur Rede stellen. Wenn er wirklich mit dem Pseudo-Weinwettbewerb etwas zu tun hat, werde ich dafür sorgen, dass ihr euer Geld zurückbekommt.« Große Worte, aber ich wollte Suse in Sicherheit wiegen. Notfalls würde ich zu einer List greifen und das Geld aus eigener Tasche ersetzen.

Diesmal schien meinem Treffen mit Timo nichts im Wege zu stehen, außer meiner Vorahnung, dass ich etwas erfahren würde, was ich lieber nicht wissen wollte. Wir waren im Bootshaus am Pegelturm in Neuwied verabredet. Ich war flatterig und hatte den ganzen Tag ein mulmiges Gefühl. Kannte ich Timo doch nicht so gut, wie ich geglaubt hatte? Wenn Suses Verdacht stimmte, war er ein Betrüger. Sie hatte ihn immer schon für einen Schaumschläger gehalten und ich wollte nicht, dass sie Recht behalten würde. Mein Traummann ein Krimineller, das mochte ich nicht wahrhaben.

Um ganz sicher zu gehen, dass nichts dazwischen kam, fuhr ich fast eine Stunde früher los. Ich war nervös und hatte mindestens sechzig Minuten damit vertan, mich immer wieder umzuziehen und meine hässlichen Schrammen zu überpinseln. Sicherheitshalber trug ich dieses Mal flache Schuhe und eine Jeans zur weißen Bluse.

Es war nur wenig Verkehr auf der B 24 und ich kam besser durch, als ich erwartet hatte. Ich wollte auf keinen Fall zu früh in unserem Lokal auftauchen, und beschloss ein bisschen herumzufahren, um in Ruhe nachzudenken.

Irgendeine Intuition lenkte mich zum Rheinufer auf einen kleinen bewaldeten Weg in der Nähe des Schlossgartens. Hier war ich früher schon ein paar Mal mit Timo gewesen. Doch es war nicht der richtige Zeitpunkt sentimental zu werden. Ich musste einen klaren Kopf behalten und mir zurechtlegen, was ich Timo sagen wollte.

Am Ende des Weges war ein schwarzer Passat abgestellt. Ich parkte meinen Rover in respektvollem Abstand. Irgendetwas kam mir sonderbar vor. Es war nur ein Gefühl. Ich stieg aus und näherte mich dem fremden Fahrzeug. Die Sonne spiegelte sich auf der Windschutzscheibe. An der Plakette, die dort klebte, erkannte ich, dass es sich um einen Leihwagen handelte. Ich konnte nicht erkennen, ob jemand im Wageninneren saß, und ich ging neugierig um das Fahrzeug herum. Die Fahrertür war leicht geöffnet. Ich sah einen Fuß. Mein Herz begann zu hämmern. Der Fuß bewegte sich nicht, und etwas zwang mich, die Tür zu öffnen. Der Fahrer des Wagens lag in merkwürdiger Position über den Vordersitzen. Ich sah Blut. Als ich das Gesicht des Mannes erkannte, hatte ich das Gefühl, mein Herz höre auf zu schlagen. Es war Timo. Ich hatte noch nicht viele Tote gesehen, aber ich hatte keine Zweifel, dass er tot war. Das Blut an seinem Kopf war getrocknet. Fliegen schwirrten durch das Wageninnere. Mir wurde schlecht und ich hielt mich an der Fahrertür fest, obwohl ich am liebsten weggelaufen wäre. Es sah nicht aus, als habe Timo einen Unfall gehabt. Hatte es einen Kampf gegeben? Aber mit wem? Panikartig sah ich mich um. Niemand sonst war hier. Ich suchte den Boden nach Reifenspuren ab, aber was hätten sie mir sagen sollen? Ich musste weg. Aber ich wollte mich noch einmal vergewissern, ob es wirklich Timo war. Mir wäre lieber gewesen, ich hätte mir das nur eingebildet. Aber ich konnte dem Toten nicht noch einmal ins Gesicht sehen. Stattdessen griff ich nach dem Handy, das auf der Fußmatte vor dem Fahrersitz lag. Ich stolperte zu meinem Wagen zurück. Was musste ich jetzt tun? Die Polizei rufen vermutlich. Ich zögerte. Alle möglichen Gedanken schossen mir durch den Kopf. Suse hatte gesagt, Vinz wolle Timo zur Rede stellen. Sie fürchte, Vinz könne Dummheiten machen. Sollte Vinz vielleicht … Ich wollte das nicht zu Ende denken. Ich schluckte trocken, mein Mund war leer, mein Kopf auch. Wie in Trance fuhr ich nach Leutesdorf zurück. Ich musste zuerst mit Suse reden.

Ich taumelte in Suses Büro, und irgendetwas trieb mir eine Gänsehaut über die Arme. Etwas stimmte nicht. Suse und Vinz standen sich schweigend gegenüber. Vinz war also wieder da. Das war gut. Aber er sah nicht gut aus, fast als ob er geheult hätte. Er hatte einen blutigen Kratzer auf der Nase und lehnte erschöpft mit dem Rücken gegen ein Holzregal. Auch Suse schien geweint zu haben. Die beiden sahen mich erschrocken an.

»Wie siehst du denn aus?« Suse nahm mich in den Arm und drückte mich auf ihren Stuhl. »Setz dich, willst du ein Glas Wasser?«

Ich schüttelte den Kopf. »Was ist hier los?« Ich blickte mich um. Der Raum war so wenig aufgeräumt wie bei meinem letzten Besuch, aber die Unordnung war eine andere. Papiere und Schreibutensilien lagen auf dem Boden. Es sah aus, als hätte jemand alle Unterlagen vom Schreibtisch gefegt. Hatte es Streit gegeben? Augenscheinlich war nichts zu Bruch gegangen. Eine grobe, sackartige Decke war über etwas gelegt, das lang gestreckt auf dem Fußboden lag. Suse war meinem Blick gefolgt. »Das ist …«

»Nichts!« unterbrach sie ihr Bruder barsch. Seine Stimme klang belegt.

Ich konnte jetzt nicht darüber nachdenken, was hier los war. Ich musste erzählen, dass ich Timo gefunden hatte. Ich fühlte Tränen in mir aufsteigen. Ich zog Timos Handy aus meiner Tasche und legte es wie eine Reliquie auf den Schreibtisch. »Timo, ich habe Timo …« Ich schluchzte und stürzte mich in Suses Arme.

Sie strich mir über das Haar. »Wir wissen, dass Timo tot ist«, sagte sie fast flüsternd.

Ich sah irritiert auf. Suse machte eine besänftigende Handbewegung, dann trat sie an die Decke heran, bückte sich und nahm einen Zipfel hoch. Das Gesicht eines Mannes wurde sichtbar. ›Der schläft nur‹, sagte meine innere Stimme. Aber warum sollte der Mann auf dem Fußboden von Suses Büro schlafen? Der Mann schlief hier nicht freiwillig. Der Mann war tot.

»Wer ist das?«, fragte ich mit brüchiger Stimme. Mir war schwindelig. Ich wollte weg von hier.

»Peter Kerper«, murmelte Suse.

»Nie gehört.« Ich strich zärtlich über Timos Handy.

»Weinmanagement-Consultig Kerper und Partner«, ergänzte sie heiser.

»Verstehe.« Ich ließ das Handy durch meine Hände gleiten.

Sie zitterten. »Wieso liegt der jetzt hier?«

Vinz brach in Tränen aus. »Das ist alles meine Schuld. Durch mich ist Timo doch erst auf die Idee gekommen. Dann hat er Kerper kennen gelernt, das Schwein. Der hat ihn in seine verbrecherischen Machenschaften hineingezogen.« Vinz wischte sich mit dem Ärmel über das Gesicht. Ich hatte nicht gewusst, dass er so ein Sensibelchen war, und dass er Timo näher gekannt hatte.

»Timo hat doch nur versucht unserem Betrieb auf die Beine zu helfen. Marketingmäßig.« Vinz sah hasserfüllt auf die sackfarbene Decke. Dann trat er danach. »Kerper, das Schwein hat ihn auch über den Tisch gezogen. Als Timo nicht mehr mitspielen wollte, sollte er eine Ablösesumme bezahlen.«

Ich blickte auf. »Ah, da komme ich ins Spiel. Aber wieso liegt der jetzt hier?« Ich deutete mit dem Kopf auf die Decke am Boden.

»Vinz wollte Timo zu Hilfe kommen. Aber er kam zu spät. Timo war schon tot. Kerper hat ihn umgebracht, weil Timo ihn auffliegen lassen wollte. Vinz ist Kerper hinterher, um ihn zu stellen.« Suse sah ihren Bruder besorgt an. »Vinz hat ihn überfahren.« Sie legte mir eine Hand auf den Arm. »Cora, bitte! Du musst uns helfen, die Leiche verschwinden zu lassen. Du weißt wie man so etwas macht.«

Ein leicht hysterischer Laut entfuhr mir. »Klar!« Ich lächelte schwach. »Wir können sie im Weinberg vergraben, den Schweinen des Nachbarn zum Fraß vorwerfen, in Salzsäure auflösen lassen oder in einem der Weintanks versenken. Ich habe eine Menge Ideen, so viele Leichen könnt ihr gar nicht beschaffen.« Ich kicherte. »Wofür schreibe ich schließlich Kriminalgeschichten?«

Ich drückte gedankenverloren einige Tasten auf dem Handy. Die letzte SMS, die Timo vor seinem Tod verschickt hatte, lautete: »Hol mich hier raus. Ich liebe Dich.«

Ich schluckte. Sie war, wie zweiunddreißig weitere gespeicherte Shortmessages, an Vinz gegangen.

»Sag mal, wie gut kanntest du Timo?« fragte ich mit fast tonloser Stimme.

Vinz senkte den Kopf. »Du warst sein bester Kumpel«, flüsterte er, »aber wir, wir waren ein Paar.«

Er zuckte zusammen, als mir das Handy aus den Händen glitt und klirrend zu Boden fiel.

Mosel-Saar-Ruwer

...heißt nicht mehr Mosel-Saar-Ruwer.

Sondern seit 2007 nur noch Mosel. Die Nebenflüsse Saar und Ruwer zählen zwar weiterhin zu dem Weinbaugebiet, das sich von Koblenz bis hinter Trier erstreckt, aber um es Weingenießern im Ausland leichter zu machen, sich den Namen zu merken, wurde er abgekürzt. Wir möchten diese Schmach ein wenig ausgleichen, und gönnen nicht nur der Mosel, sondern auch Saar und Ruwer eigene Geschichten, schließlich finden sich dort einige der großartigsten Weingüter Deutschlands, wenn nicht gar der Welt. An der Saar ist zum Beispiel Deutschlands berühmtester und reichster Winzer zuhause: Günther Jauch.

Die Mosel ist weltweit das bekannteste deutsche Anbaugebiet – und auch eines der ältesten. Seit dem ersten Jahrhundert nach Christi wird hier Weinbau betrieben. Heute gibt es nur noch 9.000 Hektar, weil vielerorts der Nachwuchs die harte und unrentable Arbeit im Weinberg für andere Jobs aufgibt.

Und das in einem Gebiet, das vor Superlativen nur so strotzt: die Mosel weist die größte Rieslingfläche der Welt auf (aber natürlich werden auf 40% der Fläche auch andere Rebsorten angebaut), sie ist das größte Steillagengebiet des Globus, Neumagen ist der älteste Weinort Deutschlands, und der Bremmer Calmont der steilste Weinberg der Welt.

Und wie schmecken die Tropfen aus berühmten Weinorten wie Traben-Trarbach oder Bernkastel-Kues? Oftmals leicht im Alkohol und rassig in der Säure – mit unglaublich viel Trinkfreude.

Brauneberger Seelenfrieden

Von F. G. Klimmek

Das ist ja wirklich ein erlesenes Tröpfchen, vollmundig, rund. Das ist ...« er schnüffelte am Glas, ließ den Schluck durch den Mund rollen, und gab Geräusche von sich, die nach seiner Auffassung von einem Weinkenner in dieser Situation erwartet wurden »... als wenn einem ein Engelchen - na, Du weißt schon, mein Bester.«

Ich ergänzte in Gedanken »auf die Seele pinkelt - Du Prolo!«

Von solchen Kalibern wie Georg Maierfeld, pardon, Herrn-Direktor-Maierfeld-aber-Du-kannst-ruhig-Schorsch-zu-mir-sagen, wurde ich regelmäßig heimgesucht, wenn der aktuelle Jahrgang in Flaschen gefüllt wurde. Maierfeld war in Personalunion Generaldirektorpräsident und Aufsichtsratsvorsitzender der größten europäischen Firma für Zweikomponentenkleber und suchte schon frühzeitig den Wein aus, den er en gros für seine Geschäftsfreunde als Weihnachtspräsent benötigte. Er war außerdem Mitte fünfzig, übergewichtig, und in allererster Linie ein komplettes Arschloch.

Zum Glück war er kein Gedankenleser. Schließlich lebe ich von solchen Typen.

Er war vor drei Tagen angekommen und machte heute zum ersten Mal einen entspannten Eindruck. Gleich am ersten Abend hatte er lamentiert, dass die Haftex, ein Konkurrenzunternehmen, dabei war, ihm das Wasser abzugraben. Angeblich hätten sie eine umweltschonendere Art der Herstellung gefunden, wenn sie auch bisher an seinen Dumping-Endverbraucherpreis nicht ranreichen konnten. Immerhin war das für seine Lobbyisten in der Landesregierung ein willkommener Aufhänger, ihn mal wieder um die Erhöhung ihrer Schmiergelder anzugehen.

»Mieses, geldgeiles Pack!« hatte er geflucht, doch nur halbherzig in seiner Wut, wohl wissend, dass er sie letztlich auf der Schwarzgeldschiene doch wieder überrollen würde.

Das endgültige Heilmittel zur Wiederherstellung seiner Zufriedenheit war, wie so oft, ein Wein aus meinen besten Juffer-Parzellen, dem wir uns seit heute Mittag widmeten. Wenn sonst wirklich nichts mehr half, schaffte es mit tödlicher Sicherheit meine Cuvée *Brauneberger Seelenfrieden*, die innere Ausgeglichenheit und charakterliche Souveränität der gestressten Klientel zu restaurieren, die ich hasste, aber deren Geld ich brauchte.

Ich bin nämlich nicht nur Winzer, dabei in dieser Eigenschaft höchst angesehen und von meinen Kollegen in vielerlei Gremien hineinkomplimentiert. Ich bin obendrein - leider, wie ich in Situationen wie dieser manchmal hinzufügen muss - auch Gastronom, der nebenher eine 8-Zimmer-Pension betreibt, die, wie alle in unserer Gegend, auf das Motto »Wein, Weib und Gesang« gegründet ist. Persönlich kann ich auf den Gesang gut verzichten, auf den Wein selbstverständlich nicht, und auf Weib nur höchst ungern.

Da ich, wie gesagt, in unserem Dörfchen nicht ganz unbekannt bin, werden Sie mir hoffentlich verzeihen, dass ich mich Ihnen nicht vorgestellt habe. Das werde ich aus naheliegenden Gründen auch nicht tun. Nennen Sie mich deshalb der Einfachheit halber nur Willi.

»Das Zeug ist ein wahres Wundermittel.« Das *Zeug* war ein Riesling aus bester Lage, und wenn ich blutenden Herzens mitansehen musste, wie sich so ein Banausenknilch wie Direktor Schorsch den Wein hineinkübelte, kam ich mir vor wie ein vom Schicksal Geschlagener, der dazu verdammt war, seine Perlen samt Austern sackweise an die Säue zu verfüttern.

»Das ist noch besser als Baldrian, um mich wieder ins Lot zu bringen«, salbaderte Direktor Schorsch weiter. Mir wurde gleich zweimal schlecht. Erstens bei dem Gedanken an Baldrian, zweitens, weil es Menschen gab, die diese Flüssigkeit in einem Atemzug mit Wein nennen konnten. »Ein paar Gläschen, und schon fühl' ich mich wie auf Wolke 7.«

Jetzt war es wieder so weit! Mit dem Burschen ging die jovial-schwelgerische Art durch, die sich immer dann bei ihm einstellte, wenn er seinen Pegel erreicht hatte.

»Dieses Zeug verschafft mir immer meinen Seelenfrieden, wenn sonst nichts mehr hilft. Willi, Du Teufelsbraten, da hast Du dir wirklich prima Namen für den Wein ausgesucht. Wenn ich mir das so recht überlege, hast Du mir nie verraten, wie Du da drauf gekommen bist. Komm, lass gehen, wie kommt man auf sowas?« Dabei knuffte der Mann mit dem begrenzten Sprachschatz mich verschwörerisch-intim mit seiner fetten Faust in die Rippen, eine Geste, die ich so liebe wie eine herausgefallene Zahnfüllung am Sonntagmorgen.

Da sollte mich wirklich der Teufel holen und in der Hölle braten, wenn ich ihm dazu die Wahrheit sagte.

»Ach, bei Cuvées kommt sowas meistens einfach aus einer Laune heraus. Die Lagennamen dagegen haben meist einen konkreten Hintergrund.« Jetzt würde ich den Kotzbrocken schon in die falsche Richtung bugsieren. »Nicht unbedingt historisch verbrieft, aber irgendeine Geschichte steckt schon dahinter. *Zeller Schwarze Katz* zum Beispiel, oder noch besser *Kröver Nachtarsch*. Das ist richtig interessant. Angeblich hat der Kellermeister einem vorwitzigen Lehrjungen den nackten Arsch versohlt, so, wie man die Szene auf dem Etikett sieht. In der Realität ist der Ursprung aber ein ganz anderer. Da sind die Weinbauern nämlich zur Lese ohne Hose in den Berg gezogen. Und das hatte folgenden Grund ...«

Geschafft. Solche Superschlauen von eigenen Gnaden wie mein anbiedermeierischer Schorsch waren am leichtesten zu manipulieren. Dem Kerl würde ich meine Geschichte noch nicht einmal dann erzählen, wenn er mich zu seinem Alleinerben einsetzte. Obwohl, irgendwem würde ich sie schon gerne offenbaren. Ich weiß auch nicht, warum der Trieb, ein Geheimnis herauszuposaunen, irgendwann so übermächtig wird. Geht das jedem Täter so, wenn er sein

Geheimnis nur lange genug mit sich herumgeschleppt hat?

Egal, warum es so ist - es ist so. Den Blödmann hier würde ich sogar noch belügen, wenn er mich nur nach der Uhrzeit fragte, aber zu Ihnen habe ich komischerweise Vertrauen. Weiß der Henker, warum. Und nach zehn Jahren, da treibt es einem einfach den Mund auf. Also, wenn Sie die Geschichte hören wollen? Und wenn ich mir so mein Direktorchen angucke, ist Kröver Nackt*arsch* wirklich keine schlechte Überleitung.

* * *

»Heute war es zu viel, Old Boy, viel zu viel. Heute hast Du einen Tritt in den Arsch verdient. Und ein paar saftige Schläge in die Schnauze!«

Der erste Gedanke, der mich durchzuckte, war: Ach, du Scheiße, die dusselige Kuh hat ihm alles gebeichtet! Ist es denn möglich, dass selbst kluge Frauen in gewissen Lebenslagen so reagieren, als gäbe es nur ein momentanes Blödgefühl und sonst nichts auf dieser Welt, als wären sie ohne Gehirn geboren worden, als hätten sie nicht einen Funken der Bauernschläue ihrer apfelschwingenden Urmutter abgekriegt?

Doch verwarf ich diese absurden Ideen gleich in der nächsten Sekunde. Natürlich hatte Betty den Mund gehalten. Der Kerl hatte uns einfach bloß beobachtet und war uns gefolgt.

Die Grables kamen schon seit den frühen neunziger Jahren zu uns. Er, Arnie, war früher auf der Airbase in Spangdahlem stationiert gewesen und rangierte damals bereits relativ hoch in der Militärhierarchie, sie, Betty, um einiges jünger als ihr Mann, doch frisch verliebt und noch frischer verheiratet. Nach einigen wenigen Jahren war nicht viel vom alten Glanz geblieben. Mit Arnie ging es beruflich nicht weiter, und Betty, der dralle Pferdeschwanztyp, vertrieb sich das langweilige Kaserneneinerlei in einem Wittlicher Sportstudio, wo sie sich, jetzt kurzhaarig und drahtig, vom Körperkultvirus hatte infizieren lassen.

Als ihm dann eine interne Regel aus Altersgründen das Fliegen verboten und er schon vorher aus denselben Gründen das Na-Siewissen-schon drangegeben hatte, waren sie zurück in die USA gegangen. Aber weil sie nun mal ihre besten Jahre in Deutschland verbracht hatten, war es nur zu verständlich, dass für ihn und seine Frau ein anderer Anlass gefunden werden musste, immer wieder in unsere schöne Gegend zurückzukehren. Für ihn war es der Wein, und der Anlass für seine Frau war ich.

Mir hatte sie schon damals als langhaariges Countrygirl gefallen, wenn sie bei uns kurz anhielten, um auf dem Rückweg in die Kaserne eine Kiste Wein mitzunehmen. Und später, als Aerobicjunkie ohne Babyspeck, gefiel sie mir noch besser. Früher blieben sie nur auf ein paar Minuten, jetzt mieteten sie immer für mindestens eine Woche.

Arnie nutzte die Zeit, um aller Welt und in erster Linie sich selber zu beweisen, dass ein ausgemusterter Soldat nicht zwingend ein Kulturvakuum in seinem ehemaligen Helmständer haben musste, und klapperte eine historische Stätte in der Umgebung nach der anderen ab. Betty machte anfangs noch gute Miene zum langweiligen Spiel, aber als Arnie plötzlich seine erwachte Intellektualität auf die Spitze trieb und Dorfmuseen frequentierte, um sich in staubigen Archiven über Hexenverfolgungen und Bauernkriege in Good-old-Germany kundig zu machen, war bei ihr der letzte Zahn gezogen. Passenderweise schützte sie deshalb zunächst Zahnschmerzen vor und später den üblichen Weiberkram mit Migräne und allem, was so dazu gehört, um zu Hause, sprich in meiner Pension, bleiben zu können.

An dieser Stelle noch weiter drumrum zu reden, wäre eine Beleidigung Ihrer Intelligenz. Es kam, wie es kommen musste, und für das Französische Bett meines Freundes Vinzenz fingen harte Zeiten an. Denn weil bei mir die Zimmer, unabhängig von der Jahreszeit, fast immer ausgebucht sind, ging ich natürlich kein Risiko ein und traf mich mit Betty täglich zum nachmittäglichen Matratzentest zwei Häuser weiter bei meinem besten Freund in unserer alten Fetenbude, die er in nostalgischer Wehmut kaum verändert und also gut abgeschottet hielt.

Alles hätte bis zum Ende der Zeit bzw. von Bettys Attraktivität so weiterlaufen können, hätte sich Arnie für seinen Urlaub einen soliden deutschen Wagen und nicht in seinem völlig unangebrachten Nationalstolz einen elenden Amischlitten gemietet. So aber brach eines schönen Tages beim Durchfahren eines Schlaglochs auf unserer vom Lastwagenverkehr schwer gebeutelten Dorfstraße nicht nur der vordere rechte Querlenker, sondern auch die deutsch-amerikanische Freundschaft. Denn als Arnie unfallbedingt zu einer total unpassenden Zeit wieder bei der Pension erschien, sah er gerade noch seine Frau mit mir in Vinzenz' Haus verschwinden. Ich hatte Arnie nie viel Phantasie zugetraut, doch er musste wohl genug Seifenopern im heimatlichen TV gesehen haben, um zu realisieren, was dies zu bedeuten hatte.

In seiner feinfühligen Cowboymentalität machte er sich erst gar nicht die Mühe, vor der Tür auf uns zu warten, sondern stürmte mit den bereits zitierten Worten in unseren Hobbyraum wie die Kavallerie in die Tipis der Sioux. Getragen von einer Woge aus Wut und Vernichtungsdrang übersah er dabei in seiner Scheuklappenperspektive Tuapapa, der ihm den Weg zum Bett verstellte, ihn stolpern und in hohem Bogen auf die Terracottafliesen krachen ließ.

Tuapapa war ein schräger Typ. Sein Körper war lang und dünn und so verbogen, dass der Bursche mit seinem Hungerödem in der Leibesmitte glatt als Fotomodell für Brot für die Welt hätte durchgehen können. Auch sonst hatte sich der Schnitzer keine besondere Mühe gegeben, sieht man von der Ausgestaltung des Schädels ab. Der war echt beeindruckend. Phantastisch herausgearbeitete Zähne, durch die eine spitze Zunge stach. Glupschaugen eines Basedowkranken, die jeden Betrachter zu fixieren schienen, egal, in welcher Ecke des Raumes er sich befand. Und mörderische Hörner, die fast waagerecht an die fünf Zentimeter aus seiner Stirn herausragten und aus einem undefinierbaren, elfenbeinernen, unzerstörbaren Material zu bestehen schienen.

Vinzenz hatte dieses fast einen Meter hohe Teufelssymbol der Osimosi-Inseln mitgebracht, als er vor Jahren in seiner Flower-Power-Zeit in den entlegensten Winkeln der Welt herumhippiete und von überall her den absonderlichsten Krimskrams mit in unser rückständig-urdeutsches Dorf schleppte, in dem ein Joint von seiner kriminellen Gewichtung her gleich hinter einem Attentat auf den Kaiser rangierte. Paradoxerweise war ausgerechnet diese Hausbackenheit unserer Gegend der Grund dafür, dass Vinzenz immer über eine wohlgefüllte Reisekasse verfügen konnte; denn seine gesamte Verwandtschaft war heilfroh, ihn in seiner Sturm-und-Drang-Zeit auf Distanz halten zu können. Jedenfalls hatte Vinzenz, wenn er alle paar Monate wieder hier auftauchte und von uns Ortsgebundenen gebührend bestaunt wurde, immer irgend welche Kuriositäten dabei, die dann in unserem Fetenzimmer neben den bereits angesammelten Kugelfischen, Seeigeln, Kaftanen, Wasserpfeifen und einem ausgestopften Krokodil landeten. Tuapapa, der so wunderbar als Halterung für Jeans, Blusen und was sonst noch so entfernt werden musste, dienen konnte, fand seinen Platz direkt am Bett.

Nun mag man einwenden, dass es einer erotischen Atmosphäre nicht unbedingt zuträglich ist, wenn man in den entscheidenden Momenten einem wahrhaftigen Teufel ins Gesicht schaut, aber immerhin kommen seit Jahr und Tag über 90% aller Verheirateten mit dieser Allnachtssituation ganz gut zurecht. Und wenn man wie ich und die anderen Jungs auf dieser alten Lagerstatt die ersten und gelegentlich sogar erfolgreichen Gehversuche unternommen hat und dabei immer von dieser abturnenden Schnitzerei beglotzt worden ist, dann registriert man irgendwann so einen überseeischen Holzknüppel nicht mehr und fiedelt fröhlich drauflos. Klar, dass Betty ebenfalls am Anfang mit Tuapapa ihre Schwierigkeiten gehabt hat, aber nach relativ kurzer Zeit gewann auch bei ihr die Fleischeslust die Oberhand. Mit anderen Worten, Augen zu und durch.

Doch dies alles sollte nun ein Ende haben, denn der undankbare Arnie war dabei, sich nach einer viel zu kurz geratenen Schrecksekunde wieder aufzurappeln und den Vernichtungsfeldzug gegen seinen zuvorkommenden Gastwirt, der ihn im Grunde nur entlasten und von unliebsamen Pflichten befreien wollte, mit aller Härte fortzusetzen. Wobei es allen Anschein hatte, dass auch das untreue Weib seinen Teil abkriegen sollte. Deshalb zog sich die entsetzte Betty instinktiv die Decke über ihren und ich Tuapapa über Arnies

Kopf, beides mit kräftigem Schwung. Ich halte es für müßig zu betonen, dass bei dieser Aktion Bettys Kopf erheblich weniger Schaden nahm als der von Arnie, in dessen Schädelkanne sich Tuapapas Hörner tief eingegraben hatten.

Vinzenz, aufmerksam geworden durch das plötzliche Verstummen des rhythmisch quietschenden Bettes, aufgeschreckt durch die Schreierei und angelockt durch das Gepolter, stand wie angenagelt in der Tür. Mit weit aufgerissenen Augen starrte er auf eine Szenerie, die sein Fassungsvermögen überforderte, und brabbelte in einer Tour »Mein Gott, mein Gott, mein Gott!«, obwohl es doch genau dieses Wesen war, das mit dem Geschehenen am allerwenigsten zu tun hatte. Den Teufel Tuapapa schien er dagegen gar nicht zu bemerken. Wohl aber das Blut, das immer noch aus der klaffenden Schädelverletzung gepumpt wurde und sich ausbreitete, als hätte jemand eine Doppelmagnum-Flasche Dornfelder fallen gelassen. Von diesem Bild schien Vinzenz schlagartig ermüdet, denn er schloss überraschend die Augen und knallte hinterrücks mit einem solch trockenen Knacks auf den Boden, dass ich schon glaubte, der Teufel von den Osimosi-Inseln hätte ein weiteres Opfer gefordert.

Parallel dazu fing Betty, die ein Auge über ihre Decke hinweg riskiert hatte, in einer mir bis dato unbekannten Tonlage derartig laut zu kreischen an, dass ich kurzfristig mit dem Gedanken spielte, Tuapapa zu bitten, hinsichtlich der Familie Grable eine Generalbereinigung vorzunehmen. Den Gedanken verwarf ich allerdings gleich wieder, beließ den hornverbohrten Teufel in seiner Lage und meine schalldämpfende Maßnahme bei einer Ohrfeige, die augenblicklich eine dem Ernst der Situation angemessene Friedhofsstille einkehren ließ. Das einzige Geräusch, das in den nächsten Minuten zu hören war, bestand im Quietschquatschen meiner Schuhe, als ich im verzweifelten Ringen um eine probate Lösung, ohne es zu realisieren, den sich beständig ausweitenden Dornfelder See durchwatete.

Zum Glück schlug Vinzenz seine Augen bald darauf wieder auf. Und das war gut so, weil ich seine Hilfe dringend beim Wegwischen der Spuren brauchte. Ganz im Gegensatz zu ihm hielt nämlich Arnie seine Augen für immer geschlossen und stellte uns damit vor nicht geringe Probleme. Seinen Wagen hatte er noch selber in die Werkstatt geschafft, so dass wir uns um den nicht zu kümmern brauchten. Aber wohin mit der Leiche?

Als könnte sie Gedanken lesen, ging Bettys Blick in Richtung ihres dunkelrot eingefassten Ehemanns, und Augen und Mund öffneten sich synchron bis an die Grenze des biologisch Machbaren. Bevor es erneut zu einem Soundcheck aus Little Richard und den Mond anheulendem Wolfsrudel kommen konnte, scheuerte ich ihr wieder eine mit der altbekannten Wirkung. Nachdem ich anschließend gut eine Viertelstunde auf sie eingeredet hatte, war in ihr die Erkenntnis so weit gesackt, in Windeseile ihre Sachen zu packen und Deutschland so schnell wie möglich zu verlassen. - Ich habe übrigens von ihr nie wieder etwas gehört.

Ich will Sie hier nicht mit Details langweilen, wie Vinzenz und ich das Blut samt meinen durchsafteten Schuhen und Strümpfen beseitigten und alles taten, um es so aussehen zu lassen, als wäre das Ehepaar Grable Hals über Kopf wieder in die Staaten geflogen. Das ist die übliche Mörderroutine und kann in jeder zweiten Kriminalstory nachgelesen werden. Bemerkenswerter ist da schon, dass wir in der folgenden Nacht, als in unserem verschlafenen Dörfchen nur die Katzen unterwegs waren, angetan mit unseren Winzermonturen wie späte Arbeiter, Arnie auf dem Hang neben, jedoch in gebührendem Abstand von meinem Haus unter einen Berg von ausgemachten Rebstöcken packten, die verbrannt werden sollten. Die Diskussion, ob ihm Tuapapa als einzige Grabbeigabe dorthin folgen sollte, war emotionsgeladen, aber kurz. Klar, dass wir uns über die Jahre an den nützlichen Teufel gewöhnt hatten, doch siegte die Vernunft, die eindeutig für die Spurenbeseitigung plädierte. Also lautete das Urteil über den mörderischen Tuapapa auf Tod durch den Scheiterhaufen, und es wurde am nächsten Nachmittag vollstreckt.

Der Abend war längst angebrochen, als die Asche erkaltet war und wir, die einzigen Menschen weit und breit, beim Herumstochern nur Tuapapas Hörner und neben ein paar Knochenresten von Arnie dessen verkohlten Schädel fanden. Während sich Vinzenz auf den Weg machte, um die im Feuer geläuterten Hörner als Andenken bei sich zu verstecken, hockte ich mich in den Schutz einer Mauer aus Feldsteinen, die Knochenreste in den Kitteltaschen, den Schädel in der Hand und die wirrsten Ideen im Kopf, unschlüssig, was ich mit dem Ding anfangen sollte. Als völlig skurrile Gedanken mein Hirn durchwanderten und ich dazu den Schädel im Takt wie einen Ball hüpfen ließ, kam es bei »Sein oder nicht sein, das ist hier die Frage. Ob's edler Riesling oder Müller-Thurgau leichter machen, des Schicksals ...« zu einer Nachlässigkeit, die mir mein Spielzeug aus den Händen gleiten und den Hang hinabkullern ließ. Zunächst langsam, dann in größeren Schwüngen, und schließlich in einem grandiosen Schlusssprung mitten auf die Straße und unter den Zwillingsreifen eines Speditionslastwagens. In dem Glauben, eine Katze überfahren zu haben, machte der Fahrer eine Vollbremsung und kam gleichzeitig mit mir am Unfallort an, wo sich nur einige kleine, grauweiße Splitter auf dem Asphalt finden ließen. Ich konnte den Mann vollends beruhigen, indem ich ihm erklärte, dass mir nur eine zwar kunsthandwerklich getöpferte, aber lediglich mit ideellem Wert ausgestattete Vase aus der Hand gerollt sei, und ließ den tierlieben Menschen erleichtert seine Fahrt fortsetzen.

Noch erleichterter war allerdings ich, weil das corpus delicti nun unversehens durch eine Fügung des Schicksals oder meinetwegen auch ein allerletztes Einschreiten Tuapapas seiner verräterischen Form beraubt und auf ein handliches Maß reduziert worden war. Damit hätte die Angelegenheit insgesamt erledigt sein können, hätte ich mich nicht durch die Tatsache, unverhofft von so vielen Augenpaaren angestarrt zu werden, zu einer gänzlich irrationalen Handlung hinreißen lassen. Ich glaube nicht an das redensartlich schlechte Gewissen und solchen Unsinn, doch als ich mich von mindestens einem Dutzend Nachbarn beobachtet fühlte, die vom Bremsenquietschen und dem quergestellten Laster hervorgelockt worden waren, hatte ich keinen sehnlicheren Wunsch, als mich so schnell wie möglich des belastenden Inhalts meiner Kitteltaschen zu entledigen. Mit einer Geschwindigkeit, die gerade noch als unverdächtig durchging, verschwand ich daher in meiner Pension und dort im Weinkeller, wo ich in der hintersten Ecke die prall gefüllten Taschen durch das Spundloch in ein altes Weinfass entleerte, in dem sich eine Weinsorte befand, die bei mir intern die Bezeichnung »Salatsauce« trug. Zwar ursprünglich aus einer Spitzenlage stammend, war das Zeug durch einen Fehler beim Keltern so sauer geworden, dass ich mir schon ernsthaft überlegt hatte, mich überhaupt nicht mit einer Vermarktungsstrategie zu befassen und die Suppe einfach durch den Ausguss laufen zu lassen. Doch jetzt erschien es mir als Rettung in höchster Not.

Am anderen Morgen hätte ich mich für meine Blödheit verfluchen können angesichts dieses Kuckuckseis, das ich mir selber ins Nest gelegt hatte. Es wäre so simpel und gleichzeitig so schlau gewesen, die Knochenreste auf dem Juffer oder bei einem Waldspaziergang zu verstreuen. Aber nein, ich Trottel musste mich von Situation und Stimmung überrumpeln lassen und wie ein Idiot handeln. Jetzt hatte ich die Knochen im riesigen Fass und kriegte sie nicht mehr raus, selbst wenn ich alles ablaufen ließe. Ich war wirklich ein kompletter Esel, aber damit musste ich nun leben.

Da wir schon mal beim Esel sind - der Mensch ist ein Gewohnheitstier. Ich bin da keine Ausnahme. Deshalb verdrängte ich nach einer gewissen Zeit die Erinnerungen an das unselige Eingreifen Tuapapas nicht nur, ich ertappte mich sogar dabei, dass ich an dem besagten Fass vorbeigehen konnte, ohne einen Gedanken an die Vergangenheit zu verlieren. Nach einigen Jahren kam es so weit, dass ich, abgelenkt durch das drohende Damoklesschwert einer kurzfristig angesetzten Steuerprüfung, ohne nachzudenken mein Glas unter ein Fass hielt, um mir einen Beruhigungsschluck zu gönnen.

Und wie der Teufel es wollte - es war eben dieses besagte Fass.

Ich merkte es nicht nach dem ersten, auch nicht nach dem zweiten, erst recht nicht nach dem dritten Glas. Ganz im Gegenteil. Eine wohltuende Leichtigkeit durchfloss meinen Körper, ausgehend von einem vollmundig-abgerundeten Geschmack, der meinen Gaumen streichelte und meinen Magen mit einer besänftigenden Wärme auskleidete, die mir jeden erbsenzählerischen Finanzinspektor als einen Freund erscheinen ließ. Was ich da getrunken hatte, drang erst in mein Bewusstsein, als ich bereits in meinem Bett lag und mich in freudiger Erwartung zukünftiger Ereignisse, die nur positiv sein konnten, wohlig ausstreckte. Und nicht einmal diese Erkenntnis vermochte es, meinen so gewonnenen Seelenfrieden zu trüben.

Als ich am Morgen den vergangenen Abend Revue passieren ließ, war ich so erschrocken, dass ich zunächst alles als bösen Traum abtun wollte. Es konnte und durfte nicht sein, dass ein Mensch aus diesem verteufelten Leichenfass getrunken hatte. Aber zurück im Weinkeller musste ich konstatieren, dass bei eben diesem Fass ein leeres Glas stand, das bei näherer Examination immer noch einen dermaßen verlockenden Duft verströmte, dass sich kein Freund des Rebensaftes seiner Faszination entziehen konnte.

Ich zwang mich, jeden Denkimpuls zu unterdrücken und füllte mir wie in Trance eine Probe ab. Schon als sich meine Nase dem Glas näherte, wusste ich, dass ich nicht geträumt hatte, und als der erste Schluck über meine Zunge rollte, stellte sich augenblicklich dieses unbeschreibliche Glücksgefühl entspannter Gelassenheit ein, dass gestern wie ein Wunder über mich gekommen war.

Apropos Wunder. Es muss eines gewesen sein, denn wie will die Chemie mit Unterstützung der übrigen Naturwissenschaften eine solche Wirkung von Knochenresten auf Salatsauce erklären? Mir kann es egal sein, ich bestehe nicht auf universitärer Aufklärung. Mir ist die wunderbare Wirkung allemal genug.

Brauneberger Seelenfrieden, das war der passende Name für diesen Tropfen.

Scheiß auf alle Steuerprüfungen dieser Welt, auf die abgetauchte Betty, auf miese Gäste und noch miesere Weinlesen, Schädlingsplagen, Pilzbefall, Missernten und Kostenexplosionen, scheiß sogar auf den Mord an Arnie. Egal, welche beängstigenden, beklemmenden, selbst Horror-Visionen in mir heraufdämmerten, es brauchte nur einen Schluck, um sie in die Bedeutungslosigkeit zu verbannen.

Ich habe diesen außergewöhnlichen Wein in der Zwischenzeit gelegentlich besonders guten Gästen des Hauses kredenzt, und alle waren begeistert. Ausnahmslos. So ausnahmslos, dass mir mein Fass zur Neige zu gehen droht. Und das, obwohl ich jüngst dazu übergegangen bin zu versuchen, die Nachfrage durch Erhebung eines exorbitanten und mir beinahe selber peinlichen Verkaufspreises zu regulieren. Aber nein, sie bestellen weiter, machen Reklame im Bekanntenkreis und bringen zur Einquartierung und Verkostung vor Ort ihre Freunde mit.

Droht mir dies allmählich auch über den Kopf zu wachsen, kann ich doch nicht verleugnen, dass die Entwicklung über den finanziellen Aspekt hinaus weitere erfreuliche Facetten hat. So hat sich bei mir jetzt schon zum zweiten Mal ein holländisches Ehepaar eingemietet, Henk und Corry Mijer, dessen Anwesenheit ich nicht missen möchte. Beide verfügen über einen ausgezeichneten Geschmack, Henk in Bezug auf Weine, und Corry was Männer anbelangt. Deshalb verliebte sich gleich bei ihrem ersten Besuch Henk in meine Aus- und Spätlesen und Corry in mich. Zwischen ihr und mir ist nichts vorgefallen, alles rein platonisch - bis jetzt.

Corry erinnert mich im übrigen stark an die junge Betty. Henk scheint mir ein rundum verträglicher Mensch zu sein, der allerdings immer dann ganz schön aus der Haut fahren kann, wenn er sich einbildet, einen Grund zur Eifersucht zu haben.

Irgendwie kommt mir diese Konstellation bekannt vor.

Nicht, dass sie mir unangenehm wäre. Sie könnte vielleicht auf lange Sicht sogar mein Problem mit dem irgendwann einmal aufgebrauchten *Brauneberger Seelenfrieden* lösen. Womit letztlich alles auf die eine Frage hinausliefe, die ich nur würde durch die Tat beantworten können: haben Holländer eigentlich ein anderes Aroma als Amerikaner?

Saarburger Rausch

VON KATHRIN HEINRICHS

Ich glaub' das nicht. Ich sitze hier, auf der Kuppe des Weinbergs, und blicke ins Tal. Sehe die angestrahlte Burg, die Laurentiuskirche und etliche Biergärten im Innern der Altstadt. Besäße ich nicht diesen hart erarbeiteten Überschuss an Selbstironie - es wäre glatt ein dramatischer Moment. So sage ich mir: Immerhin bin ich bislang nicht kollabiert.

Dana sitzt neben mir und ist völlig entzückt. Wir sind hier, weil sie es so wollte. Diese Reise in meine Vergangenheit – dieses Sommerabend-Picknick – alles ihre Idee. Sie hat lange gebraucht, um mich davon zu überzeugen. Ach, was sage ich - sie hat mich nicht überzeugt. Sie hat mich erpresst. Sie hat gesagt, wenn ich nicht im Mindesten bereit sei, etwas preiszugeben von mir, dann sähe sie für uns keine Zukunft. Fertig – aus - Dana. Jeder anderen Frau habe ich an diesem Punkt den Laufpass gegeben, Dana allerdings nicht. Dana ist anders. Dana ist alles. Sie ist die Frau, die ich will. Wenn es sein muss, bin ich bereit, ihretwegen meinen Vater zu treffen. Andererseits müssen wir nicht gleich vom Schlimmsten ausgehen.

»Es ist phantastisch«, sagt Dana. Ich verschlucke mich beinahe an meiner eigenen Spucke.

»Es liegt so ein Frieden über dem Land.« Aus Protest bekomme ich einen Hustenanfall.

Ein Frieden? Über dem Land? Was ist hier los? Dana neigt eigentlich nicht zu pathetischem Geschwafel. Vielleicht sollte ich ihr vermitteln, was tatsächlich über dem Land liegt. Ich könnte ihr von einsamen Kindern erzählen – von Jungs, die im Wingert ihre Hausaufgaben machten – auf einer Mauer, praktisch während der Arbeit. Ich könnte ihr erzählen von Vätern, die ihren Kindern nicht zuhören. Von einer Mutter, die man niemals gehabt hat. Stattdessen huste ich lieber. Dana schlägt mir auf den Rücken und lacht. »Du musst etwas trinken«, sagt sie, zieht ihren Rucksack heran und holt eine Flasche Wasser hervor. Anstatt sie zu öffnen, kramt sie weiter im Rucksack herum. »Ich hab' noch was dabei ... Ich dachte, vielleicht willst du zur Feier des Tages eine Ausnahme machen.«

Statt eines Kaninchens zieht sie eine weitere Flasche hervor. Grün. Langhalsig. Riesling. Das geht zu weit. Vor Schreck vergesse ich sogar das Husten.

»Ich hab' ihn vorhin besorgt«, sagt Dana, einerseits entschuldigend, als sie meinen Blick sieht, andererseits auch ein bisschen verletzt. »Ich dachte nur, wenn wir schon hier an der Saar sind ...«

»Zum Wohl!«, sage ich, ernsthaft getroffen. Dann lege ich mich zurück und schließe die Augen. Nie wieder werde ich Alkohol trinken. Und schon gar keinen Riesling. Keinen Moment werde ich die Kontrolle verlieren. Das habe ich geschworen, und seit fast zwanzig Jahren habe ich nicht ein einziges Mal dagegen verstoßen. Mich kann man nicht verführen. Auch nicht mit einer Auslese von Dr. Wagner. Auch nicht, wenn der Wein noch so gerühmt wird. Ich kenne mich aus. Nach wie vor kenn' ich mich aus. Ich lese im Internet alles, was ich finden kann. Wer welches Gut übernimmt. Welcher Wein ausgezeichnet wurde. Warum das Weinanbaugebiet plötzlich "Mosel" heißt und nicht mehr »Mosel-Saar-Ruwer« – und wer das wie findet.

Es tut sich viel in der Gegend. Egon Müller ist noch immer der King, dem der beste Weißwein Deutschlands zugeschrieben wird, aber andere sind im Kommen. Zum Beispiel ein Erbe der Bitburg-Brauerei, der jetzt in Wein macht, hier an der Saar. Er hat sich in uralte Winzerschriften eingelesen und bringt angeblich beeindruckende Ergebnisse auf den Tisch. Trotzdem kann ich mir vorstellen, was alte Winzer über ihn sagen. »Der soll erst mal Reben schneiden!«, höre ich meinen Vater schimpfen. »Der soll erst mal lernen, was es heißt, seine Ernte zu verlieren.« Dabei hat er selbst immer groß rauskommen wollen, mein Vater. Endlich aus der zweiten Reihe weg, ganz nach vorn. Mit seinem ältesten Sohn wollte er es schaffen in den Club der Prädikatsweingüter. Wenn Richard sein Studium in Geisenheim beendet hatte, sollte er bei Egon Müller ins Praktikum gehen. Es war alles beschlossene Sache. Vater hatte unser aller Leben sorgfältig geplant. Nur leider lässt sich das Leben nicht immer sorgfältig planen. Zumindest nicht mit 2,3 Promille im Blut.

»Es tut mir leid!«

Ich schrecke zusammen. Dana schmiegt sich an mich und schiebt ihre Hand in meine. Endlich kann ich entspannen.

»Freitagabend«, murmelt sie genüsslich. »Wenn wir jetzt zu Hause wären, würden wir vorm Fernseher gammeln.«

Sie hat recht. Wir sind keine Spießer, aber wenn Dana freitagabends zu mir kommt, ist regelmäßig Günther Jauch angesagt. Dana hat früher mal bei RTL gejobbt. »Wer wird Millionär« ist das einzige Format, das sie nach wie vor liebend gern guckt. Ich finde es schräg, aber nicht schlimm. Es gibt ernstere Spleens. Dafür bin ich schließlich der beste Beweis.

»16.000 Euro-Frage«, murmele ich und spüre beim Sprechen Danas Haare an meinen Lippen. »Warum hat Günther Jauch dieses Jahr ein renommiertes Weingut an der Saar übernommen?«

»Hat er?« Dana schießt hoch.

»A) Weil das Weingut seiner Familie gehört. B) Weil er nicht weiß, was er sonst mit seinem Geld machen soll. C) Weil er nicht weiß, was er sonst mit seiner Zeit machen soll. D) Weil er die Bestellerei beim Weinhandel leid ist.«

»Du veräppelst mich! Jauch hat kein Weingut an der Saar übernommen.«

»Doch, hat er!«

Ich liebe es, wenn Dana sich aufregt. Ich möchte sie küssen. Ich möchte mit ihr schlafen, hier und jetzt. Auf einem Weinberg. In der Lage »Saarburger Rausch«. Mit Blick auf meine Jugend, die im Abgang alles andere als schön war.

»Wo ist es? Welches Weingut hat er gekauft?«

Ich ziehe sie zu mir herunter. »Erst musst du raten«, murmele ich und küsse ihren Hals, »A, B, C oder D?«

Dana lacht. Sie ist wunderbar kitzelig. Am Hals kriege ich sie immer.

»Sag schon«, dränge ich sie und dränge mich gleichzeitig auf. »A, B, C oder D?«

Wieder lacht sie, und ich weiß, dass ich jetzt alles von ihr bekomme.

»A«, schnurrt sie, »ich nehme A.« Und dann sagt sie etwas, weswegen ich ihr auf der Stelle und für immer verfalle: »A wie Alex.«

Eine gute Stunde später ist es passiert. Das, was mir immer undenkbar erschien, ist gestern Abend geschehen: Ich habe eine halbe Flasche Riesling getrunken. Ein verdammt gutes Zeugs. »Komplex«, wie man gern sagt. Mit dem unnachahmlich metallischen Schiefer-Saar-Sound. »Generation V« hieß der Wein. Ironie des Schicksals. Generation V, das wären auch wir gewesen. Richard, Irene und ich – die fünfte Winzergeneration. Geblieben ist nur Irene, die sich zwar immer für Wein interessiert hat, die aber ursprünglich eine kaufmännische Lehre gemacht hat. Richard, den würdigen Nachfolger, gibt es nicht mehr. Und mich gibt es auch nicht mehr. Ich bin der verlorene Sohn. Nein, anders, ich bin der verstoßene Sohn.

Wie auch immer – gestern Abend habe ich Riesling getrunken. Und ich habe nicht mal ein schlechtes Gefühl. Was wird noch alles passieren auf diesem Trip?

»Ich bin sehr froh«, sagt Dana passgenau, während wir ins Auto steigen. »Dass du dich auf all das eingelassen hast.«

Wenn sie wüsste. Was dabei zutage treten kann. Was ich zu bieten habe. Einen schwarzen Fleck auf der Seele. Eine leere Stelle an meiner Seite. Richard, der mich nie verlassen wird. Der immer mitlebt in meinen Gedanken. So ist das, wenn man seinen Bruder auf dem Gewissen hat.

»Ich will dich nie wieder sehen!«, hat mein Vater damals gesagt. Ich habe ihn beim Wort genommen. Das ist jetzt fast zwanzig Jahre her. Neunzehn Jahre und zweiundachtzig Tage, wenn man es genau wissen will. Die Briefe, die kamen, habe ich zerrissen. Denn es gibt mich nicht mehr an der Saar. Ich habe mir ein neues Leben aufgebaut. Und das hat am Ende besser geklappt, als man nach den ersten Jahren hätte annehmen können. Die habe ich in Europa verbaselt. Einen Sommer habe ich in Italien gekellnert, einige Monate auf einer Nordseeinsel verbracht, anschließend zwei Jahre in Frankreich gejobbt. Und nie war ich allein. Immer hatte ich Richard dabei. Ich habe mit ihm gesprochen, ihn um Rat gefragt, ihn unzählige Male um Verzeihung gebeten. Leider habe ich nie eine Antwort erhalten.

»So richtig wohlhabend sieht es hier ja nicht aus.« Oha, Dana kommt langsam auf den Trichter. Auf den Saartrichter. Die Dörfer, die wir durchfahren, verfügen nicht gerade über Winzer-Paläste. Als die Mosel in den 60ern das dicke Geld gemacht hat, hat die Saar den Anschluss verpasst. Die meisten Leute waren arm, obwohl sie wie die Teufel gearbeitet haben. Umso größer der Ehrgeiz meines Vaters, es endlich ganz nach oben zu schaffen. Den Saarwein voranzubringen – und vor allem sich selbst. Peter Merbes – Zar of the Saar.

Wavern fliegt an uns vorbei, dann Ayl. Der Ort hat sich gemacht. Paläste gibt es auch hier nicht, aber eine ganze Menge florierender Güter.

»Wie habt ihr denn gelebt?« Eine dezente Frage von Dana. Nicht: *Wo* habt ihr gelebt, sondern *wie*. Trotzdem eine Frage, die ich nicht beantworten möchte. »So ähnlich«, murmele ich und weiß, dass das eine Null-Antwort ist. Ich möchte Dana nicht anlügen. Ich sage lieber nichts. Als ich gesagt habe, ich hätte keine Familie mehr, stimmte das. Irgendwie. Meine Mutter starb, als ich noch kein Jahr alt war. Und auch mein Vater ist tot. Zumindest für mich.

Als wir auf die Kirche zusteuern, legt Dana plötzlich die Hand auf meinen Arm. »Halt mal an! Ich will die Kirche anschauen, zumindest von außen.«

Ich schaue aus dem Seitenfenster. Ich weiß schon, warum.

»Mal eben lesen«, murmelt meine Liebste und liest die megagroße Schrift vor, die an der Kirche angebracht ist. *»Im Kreuz ist Leid. Im Kreuz ist Heil. Im Kreuz ist Leben.«*

Ich spüre, dass sie jetzt ihren Blick auf mich gerichtet hat. Umso verzweifelter blicke ich aus dem Fenster. Richards Grabspruch. Was hier an der Kirchenwand steht, hat mein Vater damals für den Grabstein ausgesucht. Plötzlich weiß ich, dass ich dorthin muss. An Richards Grab. Und an das Grab meiner Mutter. Aber allein.

Erst allerdings ist Saarburg angesagt. Dana will unbedingt einen Stadtbummel machen. Ich sträube mich eine Weile, weiß aber, dass es sinnlos ist. Wenn ich jetzt einen Rückzieher mache, hätte ich gar nicht erst losfahren sollen. Die Stadt ist touristisch erschlossen, der Marktplatz ein einziger großer Biergarten. Eine einzige große Weinlaube, muss man wohl sagen. In der Eisdiele kann man Riesling-Eis kaufen.

»Das ist ja nett«, Dana ist völlig aus dem Häuschen. »Warum wohnen wir in einem Trierer Hotel, wenn es hier so unglaublich schön ist?«

Eine 32.000 Euro-Frage würde ich sagen.

Antwort A) Weil ich es dort besser aushalten kann

Antwort B) Weil ich es in Saarburg nicht aushalten kann

Antwort C) Weil wir jetzt ganz dicht an meiner Lebenswunde sind

Antwort D) Ich habe selbst keine Ahnung

Dana zieht mich zum Wasserfall. Das ist die Hauptattraktion. Ein Wasserfall mitten in der Stadt. Umrahmt von historischen Gebäuden. Die Touristen knipsen sich die Finger wund.

»Mein Gott, ist das tief«, Dana beugt sich über die Brüstung. »Das sind ja über zehn Meter.« Das ist zuviel. Ich reiße sie zurück.

»Bist du verrückt?«, brülle ich sie an. »Stell dir vor, du fällst da hinunter.«

Dana starrt mich an. Ich habe sie noch nie angebrüllt. Ich habe überhaupt noch nie gegen sie die Stimme erhoben.

»Hast du sie noch alle?«, stößt sie hervor.

Nein, das habe ich nicht. Richard ist nicht mehr da. Meine Mutter war es noch nie. Mein Vater hat mich in die Wüste geschickt, und selbst zu Irene habe ich keinen Kontakt mehr.

»Nur, weil du selbst Höhenangst hast, musst du doch nicht so einen Terror veranstalten.« Dana ist stinksauer. Zu recht.

Ich müsste sagen: »Tut mir leid, ich habe überreagiert.« Ich müsste sagen: »Du musst das verstehen. Mein Bruder ist bei einem

Sturz ums Leben gekommen, und ich war dabei.« Ich müsste sagen: »Es war nicht hier. Aber das spielt keine Rolle. Eine Rolle spielt: Ich bin schuld am Tod meines Bruders.«

Ich sage nichts. »Komm erst mal runter!«, höre ich Dana rufen, die sich schon ein paar Schritte entfernt hat. »Und melde dich, wenn du dich entschuldigen willst!« Dann verschwindet sie Richtung Burg. Nicht auch das noch! Nicht auch noch zur Burg! Da kann ich nicht hinterher. Da kann ich beim besten Willen nicht hinterher. Ich sehe ihre Gestalt um die Ecke verschwinden und frage mich, ob das mein letztes Bild von ihr ist. Das kann nicht sein. Es darf nicht. So, wie Dana in mein Leben hineingerauscht ist, darf sie nicht wieder verschwinden.

Ich habe sie in Hamburg kennengelernt, meiner Wahlheimat, wo mich am wenigsten an meine Jugend erinnert. Sie saß in dem Café, in dem ich gelegentlich frühstücke, und blickte zu mir herüber. Als mein Gedeck kam, fragte sie, ob sie sich netterweise meine Zeitung ausleihen dürfe. Ich wolle ja sicher jetzt essen. Eigentlich wollte ich essen *und* lesen. Aber noch lieber wollte ich mit der Frau ins Gespräch kommen, deren grüne Augen mich vom ersten Moment an hypnotisierten. Später kam mir in den Sinn, dass es die Farbe von Weintrauben war, die mich dermaßen anzog. Fakt ist, dass ich noch nie und nie wieder so hellgrüne Augen gesehen habe wie bei Dana.

»Ich kann teilen«, sagte ich generös, weil ich nicht wirken wollte wie jemand, der sich die Butter vom Brot nehmen lässt, und weil ich es zudem für einen verlockenden Gedanken hielt, mit dieser Frau meine Zeitung zu teilen.

»Dann nehme ich das Brötchen«, sagte die Fremde mit den hellgrünen Augen. Ich lachte. Über die Idee, über ihre Dreistigkeit und weil ich nicht wusste, wie ich sonst reagieren sollte.

Am Ende frühstückten wir zusammen, und ich ging an dem Tag nicht mehr zur Arbeit. Schon allein, weil Dana am Tag drauf wieder wegmusste. Dana wohnt in Frankfurt. Wir sehen uns nur am Wochenende – und zwar bei weitem nicht an jedem. Dana arbeitet als Mädchen für alles in einer Kanzlei – und sie arbeitet viel. Ich akzeptiere das und sauge, wenn ich sie sehe, so viel Weintraubenfarbe in mich auf, wie es nur geht.

Jetzt ist sie zur Burg, und ich kann nicht hinterher. Die Burg ist eine Festung, unerreichbar für mich. So ist es nun mal.

Verloren strolche ich herum, zweimal habe ich das Handy in der Hand, um Danas Nummer zu wählen, nur: was soll ich ihr sagen? Beide Male stecke ich das Handy schnell wieder weg.

Schließlich lande ich bei »Bonsai & Wein«, um eine Weinprobe in Angriff zu nehmen. Der Mann hinter der Theke ist ein Kenner, kein Touristenverkoster. Er kennt sich aus mit dem Saarwein, ich merke es sofort. Ich frage nach dem Gut meines Vaters. Nein, das führt er leider nicht. Man muss eine Auswahl treffen, sagt er. Bei einer Auswahl, so scheint es, ist mein Vater nicht dabei.

Vielleicht ist der Mann hinter der Theke nicht nur ein Weinkenner, sondern auch einer, der sich mit Menschen gut auskennt. Denn während der dritten Probe kommt er noch mal darauf zurück.

»Es hat ein paar gute Flaschen gegeben«, sagt er, entweder um mich zu trösten oder um mich zu informieren. »Aber es fehlt die Kontinuität. Die Tochter probiert zu viel aus.«

Irene ist also noch im Geschäft. Wenn auch mit mäßigem Erfolg, wie es scheint.

»Sie sind der Sohn, nicht wahr?«

Beinahe verschlucke ich mich. Worst case.

Es fällt mir schwer, in seine Augen zu schauen. Ich kenne diesen Mann nicht, das habe ich beim Eintreten gecheckt. Warum kennt er mich?

Er scheint meine Frage zu erraten. »Sie sehen aus wie Ihr Vater.«

Ich zahle und verlasse den Laden. Es gibt Grenzen. Das müssen auch Fremde verstehen.

Draußen spüre ich den Alkohol. Wenn man zwanzig Jahre nichts getrunken hat, sind drei Gläschen auf nüchternen Magen zuviel. Ich versuche, Dana zu erreichen und bekomme nur ihre Mailbox zu hören. »Es tut mir leid«, sage ich. »Es tut mir leid, es tut mir leid, es tut mir leid.« Dann fühle ich mich stark genug für die Burg.

Es ist ein kurzer, serpentinenartiger Weg mit einigen Treppen. Dana ist nicht da, dafür kommt die Erinnerung sofort. Mit jeder

Stufe, die ich nach oben steige, brennt sie sich tiefer in meine Seele. Oben angekommen, liegt sie vor mir wie ein Film gewordener Albtraum – ein Horrorfilm mit dem Titel »Saarburger Rausch«: Richards 25. Geburtstag, den wir hier oben mit ein paar Kumpels feiern. Überwiegend Jungs, aber auch ein paar Mädchen, für die es sich lohnt, den Tarzan zu machen. Wir haben Riesling dabei, Richards ersten großen Wurf. Ein Wein, der von den Winzerkollegen gelobt wird. Ich habe gerade mein Abitur hinter mir und trinke, was das Zeug hält. Auf diese Weise fühle ich mich nicht wie der Youngster, den sie dankenswerterweise mitgeschleppt haben. Ich bin einer von ihnen, einer von den Winzerboys. Ich fühle mich gut, denn ich bin – wie die anderen – mehr als besoffen. Es wird getrunken, gesungen, gelabert. Irgendwann gegen halb zwei macht sich eine Truppe vom Acker. Nur der harte Kern bleibt. Die Auslese.

Richard, sein bester Freund Julian, Pit, Knolle, Irene, Natascha und ich. Auf Natascha sind sie alle scharf. Kein Wunder, Natascha *ist* scharf. Sie kann es sich leisten, alle abblitzen zu lassen. Mit großem Vergnügen.

Die Idee kommt von Pit, er fängt damit an. »Wetten, dass ich auf der Mauer bis zur Burg laufen kann«, sagt er mit mindestens zwei Promille im Blut.

»Hör mit dem Scheiß auf«, mosert Irene. »Da geht's fünfzehn Meter in die Tiefe. Und da unten knallst du auf den nackten Stein!«

»Wetten, dass ich's mach'?«

Wir stehen dabei und halten den Atem an. Pit läuft die dreißig Meter ohne Probleme. Er läuft, als hätte er kein Glas getrunken. Er läuft, als wäre das seine tägliche Abendgymnastik. Danach wird die nächste Flasche Riesling geköpft. Alle trinken aus der Flasche. Wir sind die Könige der Welt.

Danach wollen alle. Alle Jungs wohlgemerkt.

Julian braucht länger als Pit, aber er schafft's. Zweimal bleibt er stehen und geht in die Knie. Aber er schafft's. Nach dem Lauf wird weitergesoffen.

Dann kommt Knolle dran, dann ich. Ich bin so betrunken, ich kann mich an den Lauf nicht mehr erinnern. Wie in Trance, sagt man mir später, wie ein Schlafwandler laufe ich über die Brüstung – unter mir, zur einen Seite, das gähnende Nichts. Anschließend trinke ich eine halbe Flasche allein.

All das ist weg. Aus meinem Bewusstsein verschwunden. Auch, dass Richard nicht wollte. Auch, dass ich ihn deshalb hochgenommen habe. »Kein Arsch in der Hose«, soll ich gebrüllt haben, »und ausgerechnet du willst das Gut übernehmen!«. »Papas Liebling!«, hab ich geschrieen, »dir wird es doch reingeschoben – hinten und vorn!«

Es ist so klassisch. Der Konflikt unter Brüdern, die um die Liebe des Vaters kämpfen – umso mehr, weil es eine Mutter nie gab. Weil sie weggestorben ist kurz nach der Geburt des jüngeren Sohns. Ich habe keinen Psychologen gebraucht, um mir das erklären zu lassen. Dafür ist es viel zu banal.

Ich kenne die Geschichte, man hat sie mir zweimal erzählt – und seitdem habe ich sie in vielen Nächten durchlebt. Wir waren schon auf dem Weg nach unten, da ist Richard doch schwach geworden. Da habe ich ihn mit meinen Worten so weit gereizt, dass er es doch machen wollte. Er ist umgedreht und wieder nach oben gegangen. Irene wollte ihn noch abhalten und ist hinterher. Natascha ist ihr gefolgt. Und ich auch.

»Du traust dich ja doch nicht!«, hab ich gebrüllt. »Du traust dich ja nicht!«

Alles war dunkel. Die anderen konnten ihn von unten nicht sehen. Aber sie haben ihn gehört. Er hat geschrieen im Fall. Dann das Geräusch, als er aufgeknallt ist. Nach ein paar Schrecksekunden ist Julian runter in die Stadt und hat Sturm geklingelt, um einen Krankenwagen zu rufen. Der Notarzt konnte nichts mehr ausrichten. Richard war auf der Stelle tot.

Irene erzählte meinem Vater, ich hätte meinen Bruder von der Brüstung gestürzt. Man behielt es für sich. Mein Vater, Irene, Natascha. Man schützte mich. Um mich dann zum Teufel zu jagen. Den, der seinen Bruder im Suff von der Brüstung gestürzt hat.

Vermutlich ist es wahr. Vermutlich habe ich die Erinnerung an all das in meinem Innersten versteckt. Eingelegt in eine Suppe von Riesling lagert sie dort und will nicht ans Licht. Ich weiß schon, warum ich nicht zum Psychologen gehe. So bewahre ich die Hoffnung, ihn nicht gestoßen zu haben. So kann ich weiter mit der Möglichkeit leben, dass er allein gefallen ist. Dass Irene es falsch gesehen hat. Dass ich ihn nicht angefasst habe. Dass ich ihn nur – nur! – mit meinen Worten in die Tiefe gestürzt hab. Was gäbe ich darum, wenn es so wäre!

Andererseits: Er wäre noch immer kein bisschen da. Er würde mir noch immer fehlen, während ich über die Brüstung gebeugt stehe und das Wasser aus mir herausläuft. Es dauert eine halbe Stunde, bis ich die Tränen wegwischen kann. Ein weiteres Mal versuche ich, Dana zu erreichen. Wieder nur die Mailbox.

»Ich hatte einen Bruder«, sage ich nach dem Piep. »Ich habe ihn in die Tiefe gestürzt. Mit Worten – vielleicht auch mit mehr. Entscheidend ist: Ich habe ihn in die Tiefe gestürzt. Dort suche ich ihn jetzt. Seit zwanzig Jahren suche ich ihn. Ich weiß nicht, ob man mit mir leben kann. Aber vielleicht ist es ja möglich. Dann melde dich bei mir. Melde dich einfach!« Es piept. Meine Nachricht hat gerade auf die Mailbox gepasst. Ich halte es für möglich, dass Dana einfach abgereist ist. Dass sie meine Nachrichten nicht mehr abhören wird. Dass sie mit dem Zug nach Trier gedüst ist – und von dort aus mit ihrem Auto verschwindet. Alles ist möglich. Damit kenn' ich mich aus.

Auf dem Rückweg zum Auto überlege ich zum Bahnhof zu fahren – oder nach Trier ins Hotel. Stattdessen fahr' ich zu Richard. Ich fahre nach Wiltingen. Hier wachsen die Perlen des Saarweins. Hier steht der berühmte Scharzhofberg. Hier ist der Friedhof. Hier tut es richtig weh.

Es dauert eine Weile, bis ich aussteigen kann. Ich muss mich vorbereiten auf diese Begegnung.

Dann stehe ich bei ihm. Ich stehe bei *ihnen*.

Magdalena Anna Merbes, geboren 1938, gestorben 1972.

Richard Johannes Merbes, geboren 1965, gestorben genau 25 Jahre später: 1990.

Im Kreuz ist Leid. Im Kreuz ist Heil. Im Kreuz ist Leben.

Richard und ich sind bislang nur bis zur ersten Stufe gekommen. Aber vielleicht ja auch nicht. Vielleicht ist Richard schon weiter.

Auf dem Grab jedenfalls stehen frische Blumen. Das wundert

mich nicht. Mein Vater wird sich schon kümmern um seine Lieben. Ich schlucke den Gedanken herunter. Er enthält einen säuerlichen Geschmack, den ich mir nicht erlauben darf. Ich bin der Mörder meines Bruders. Es ist nur recht und billig, dass mein Vater um die trauert, die er am meisten geliebt hat.

Auf dem Grabstein sind Reben zu sehen. Trauben. Eine Winzergattin ist gestorben. Und ein Jungwinzer. Kein anderes Symbol würde passen.

Was würde auf meinem Grabstein stehen? Wahrscheinlich gar nichts. Wahrscheinlich nicht mal ein Grabstein. Ich wende mich zum Gehen. Für Selbstmitleid hat es an diesem Grab keinen Platz.

Ich laufe ihn beinahe um. Er ist lautlos gekommen. Obwohl er an einem Stock geht, ist er lautlos gekommen. Und ich sehe, was der Mann in der Stadt prophezeit hat: Ich sehe aus wie er.

»Alexander«, sagt er.

»Richtig«, antworte ich. 500 Euro, liegt mir auf der Zunge. Ich halte es zurück. Das kann ich nicht bringen. Nicht nach zwanzig Jahren ohne ein Wort.

»Du bist gekommen.«

Zu Richard, möchte ich sagen. Nicht zu dir. Doch ich schweige.

»Ich habe dich gesucht.«

Warum, geht es mir durch den Kopf. Um mich A) zur Rede zu stellen, um mich B) zur Rechenschaft zu ziehen, um mich C) umzubringen oder um mich D) -

»Ich wollte so gern mit dir sprechen.«

Eine Antwort, die ich so nicht einloggen kann.

»Ich *muss* mit dir sprechen.«

Seine Stimme hat sich verändert. Sie ist sanfter geworden. Was will er? Versöhnung? Rache? Mich in den Knast bringen?

»Irene«, sagt er.

Was ist mit Irene? Was ist mit meiner Schwester? Ist sie auch tot? Sind wir beiden die Letzten – mein Vater und ich?

Er spricht nicht weiter. Ich will etwas sagen und merke erst jetzt, dass das unmöglich ist. Dass ich zittere am ganzen Körper. Dass in meinem Inneren ein Korken ist, der alles verschließt. Ich kann nicht mehr sprechen. Nicht mehr mit ihm.

»Sie - « Er hustet. Es hört sich nicht gut an.

»Was ist mit Irene?« Auch ich höre mich nicht gut an. Ich klinge heiser und hoch, aber immerhin bekomme ich die Worte heraus. »Sie ist doch nicht etwa - ?«

»Diese Freundin«, krächzt mein Vater, »diese Natascha.«

Ich blicke in die Ferne, über die Weinberge.

»Sie hat – sie war - «

Ein Schmalspurtraktor steht am Berg. An der Lage Schloßberg. Ein Arbeiter ist wenige Meter entfernt im Weinberg beschäftigt.

»*Sie* hat Irene damals erzählt, du hättest deinen Bruder gestoßen. Und Irene hat es mir erzählt, als habe sie es selber gesehen. Dabei war sie gar nicht dabei. Sie ist nach unten gelaufen, um Julian zu holen.«

Er geizt die Rebstöcke aus, nehme ich an. Er entfernt alles, was das Wachstum der Trauben behindert.

»Ich habe das für bare Münze genommen. Schließlich hast du deinen Bruder immer ... wie soll ich sagen ... du hast ihn nicht besonders gemocht.«

Der Arbeiter hat sich fast bis zur Kuppe gekämpft. Er ist stehengeblieben und streckt sein Kreuz durch. Aus Erfahrung weiß ich: Die Arbeit ist hart.

»Diese Natascha jedenfalls hat Irene und mich auf dem Gut unterstützt. Nicht lange, und sie ist sogar eingezogen bei uns. Aber das ging nicht lange gut. Irgendwann ist es zum Streit gekommen zwischen den beiden. Kein Wunder, diese Natascha hat sich überall eingemischt, hätte am liebsten die Geschäfte ganz übernommen. Ich fürchte, man muss davon ausgehen – also, Irene und diese Frau ... Du kannst dir nicht vorstellen, wie ich auf Irene eingeredet hab'. Bis heute habe ich ihr nicht das Gut übertragen.«

Das Wetter ist gut. Dann und wann ein sanfter Regen in den letzten Tagen, viel Sonne. Die Triebe dürften ordentlich sprießen.

»Diese Natascha ...«, er hustet wieder. Sein ganzer Körper wird durch den Husten erschüttert. Ich konzentriere mich indessen weiter auf den Mann auf dem Berg. „Irene ist inzwischen sicher, dass Natascha damals nicht die Wahrheit gesagt hat. Dass sie dich angeschwärzt hat, damit Irene als sichere Nachfolgerin einsteigen kann und sie - bei uns den Fuß in die Tür kriegt.«

Langsam wende ich den Kopf. Sehe meinen Vater. Sehe Richard. Sehe mich.

Es rauscht in meinen Ohren. Ich weiß nicht, ob ich mich noch lange aufrecht halten kann.

»Geh!«, krächze ich und wundere mich selber, dass man mich hört. »Hau einfach ab!«

Erst als ich sehe, dass er es tut, hocke ich mich. Ich hocke mich hin auf die Grabsteinbegrenzung. Ich müsste weinen und schreien. Aber in mir ist nur ein Staunen. Ein tiefes, ungläubiges Staunen. So staunt man, wenn das eigene Leben verraten und verkauft worden ist.

Im Auto denke ich, ich sollte mich leicht fühlen, aber ich fühle mich dumpf.

Dieses kleine Gefühl hat gestimmt. Dieses kleine Gefühl, dass ich ein kleines bisschen unschuldig bin. Es wurde erdrückt von dem großen Gefühl: Du bist ein Mörder!

Das Auto fährt wie von selbst. Ich will gar nicht hin, nur *etwas* in mir will dorthin. Vielleicht ist es das kleine Gefühl, das plötzlich Raumgewinn hat.

Es ist angebaut worden. Das Haus ist in recht gutem Zustand. Auf einem Schild ist zu lesen, dass es hier Flaschenverkauf gibt. Ich fahre vorbei und trete dann voll auf die Bremse. Dana ist hier. Ihr weinroter Golf steht an der Straße. Nachdem ich ihr Nummernschild achtundzwanzigmal studiert habe, weiß ich: Sie ist es leid. Sie will wissen, was hier gespielt wird. Was es auf sich hat mit meiner Kindheit. Es rührt mich beinah, dass sie so um mich kämpft. Sie will mich - und dazu muss sie wissen, wie es um mich steht. Trotzdem: Es dauert eine Weile, bis ich mich aufmachen kann. Dann, endlich, ist der Drang groß genug, sie bei mir zu haben. Ihr meine Version zu erzählen. Ihre Hand in meiner zu spüren.

Mein Vater öffnet die Tür. Seine Augen werden zu Tellern. »Alexander«, sagt er. Krächzt er. Mehr sagt er nicht.

»Dana ist hier«, bringe ich heraus. Es soll beiläufig klingen, aber es klingt einfach nur kühl.

Er dreht sich um, als müsste er sich erst vergewissern.

Dann steht sie im Türrahmen zur Küche und schaut mich an. Sie sieht unsicher aus. Ich hoffe, mein Vater hat ihr nicht zu sehr zugesetzt. Außerdem hoffe ich, sie kann damit leben. Dass ich einen Vater habe, der lebt. Und einen Bruder, der tot ist. Und dass ich ein Schatten meiner selbst bin, denn der, der ich war, konnte ich über viele Jahre nicht sein.

»Dana«, sage ich und endlich - sie lächelt. Vorsichtig irgendwie. Fragend.

»Warum bist du hier?«, will ich wissen, obwohl ich die Antwort schon kenne. Dana hat endlich die Wahrheit wissen wollen. Sie hat genug gehabt von meinem kindischen Verhalten. Sie hat mein Elternhaus sehen wollen, um mich endlich und für immer kennenzulernen.

»Irgendwie musste ich doch deine Adresse bekommen - «, antwortet statt Danas mein Vater. »Frau Everling hat keine vier Tage gebraucht, um dich zu finden.«

Ich fahre herum. Starre ihn an, meinen Vater.

Frau Everling. Dana. Ich versuche, die Gedanken zusammenzubringen. Gleichzeitig sträubt sich alles, sie zusammenzubringen.

»Dana«, raune ich und drehe mich zurück, »sag, dass das nicht wahr ist!«

Sie antwortet nicht. Da ist nur Entsetzen in ihrem Blick. Trauer. Vielleicht sogar Angst.

»Dana«, sage ich lauter, »sag einfach, dass das nicht stimmt!«

Sie weicht zurück, ohne sich zu bewegen. Die Frau meines Lebens zieht sich zurück, wird kleiner, verschwindet fast unter meinem Blick.

»Alexander«, versucht mein Vater etwas Gutes zu sagen, ohne zu wissen, was er falsch gemacht hat, »irgendwie musste ich dich doch ausfindig machen.« Er hebt die Hand. Will er mich streicheln? Will er mich schlagen? Schließlich fährt er sich verlegen über den Kopf. »Deshalb habe ich Theis angesprochen. Brecken Theis. Den kennst du doch noch! Sein Sohn ist Rechtsanwalt und hat diese Kanzlei. In Frankfurt hat er diese Kanzlei als Jurist. Und ich habe gedacht, vielleicht können die deine Adresse ausfindig machen, und Frau Everling hat tatsächlich dazu keine vier Tage gebraucht. Ich habe dir geschrieben. Zweimal. Aber du hast nicht geantwortet. Hast du meine Briefe gelesen?«

Er erwartet eine Antwort. Ich gebe sie ihm nicht. Ich gebe ihm nichts mehr.

»Dann habe ich Frau Everling gebeten, persönlich Kontakt aufzunehmen, um herauszufinden, wie es dir geht – und ob du dir einen Kontakt vorstellen kannst.«

Ich schlucke. Den Rest kenne ich. Sie hat mich im Café abgefangen. Sie hat mich angequatscht und mit mir mein Frühstück geteilt.

»Alex«, Danas Stimme klingt verzweifelt, »versteh das nicht falsch! Was dann passiert ist mit uns, dem ist nichts genommen.«

Alles dreht sich. Die Fußmatte zu meinen Füßen, die Treppe, die sich im Inneren auftut, Danas Gesicht. Eine Welle überrollt mich, eine Welle viel größer als die Wellen, die ich schon kenne. »Sag, dass das nicht wahr ist!«, wiederhole ich stumpf. »Sag einfach, dass das nicht stimmt!«

Dana sieht mich an. Ihre traubengrünen Augen sind mit Tränen gefüllt.

»Ich konnte doch nicht ahnen, dass ich mich schon nach fünf Sekunden in dich verliebe.«

»Warum«, wispere ich, »warum hast du mir denn gar nichts gesagt?«

»Aus Angst?« Es ist mehr eine Frage als eine Antwort. Aus Angst.

»Aber worauf kann ich dann überhaupt noch bauen?« Das Drehen der Gegenstände hat sich gelegt, dafür sehe ich jetzt alles verschwommen. Meine Augen sind bis zum Rand mit Tränen gefüllt. Und dann, in einem Anflug von Ironie, kommt mir in den Sinn, dass das vielleicht die 1-Millionen-Euro-Frage ist. Worauf - kann - ich - bauen?

Darauf, dass ich ein Mörder bin? Darauf, dass mein Vater mich auf einen Hinweis hin in die Wüste geschickt hat? Darauf, dass ich für meine Freundin nur eine Geschäftsbeziehung bin ...?

»Bau auf mich!«, unterbricht Dana meine Gedanken und macht einen Schritt auf mich zu. »Ich bitte dich, Alex, bau auf mich!«

D wie Dana, denke ich. Irgendwie schrill.

»Ich weiß nicht«, sage ich und drehe mich weg, wohlwissend, dies ist die letzte Frage - die schwerste, die mir jemals gestellt worden ist. Eine Frage, die eigentlich einen Joker verlangt. Nur habe ich keinen. Meine Hände sind leer.

Vielleicht gibt es ja noch andere Auswahlmöglichkeiten, denke ich auf den paar Schritten zum Auto. Welche, die auf der Anzeigetafel nicht aufgeführt sind. Als wollte ich sie suchen, lasse ich meinen Blick schweifen, sehe den Weinberg meines Vaters hinter dem Haus. Sehe aus der Ferne: Er muss ausgegeizt werden.

Ich drehe mich um. Dana ist mir nachgekommen. Sie steht einige Schritte von mir entfernt. In ihrem Blick liegt ein Sehnen. Die Schwere von Wein.

»Ich muss dir etwas zeigen«, bringe ich nach einigem Zögern hervor. »Ich möchte dir zeigen, wie der Riesling ausgegeizt wird.«

Sie springt mir in den Arm, dreht mich, küsst meinen Hals. Ich habe mich entschieden und spüre: Auch Liebe ist wie ein Rausch.

Ein Gläschen in Ehren

Von H. P. Karr

»Tut mir leid, wenn ich nochmal stören muss, Herr Dreyer.«

»Keine Ursache, Herr Kommissar ... wie war doch noch Ihr Name?«

»Meerkatz. Hauptkommissar Heinz-Erich Meerkatz vom KK 11. Wir kümmern uns um die Todesermittlung.«

»Also ... ja ... wie kann ich ...«

»Ich würde mich gern noch mal mit Ihnen unterhalten, Herr Dreyer.«

»Ja. Ja natürlich. Bitte ... kommen Sie rein ... Sie kennen sich ja aus.«

»Schönes Haus!«

»Ja ... Da entlang. Links ins Wohnzimmer ... Sagen Sie, diese Kreidestriche, mit denen Ihre Leute hier Wassermanns ... Umrisse auf den Teppich gemalt haben ... Etwas zu trinken, Herr Kommissar?«

»Normalerweise gern. Unter den Umständen allerdings ...«

»Ich hab mir gerade Kamillentee gemacht. Wenn Sie wollen?«

»Aber nur, wenn es keine Umstände macht ... «

»Aber keineswegs. Um auf die Kreidestriche hier zurückzukommen ...«

»Ja?«

»Hätten Sie was dagegen, wenn ich der Putzfrau morgen sage, dass sie sie mit dem Staubsauger wegmachen soll? Und auch diese schwarzen Flecken von dem Fingerabdruckpuder. Zucker in den Tee?«

»Nein, danke ... Nein, ganz und gar nicht, Herr Dreyer.«

»Uwe.«

»Uwe. Ihrer Frau geht es gut, Uwe?«

»Ich denke schon. Sie ist bei Freunden. In Pellingen. Oder Konz. Ich weiß nicht genau.«

»Hmm. Verständlich. Sie ist es sicher nicht gewohnt, jemanden sterben zu sehen.«

»Clara-Chantal ist sehr sensibel. … Allein schon der Schock, als wir heimkamen und Wassermann hinter der Tür auf uns gelauert hat. Völlig verdreckt, unrasiert, mit diesem irren Glanz in den Augen ...«

»Er war am Ende ... die letzten Nächte hat er wohl oben in den Weinbergen übernachtet. Höhlen oder Schuppen gibt es da ja genug.«

»Er war wegen Mordes im Gefängnis, wie ich gehört habe?«

»Doppelmord. Hat in einem Sternerestaurant bei Trier den Saalchef und den Sommelier erschlagen, weil der Wein gekorkt hat.«

»Ah ja ...«

»Laut Anklageschrift eine Maximin Grünhäuser Abtsberg Riesling Auslese der Schlosskellerei von Schubert.«

»Interessant ... «

»Wie auch immer – die Gutachter stellten bei Wassermann eine aggressive Grundtendenz mit schweren psychotischen Schüben fest. Gemeingefährlich, der Mann.«

»Sie kennen sich da aus, ja? Mit der Psychologie, meine ich?«

»Ich weiß, dass die Psychologie und die Psychiatrie bei Mathematikern wie Ihnen nicht gut angesehen sind. Sie sind doch Mathematiker, wenn ich richtig verstanden habe?«

»Ja. Professor an der Uni Trier, Lehrstuhl für Koinzidenzforschung. Das ist ...«

»Die Beschäftigung mit dem Zufall, ich weiß, Uwe, ich weiß. Ich gebe einen Psychologiekurs an der Volkshochschule Konz, Uwe. Gewissermaßen sind wir Kollegen.«

»Nun ja. Gewissermaßen schon. Wenn Sie meinen ...«

»Ich will versuchen, Ihnen zu erklären, was ich meine, Uwe. Psychologie und Zufall. Wir kannten Wassermanns Psycho–Profil aus den Gerichtsgutachten. Wir haben nach seinem Ausbruch geahnt, dass er über kurz oder lang irgendwo einbrechen und Menschen in seine Gewalt bringen würde. Wir wussten, dass er im Gebiet von Mosel und Ruwer bleiben würde, weil er nie hier rausgekommen ist. So weit die Psychologie. Der Zufall – und das ist Ihr Gebiet, Uwe – hat ihn dann heute Nachmittag in Ihr kleines Häuschen hier geführt ... Er hat die Terrassentür eingedrückt und gewartet ...«

»Als wir kamen, hat er Clara-Chantal sofort das Messer an den Hals gesetzt.«

»Wie lange hat er Sie nochmal in seiner Gewalt gehabt?«

»Zwei Stunden und siebenunddreißig Minuten. Von 17.15 Uhr bis 19.52 Uhr ... Es war ekelhaft. Er war ... irgendwie ... wie sagt ihr Psychologen ... irre?«

»Desorientiert. Klassisches akutes amentielles Syndrom mit halluzinatorischer Verwirrtheit, Desorientiertheit, illusionärer Verkennung der Wirklichkeit und zusammenhanglosem Denken.«

»Zuerst hat er Clara-Chantal und mich mit der Wäscheleine an die Stühle hier am Esstisch gefesselt. Dann hat er den Fernseher angemacht und sich die neue Folge von SOKO WEINBERG angesehen. Dabei hat er wohl Hunger bekommen, denn er hat Clara-Chantal losgebunden und sie gezwungen, ihm in der Küche ein paar Sandwiches zu machen.«

»Und zu den Sandwiches hat er dann den Wein getrunken?«

»Das war nicht irgendein Wein, das war eine Reichsgraf von Stattkessel Beerenauslese!«

»Natürlich, Herr Dreyer, natürlich.«

»Wassermann hat die Flasche aus dem Weinregal in der Küche genommen und aufgemacht. Es war eine neue Flasche, Clara-Chantal hat erst gestern ein Kistchen vom Weinhändler geholt. Er hat ihn dekantiert, in die Karaffe, und sich in aller Ruhe die Wiederholung von WEINKONTROLLEURE UNTERWEGS auf Kabel 4 angesehen. Und schließlich hat er sich ein Glas von dem Wein gegönnt … und dann fing er an zu röcheln und brach zusammen ... Er hat noch so komisch gezuckt ... tja, und dann ist er wohl gestorben ... Clara-Chantal hat mich losgemacht ...«

»Dieser Wein ... diese Beerenauslese Reichsgraf von Stattkessel

… Da kostet die Flasche 75 Euro, habe ich mir sagen lassen ...«

»Mag sein. Clara-Chantal hat ihn gekauft. Sie kennt den Weinhändler. Drüben in Pellingen.«

»Die Jungs vom Labor haben den Inhalt der Flasche inzwischen untersucht. Es war eine Reinigungsflüssigkeit drin. Sie benutzen sie in der Kellerei zum Desinfizieren der Fässer. Ein Azetonderivat ...«

»Ich bin kein Chemiker.«

»Ich weiß, ich weiß, Uwe. Ein Azetonderivat also ... Unter dem Namen AQUA–FIT wird es in jedem Laden für Aquariumsbedarf als Reinigungsmittel verkauft.«

»Noch einen Kamillentee?«

»Ein Glück, dass nicht Sie von der Beerenauslese getrunken haben, Uwe, nicht wahr? Oder Clara-Chantal ... Ihre Frau.«

»Ich trinke nie. Aber Clara-Chantal kauft hin und wieder ein Kistchen Wein. Falls Freunde zu Besuch kommen, Kollegen aus Trier. Von der Universität.«

»Nun ja ... eigentlich befreit uns dieser tragische Zufall ja nur von einer ganzen Menge Schwierigkeiten, nicht wahr, Uwe?«

»Wassermann würde darüber anders denken, nehme ich mal an.«

»Aber Sie würden mir doch zustimmen, wenn ich sage, dass es einer von den so genannten »glücklichen« Zufällen war, dass ausgerechnet Wassermann von der Beerenauslese getrunken hat. Dass es keinen von Ihren Freunden getroffen hat. Oder den Kollegen. Von der Universität.«

»Hmmm. Ja.«

»Oder Ihre Frau. In der Nachbarschaft sagt man, Clara-Chantal sei einem Gläschen in Ehren nicht abgeneigt gewesen ...«

»Ich kümmere mich nicht darum, ob, was und wie viel meine Frau ...«

»Schon gut, Uwe. Sehen Sie, wir von der Polizei sind drauf gedrillt, nicht an Zufälle zu glauben. Deshalb haben wir uns gefragt, wie das Desinfektionsmittel in den Wein geraten ist.«

»Nur so aus einem gewissen Erkenntnisinteresse, wissenschaftlich gesehen?«

»Nun ja, eigentlich schon. Es ging darum, diese Zufallsfrage zu klären. Denn sowas wie einen ›glücklichen‹ Zufall gibt's ja nicht, das ist nur so eine sprachliche Figur, ein Pleonasmus oder Jambus.«

»Ein Oxymoron, Herr Kommissar. Oxymoron. Griechisch.«

»Genau, Uwe ... stimmt! Also, wir haben vermutet, dass das Reinigungsmittel durch ein Versehen – oder wäre das ein Zufall, Uwe? – beim Abfüllen in die Flasche geraten ist. Also haben wir beim Weinhändler in Pellingen angerufen und auch beim Winzer, in Morscheid. Der Reichsgraf von Stattkessel – es gibt tatsächlich einen Reichsgrafen, ob Sie es glauben oder nicht, nun, der Reichgraf hat uns gesagt, dass das völlig unmöglich sei.«

»Nichts ist unmöglich. Der Mensch selbst ist der Beweis.«

»Gewiss ... nur denkt der Reichsgraf weniger universell ... Er sagt, wenn – was natürlich seiner Meinung nach völlig ausgeschlossen ist – ein Fass nach der Desinfektion nicht ausreichend gereinigt wurde, dann wäre der Inhalt des ganzen Gärtanks vergiftet. Logisch?«

»Logisch.«

»Dieser Tank enthielt 100 Liter, das gibt nach den Gesetzen der Mathematik 266 Flaschen zu je 0,375 Litern von dem guten Beerenzeug. Auch logisch?«

»Was ist das hier, Herr Kommissar? Rechnen mit der Kripo? Heißt Ihr Dezernat deshalb KK 11? Weil Sie eins und eins zusammenzählen können?«

»Sie sehen den Punkt nicht, Uwe. Der Reichsgraf meint, es sei völlig unmöglich, dass bei seinen strengen Qualitätskontrollen so ein großer Posten verdorbener Beerenauslese überhaupt seinen Keller verlassen könnte.«

»Diese Kreidestriche hier auf dem Teppich beweisen das Gegenteil.«

»Langsam, Uwe. Der Reichsgraf stellt insgesamt gut und gern 100 Liter seiner hochedlen Beerenauslese her. Wie groß ist bei einer Produktion von 100 Litern die Chance, dass eine einzige Flasche vergiftet ist? Sie sind Mathematiker, Uwe. Sie kennen sich mit dem Zufall aus. Wie groß ist die Wahrscheinlichkeit?«

»Eine einfache Permutation. Eins zu einer Million, schätze ich mal.«

»Genau das sagt unser Computer im Präsidium auch. Aber es

gibt ja noch die andere Möglichkeit, dass ein ganzer Tank vergiftet war, also 266 verdorbene Flaschen in den Handel gelangt sein könnten. Also haben wir anhand der Chargennummer und der Registrierung den Rest der Lieferung aufgestöbert, aus der die Flasche hier stammte, welche ... Können Sie sich denken, was wir gefunden haben?«

»Sie werden es mir sagen.«

»Nichts. Null. Nada. Oder besser: Niente. 266 Flaschen von der Reichsgraf von Stattkessel Beerenauslese und keine Spur von AQUA–FIT. Wir haben die Flaschen alle beschlagnahmt und analysiert ... Sie können sich denken, dass die Jungs im Polizeilabor heute eine Riesenparty feiern ...«

»Werden dafür unsere Steuergelder verschwendet? Für sinnlose Überreaktionen eines unterforderten Polizeiapparates?«

»Wissen Sie, Uwe, was ich mich eben gefragt habe, als ich zu Ihnen kam?«

»Versuchen Sie nicht, irgendwelche von Ihren psychologischen Verhörtaktiken anzuwenden. Ich bin ein unbescholtener Bürger dieses Landes. Ich habe nach unserer freiheitlich-demokratischen Grundordnung alle Rechte ...«

»Ich habe mich gefragt, Uwe, warum Ihre Frau nicht bei Ihnen geblieben ist. Ich meine, man sollte doch annehmen, dass eine Ehefrau den Trost und den Beistand Ihres Gatten sucht, nachdem ein Gewaltverbrecher sie als Geisel genommen, sie bedroht hat und dann auch noch vor ihren Augen gestorben ist. Psychologisch gesehen eine außerordentlich komplexe Situation für eine gewöhnliche Frau ...«

»Sie sagen es ... «

»Sie meinen also, Clara-Chantal … ist eher eine ungewöhnliche Frau?«

»Sie ist nicht ungewöhnlicher als Sie und ich ...«

»Nun, Sie sind sicherlich ein ungewöhnlicher Mann, Herr Dreyer. Ein Wissenschaftler ... Ein vielbeschäftigter Professor. Sie halten Vorträge, Lehrveranstaltungen, besuchen Kongresse, Tagungen, referieren, begutachten ...«

»Ich tue nur meinen Job. Genau wie Sie.«

»Und der ist manchmal aufreibend, nicht wahr? Das macht Sie unausgeglichen ... Die Nachbarn sagen, manchmal hätten Sie sich mit Clara-Chantal gestritten.«

»Klatsch. Sicher nicht das, was bei Ihnen als 'gesicherte Erkenntnis' aufgenommen würde.«

»Und als wir im Weinladen den Rest der Beerenauslese beschlagnahmt haben, sagte der Händler, dass Ihre Frau regelmäßig fast jede Woche ein Kistchen gekauft hat. Mal einen von Beulwitz Weißburgunder, mal einen Karthäuserhof Riesling oder einen von der Karlsmühle.«

»Das ist ein freies Land. Jeder kann hier so viel Wein kaufen wie er will, nicht wahr?«

»Nur haben Sie gesagt, dass Sie selbst keinen Alkohol trinken. Und so viele Freunde werden Sie wohl auch nicht dauernd einladen, dass Ihre Frau jeden zweiten Tag die Vorräte auffüllen musste, nicht wahr? Im Gegenteil – die Nachbarn sagen, Ihr soziales Leben sei äußerst bescheiden.«

»Soziales Leben! Sind das jetzt die Kategorien, nach denen bei der Polizei nach Schuld und Unschuld sortiert wird? Ich erinnere mich noch daran, dass man früher mal nach Beweisen gesucht hat, Herr Kommissar. Indizien. Materielle Nachweise. Nicht irgendwelche Gerüchte, Mutmaßungen und halbgare ›psychologische‹ Schlussfolgerungen ...«

»Ruhig, Uwe, beruhigen Sie sich. Es ist doch nichts dabei, wenn Sie sich mit Ihrer Frau nicht verstehen.«

»Es gibt in jeder Beziehung Höhen und Tiefen. Als Psychologe sollten Sie das wissen.«

»Ich weiß es, Uwe. Ich habe mir gleich so etwas gedacht, als ich von dem Liebhaber erfahren habe, den Ihre Frau hat ...«

»... ...«

»Sie wissen von dem Liebhaber, Uwe?«

»Wir haben ein Arrangement ... Clara-Chantal und ich. Sie ... legt Wert auf ihre .... Selbstverwirklichung. Sie besucht da diese Kurse in der Volkshochschule, dazu die Selbsterfahrungsgruppe und all das. Ich habe sie nicht daran gehindert. Ich bin ein toleranter Mann.«

»Keine Eifersucht? Wegen des Liebhabers, meine ich?«

»Kaum.«

»Sie sagten vorhin, Ihre Frau sei bei Freunden. Ich nehme eher an, dass sie bei ihrem Liebhaber ist.«

»Sicher.«

»Denken Sie eigentlich an Scheidung, Uwe?«

»Weniger.«

»Was verdient man eigentlich so, als Professor an einer doch recht kleinen Universität wie der von Trier? Beziehungsweise ... ja, das war mir aufgefallen, als ich mich über Sie kundig gemacht habe ... Sie sind ja gar kein ordentlicher Professor, sondern laufen da als Privatdozent, nicht wahr? Was verdient man da so?«

»Wenn alle Abzüge weg sind, bleiben knappe 2000.«

»Und dann dieses Haus ... der Swimmingpool ... zwei Wagen ...«

»Clara-Chantal hat ein bisschen Vermögen. «

»Von dem Sie nach einer Scheidung nicht mehr profitieren könnten, nicht wahr?«

»So sehen *Sie* das. *Ich* sage, Clara-Chantal und ich versuchen eine moderne, aufgeschlossene und tolerante Partnerschaft zu leben.«

»Gehört zu dieser modernen, aufgeschlossenen und toleranten Partnerschaft auch ein Testament auf Gegenseitigkeit? Sie wissen, was ich meine, nicht wahr? Dass beim Tod des einen der andere alles erbt.«

»Ich glaube, wir haben nach der Hochzeit mal so etwas unterschrieben.«

»Uwe, Sie haben mir vorhin vorgeworfen, ich würde nicht nach Indizien suchen, materiellen Beweisen ... ich kann nicht glauben, dass Sie das ernst gemeint haben.«

»Wieso?«

»Sehen Sie, Uwe, wenn wir erst einmal einen Verdacht haben, versuchen wir natürlich, materielle Beweise zu ermitteln. Wenn wir jetzt zum Beispiel von dem Weinhändler erfahren hätten, dass Sie vor zwei Wochen übers Internet direkt im Online–Shop des Reichgrafen von Stattkessel eine Flasche von der fraglichen Beerenauslese gekauft und mit Ihrer Kreditkarte bezahlt hätten ...«

»Dann hätten Sie nichts, aber auch gar nichts in der Hand ...«

»Nein, damit noch nicht. Aber wenn dann der Besitzer des

Aquaristik–Fachhandels in Konz aussagen würde, Sie hätten eine Flasche AQUA–FIT Aquarienreiniger bei ihm gekauft ...«

»Dann irrt er sich.«

»Nun, in dem Fall würden wir die Nummer der Kreditkarte überprüfen, mit der der Kauf bezahlt wurde. Genauso würden wir es natürlich auch bei dem Versandgeschäft für Medizin- und Krankenhausbedarf machen, bei dem vor zwei Wochen jemand eine 10-ccm-Spritze mit einem Satz extra langer Nadeln bestellt hat.«

»Also gut, Kommissar ...«

»Nein, sagen Sie nichts, Uwe. Wir haben bisher nur Verdachtsmomente. Um materielle Beweise zu bekommen, müssten wir jetzt Ihr Haus durchsuchen. Ich habe draußen ein halbes Dutzend Männer stehen, die das unterste zu oberst kehren können. Wenn es hier im Haus eine Spritze gäbe ... ich sage: *Wenn* ... mit der jemand – ich sage: *Jemand* – möglicherweise 10 Kubikzentimeter AQUA–FIT in eine Flasche der Beerenauslese des Reichsgrafen injiziert hat ... meine Leute würden das alles finden, Uwe. Da bin ich ganz sicher.«

»Herr Kommissar, ich habe ...«

»Sagen Sie jetzt besser nichts, Uwe. Wie oft rutscht einem was heraus, was man im nächsten Moment wieder zurücknehmen möchte? Außerdem könnte ich alles, was Sie sagen, gegen Sie verwenden, und das wollen wir doch nicht oder?«

»Nein. Ich will es jedenfalls nicht.«

»Sehen Sie, Uwe, und ich will es auch nicht. Ich möchte nur, dass Clara-Chantal ... Ihrer Frau nichts passiert. Ich will, dass sie wohlbehalten in ihr Heim zurückkehren kann.«

»Was haben Sie mit Clara-Chantal zu tun?«

»Schauen Sie, Uwe, ich sehe Clara-Chantal zwei Mal die Woche in dem Psychologiekurs, den ich an der Volkshochschule in Konz gebe. Sie ... ist wirklich eine ungewöhnliche Frau. Mit eigenen Vorstellungen ... was ihr Leben und ihre Zukunft angeht, zum Beispiel. Wissen Sie, dass sie in letzter Zeit überlegt hat, sich scheiden zu lassen, um mit ihrem Liebhaber zusammenzuleben?«

»Sie hat was? Dieses Luder ...«

»Seien Sie nicht ungerecht, Uwe. Sie sollten sich wieder mehr um

Clara-Chantal kümmern, verstehen Sie. Damit sie ihren Liebhaber vergisst. Denn ihr Liebhaber möchte eigentlich ... nun ja ... das Verhältnis beenden, weil er … nun ja – sagen wir: Clara-Chantal nicht für die Frau hält, mit der er den Rest seines Lebens verbringen möchte.«

»Sie ... sind ... ein ...«

»Ich bin nur ein kleiner Kommissar im KK11, Uwe. Nichts anderes.«

»Ich verstehe.«

»Fein. Ich denke, dann kann ich meinen Männern draußen sagen, dass sich eine Hausdurchsuchung erübrigt, ja?«

»Ich wäre Ihnen wirklich außerordentlich dankbar dafür, Herr Kommissar.«

»Erich! Nennen Sie mich Erich, Uwe! Es wird wohl noch ein, zwei Tage dauern, bis Clara-Chantal heimkommt. Soll ich ihr schon mal ausrichten, dass Sie sich vor Sorge grämen und sich wünschen, dass Sie zurückkommt?«

»Ja, das wäre wirklich nett … Erich!«

»Na, fein, Uwe. Das wär's auch schon gewesen. Schön, dass sich unser Verdacht zerstreut hat. Ach ja ... vielen Dank für den Kamillentee.«

»Keine Ursache … Erich ... keine Ursache!«

Nahe

Die Nahe ist ein Nebenfluss des Rheines, der bei Bingen in den Hauptstrom mündet. Zentrum des Weinbaugebiets ist Bad Kreuznach. 4.200 Hektar sind mit Weinbergen bestockt.

Heute mutet es wie ein Märchen aus uralten Zeiten an, dass die Tropfen dieser heute zu Recht so selbstbewussten Region zu Beginn des letzten Jahrhunderts noch als »Rheinweine« verkauft wurden. Erst in einer staatlichen Verfügung in den 30er Jahren kam die Nahe erstmals als eigene Weinbauregion vor. Die heutigen Grenzen des Weinbaugebietes wurden mit dem Weingesetz von 1971 festgelegt. Wenig Zeit, um sich einen Namen zu machen – umso bemerkenswerter, dass es geschafft wurde.

Ein weiterer – allerdings gutgemeinter – Fehler fand sich lange in den Broschüren der Weinwerbung: Der Slogan vom »Probierstübchen der deutschen Weinlande«. Damit war die Vielgestaltigkeit der Bodentypen an der Nahe gemeint: Zwischen Monzingen und Traisen findet man vorwiegend Porphyr, Melaphyr und Buntsandstein, rund um Bad Kreuznach eher Löss und Lehm und an der unteren Nahe Ton-, Quarzit- und Schieferböden. Heute ist belegt: das Weinbaugebiet Nahe hat deutschlandweit die größte Bodenvielfalt und die engräumigsten Wechsel vorzuweisen. Mehr als 180 Bodenvarianten werden vermutet.

Leider veränderte sich der positive Wesensinhalt des »Probierstübchens« durch die Flut neuer Rebsorten, die auch die Weinberge an der Nahe ab den 60er Jahren überschwemmte. Mittlerweile hat sich der Riesling mit 25% wieder an die Spitze der Qualitätsentwicklung gesetzt. Von ihm stammen zwar die mit Abstand meisten der großen Kreszenzen, doch haben die Nahewinzer längst bewiesen, dass auch bei Rotwein und Burgundern mit ihnen zu rechnen ist.

Das hungrige Wölfchen

VON OLIVER BUSLAU

Ein Stoß brachte ihn aus dem Gleichgewicht. Sein Fahrrad fiel um und krachte auf die Straße. Die Satteltasche öffnete sich, das Gepäck fiel heraus, und Wanderkarten rutschten auf den Asphalt.

Instinktiv wollte er seine Sachen aufheben, doch er konnte sich nicht bücken. Jemand umschloss eisern seinen Brustkorb, drückte ihm die Hand vor den Mund und zog Torquato nach hinten weg. Eine scharfe Kante traf ihn an den Beinen. Er fiel und knallte auf Metallboden. Benommen spürte er, wie Klebeband seine Lippen verschloss und ein Seil seine Handgelenke zusammenschnürte.

Hektisch durch die Nase atmend, blickte er auf weißlackiertes Blech. Es war so nah, dass die Roststellen gigantisch wirkten. Es stank, als habe jemand in einer Kneipe Fusel verschüttet.

»Verhalt dich ruhig«, raunte eine männliche, aber eigenartig hoch klingende Stimme. Torquato versuchte sich zu rühren, aber es ging nicht.

Ein Schleifen, gefolgt von einem Krachen. Es klang wie eine Seitentür, die geschlossen wurde. Schritte entfernten sich. Wieder ein Knall. Dann startete ein höllisch lauter, schwerfälliger Dieselmotor, der Torquatos Umgebung zum Vibrieren brachte.

Er war entführt worden. Aber warum? Wegen einer Erpressung?

Niemand aus seiner Familie war reich.
Er, Torquato Mindermann, war ein leidlich gut beschäftigter Schauspieler. Doch niemals hatte man ihn im Fernsehen gesehen. Niemals hatte er in einer der großen Theaterinszenierungen in Berlin, Hamburg, München oder Köln mitgespielt. Er war alles andere als berühmt.

Sein Körper schien zu Eis zu erstarren. War er in die Hände eines Irren geraten?

Der Wagen fuhr los, die Fliehkraft drückte Torquatos Nase noch dichter auf den Boden.

Ich muss jedes Detail im Gedächtnis behalten, dachte er, damit ich hinterher der Polizei ...

Ein plötzliches Bremsen ließ ihn schmerzhaft gegen die Blechwand knallen. Jetzt ging es einen Berg hinauf. Torquato kämpfte um eine bequemere Position. Er streckte die Füße aus, stieß jedoch selbst im angewinkelten Zustand an ein Hindernis.

Vielleicht hat er sich durch meinen Namen irritieren lassen, dachte er. Torquato. Sein Vater, selbst ein nicht besonders erfolgreicher Schauspieler, war auf die Idee gekommen, ihn so zu nennen. Natürlich ohne sich darüber Gedanken zu machen, was es für ein Kind bedeutete, so zu heißen. Es interessierte niemanden, dass es der Name der Hauptfigur in einem berühmten Drama von Goethe war. Und als Torquato später mit Ach und Krach die Schauspielschule hinter sich gebracht hatte und sich für erste Rollen bewarb, war der Name auch nicht besonders nützlich. Die Regisseure konnten sich oft das Grinsen nicht verkneifen. Torquato war sicher, dass er schon allein wegen seines Namens so manche Engagements nicht bekam. Schon gar nicht, wenn Torquato Tasso besetzt werden sollte. Wie hätte das auf dem Plakat ausgesehen? Torquato Tasso - Torquato Mindermann.

Er hatte es an den großen Theatern und dann an Boulevard-Bühnen versucht. Er hatte sich irgendwelchen Wanderensembles angeschlossen. Voriges Jahr, mit fast vierzig Jahren, kam dann endlich die Chance seines Lebens: die Rolle des Faust an den Städtischen Bühnen Niedertorfhausen im westmärkischen Kreis. Torquato war für einen wesentlich bekannteren Kollegen eingesprungen, der sich einer komplizierten Knieoperation unterziehen musste und zwei Wochen vor der Premiere absagte.

So hoffnungsvoll er in das Engagement gegangen war, so gnadenlos hatte man ihm zugesetzt. Nicht nur, dass Torquato mit dem Regisseur - einem eitlen Jüngling, der Goethes Drama in einen Raverclub verpflanzte - nicht zurecht kam. Auch die Kritik fiel über ihn her. Und selbst so mancher Zeitungsschreiber ließ es sich nicht nehmen, wegen seines Namens Witze zu machen. Was zu erwarten gewesen war.

»Torquato ist als Faust auch nicht besser«, titelte der Niedertorfhausener Generalanzeiger.

Zwölf Vorstellungen hatte er durchgehalten. Ein Dutzend mal tapfer den an der Welt verzweifelnden Gelehrten gespielt. Bis endlich die Theaterferien begannen.

Völlig entnervt hatte sich Torquato vorgenommen, auszuspannen. Eine Radtour entlang der Nahe schien das Richtige zu sein. In Bad Kreuznach, seinem Ziel, stand das Haus, in dem der echte Faust, einst Lehrer an der Kreuznacher Lateinschule, im 15. Jahrhundert angeblich gelebt hatte. Torquato hatte sich vorgestellt, dass ihn die Reise zur Wirkungsstätte der legendären Figur inspirieren würde. Wenn nicht, brachte sie ihn vielleicht zu einer Entscheidung, wie es weiter gehen sollte mit seiner Schauspielerei.

Noch war es Zeit, neu anzufangen. Als Zeitungsbote. Oder als Kartenabreißer in einem Theater, wo man ihn nicht kannte.

Schließlich hatte er nach der Reise von Kirn aus über Bad Sobernheim, Bad Münster am Stein, vorbei an der Ebernburg, die ihm wie ein mittelalterlicher Gruß aus Fausts Zeiten vorkam, in Bad Kreuznach gestanden. Er hatte die hübsche Aufschrift auf dem restaurierten Fachwerkhaus in der Magister-Faust-Gasse bewundert.

Und er hatte immer noch nicht weitergewusst.

Da steh ich nun, ich armer Tor! Und bin so klug als wie zuvor ...

Diese berühmten Zeilen aus dem »Faust« waren ihm in den Sinn gekommen, bevor er beschloss, zurück zum Bahnhof zu radeln, den Zug zurück nach Niedertorfhausen zu nehmen, um den Rest der Ferien für die Suche nach einem neuen Job zu nutzen.

Die halbe Strecke hatte kaum hinter ihm gelegen, da hatte der Entführer zugeschlagen.

Jetzt bremste der Wagen. Torquato stützte sich notdürftig mit den Füßen an der Wand ab. Endlich stand das Gefährt, der Motor erstarb. Die Tür wurde aufgeschoben. Sommerliche Luft mischte sich mit dem alkoholischen Mief. Torquato wurde gepackt und hinausgezogen.

»Fall nicht hin«, piepste der Entführer, den er jetzt zum ersten Mal zu sehen bekam. Es war ein kleiner, dicker Mann mit gerötetem Gesicht. Sein kariertes Hemd war durchgeschwitzt. Ein neuer Schock durchfuhr Torquato, als er die Pistole bemerkte, die der Dicke in den Bund seiner verwaschenen Jeans gestopft hatte.

Wo befanden sie sich hier? Torquato versuchte, sich ein Bild zu machen. Weinberge umgaben sie, erstreckten sich hinunter in ein sanftes Tal. Im Dunst konnte man dort unten eine Häuseransammlung erahnen, aus der Kirchtürme und Schornsteine ragten. Bad Kreuznach. Von irgendwo her drang rauschender Verkehrslärm, vielleicht von einer Autobahn oder einer Schnellstraße.

Der Dicke schubste ihn durch eine Toreinfahrt. Hinter kleinen Bäumen und Büschen duckte sich ein Haus aus Natursteinen. Die offenstehende Tür glich dem Eingang einer Höhle.

Im Inneren trat Torquato auf staubigen Bretterboden. Im Licht der verschmutzten Fenster erkannte er altes Werkzeug, Autoreifen, Schrott.

»Rechts die Treppe runter«, kommandierte der Entführer. Es ging über ausgetretene Holzstufen in die Tiefe. Torquato wollte langsam gehen, damit er nicht ins Stolpern kam. Ein Stoß, und er torkelte in einen überraschend hohen Keller, der von einer funzeligen Glühbirne beleuchtet wurde.

Der Mann drückte Torquato an einen rohen Holztisch und band seine Beine und den linken Arm fest. Den rechten ließ er frei. Schließlich riss er mit seiner riesigen Pranke den Klebestreifen weg. Ein brennender Schmerz ließ Torquato zusammenzucken.

Der Dicke machte einen Schritt zurück und zog die Pistole. »Ruhig bleiben. Hier hört dich sowieso keiner.« Er funkelte ihn aus seinen kleinen Schweinsäugelchen an. »Schön, dass wir uns mal persönlich kennenlernen, Doktor. Herzlich willkommen auf dem Weingut Robert Wolf.«

Doktor? Was sollte das? Torquato besaß keinen akademischen Titel.

Während er noch überlegte, sah er irritiert zu, wie der Dicke den Tisch deckte. Er stellte drei Weinflaschen und ebenso viele Gläser sorgfältig in eine Reihe, dazu einen Korb mit Baguettescheiben. In diesem dreckigen Keller wirkte das deplatziert.

»Was machen Sie da?«, fragte Torquato.

»Kennst du das nicht, Doktorchen? Ich dachte, du trinkst den ganzen Tag Wein? Das wird eine Weinprobe, was denn sonst?«

Torquato schüttelte ungläubig den Kopf. Er trank sehr selten Wein, nur wenn es sich bei einem festlichen Essen mal ergab. Er war mit einem gelegentlichen Bier zufrieden. Und - nicht gerade typisch in Schauspielerkreisen - konnte er Alkohol insgesamt wenig abgewinnen. Er mochte Cola, Apfelschorle, Mineralwasser.

»Was bezwecken Sie damit?«

Plötzlich ging ein Scheinwerfer an. Torquato hob geblendet die freie Hand. Weiter hinten, auf einem schmutzigen Brett an der bröckeligen Wand stand ein moderner, silberfarbener Laptop - verkabelt mit einer Kamera, deren Objektiv genau auf den Tisch gerichtet war.

»Dann wollen wir mal.« Der Dicke goss ein Glas voll und schob es ihm hin. Torquato bemerkte erst jetzt, dass die drei Flaschen keine Etiketten trugen.

»Trink. Und dann will ich deine Meinung dazu hören. Aber pass auf, was du sagst. Ich filme alles. Später kommt das ins Internet. Wollen wir doch mal sehen, ob du wirklich so schlau bist, wie du in deinem Blog tust.«

Er setzte sich seitlich an den Tisch, damit Torquato im Blickfeld der Kamera blieb.

»Na los, Doktor Mindermann.«

»Hören Sie, ich ... habe keine Ahnung von ...«

»Ist klar. Los. Trink. Und sag den Leuten was dazu. Oder soll ich nachhelfen?« Er zog die Pistole unter dem Tisch hervor. Es ratschte, als er sie durchlud. Sorgfältig richtete er sie auf Torquato.

»Zu Hause kannst du's doch auch. Behauptest du jedenfalls. Warum also nicht hier?«

Torquato verstand jetzt, wieso dieser Bursche seine rechte Hand nicht gefesselt hatte. Er griff nach dem Glas und nahm einen Schluck. Der Wein schmeckte kühl, gar nicht schlecht. Nach Wein eben. Aber was sollte man dazu sagen?

»Und?« Der Dicke hob die Waffe.

»Säuerlich. Kühl. Angenehm.«

»Und weiter?«

Torquato schüttete den Schluck hinunter. Seine Hand zitterte vor Angst. Er musste das Glas wieder abstellen.

»Was weiter?«

»Doktorchen«, brüllte der Mann. »Muss ich dir etwa vorlesen, was du in deinem Weblog darüber verzapft hast? Weiter! Hier!«

Er goss das zweite Glas voll. Währenddessen arbeitete es in Torquatos Kopf. Weinkenner? Internet?

Und schlagartig fiel ihm ein, was los war.

Es gab einen Doktor Michael Mindermann. Er war ein in der Weinwelt bekannter Journalist. Ein Kollege hatte Torquato vor Monaten wegen der Namensgleichheit von ihm erzählt. Möglich, dass eine Verwandtschaft bestand, Torquato wusste es nicht. Er war diesem anderen Mindermann nie begegnet.

»Hören Sie, Sie verwechseln mich«, rief er. »Ich bin nicht Michael Mindermann, ich bin ...«

»Trinken. Gequatscht wird später.«

»Aber ...«

»Ich knall dich ab, du Schwein«, schrie der Dicke plötzlich, wobei seine hohe Stimme lächerlich klang. Doch Torquato war nicht nach Lachen zumute. »Du hast mich und mein Weingut fertig gemacht.« Er fuchtelte mit der Waffe herum. »Und jetzt werde ich beweisen, dass du keine Ahnung hast ...« Er schoss, es knallte ohrenbetäubend, und irgendwo hinter Torquato krachte etwas zusammen. Offenbar hatte der Wahnsinnige ein Regal mit Flaschen getroffen.

»Jetzt trink. Du wirst gefilmt. Deine großartige Meinung werden alle im Internet erleben. Darauf stehst du doch - den Leuten zu erzählen, was du von Wein hältst ...«

Torquato verschüttete etwas, als er das Glas zum Mund führte.

Der Dicke beobachtete ihn abfällig. »Nun haben der Herr Weinkenner auch noch vergessen, mit Weißbrot zu neutralisieren. Stümper.«

Torquato trank und setzte das Glas wieder ab. »Ich bin Torquato Mindermann, nicht Michael Mindermann. Ich bin kein Weinkenner, sondern Schauspieler. Sie haben den falschen entführt. Lassen Sie mich gehen.«

Die Mündung der Pistole kam ein Stück näher.

»Du kannst Märchen erzählen, das ist bekannt. Und du versteckst dich. Niemand weiß ja genau, wo du wohnst. Es hat mich eine Stange Geld gekostet, das herauszufinden. Ich habe einen Privatdetektiv engagiert, der dich aufgespürt hat. Und jetzt sagst du, du heißt wie ...?« Er lachte keckernd. »Torquato? So heißt kein Mensch. Weiter im Text.«

»Aber Herr Wolf ... das ist doch Ihr Name, oder ...? Das ist ein Irrtum ...« Torquato brauchte nur in die tiefschwarzen, hasserfüllten Augen zu schauen, um zu wissen, dass alles nutzlos war. Das hieß - eine Möglichkeit gab es noch. Eine reelle Chance, den Entführer zum Einlenken zu bewegen. Es gab einen Beweis.

»Schauen Sie doch in meinen Papieren nach«, rief er verzweifelt. »Mein Personalausweis ... Er ist in meinem Gepäck.« Der Dicke grinste nur, und ein heißer Schreck nahm Torquato den Atem. Seine Sachen lagen ja mitsamt dem Fahrrad irgendwo in Bad Kreuznach auf der Straße!

»Bitte glauben Sie mir doch ...«

»Weitermachen!«, schrie der Dicke.

Torquato begann zu weinen. »Wenn Sie mich hier filmen ...« Seine Stimme überschlug sich, »und wenn Sie es ins Internet stellen, wird die Polizei sehen, was Sie getan haben. Sie werden Ihrer Strafe nicht entgehen.«

Der Dicke verzog noch nicht mal das Gesicht. »Du glaubst nicht, wie egal mir das ist«, sagte er ruhig. »Ich gehe gerne in den Knast. Schlimmer als der Ruin kann das nicht sein. Und wer weiß? Durch die Aktion wird mein ›Hungriges Wölfchen‹ vielleicht weltweit populär.«

Torquato überlegte, ob er sich verhört hatte. »Hungriges Wölfchen?«, fragte er.

»Der Name von meinem Wein. Über den du endlich mal die Wahrheit sagen sollst. Also - wie war Wein Nummer zwei?«

Torquato griff zu, leerte das Glas in einem Zug, verschluckte sich, hustete. »Klasse«, keuchte er. »Ganz große Klasse. Ein großer Wein. Der Beste, den ich je getrunken habe.«

Wolf betrachtete ihn abschätzig. »Das ist arm, Mindermann. Und du glaubst doch nicht, dass ich dir dreimal meinen Wein vorsetze. Nur einer davon ist von mir. Und wenn ich dich erinnern darf, hast du dich vor kurzem noch nicht gerade nett darüber geäußert. Jetzt ist Nummer drei dran. Und rate mal, welcher meiner ist.«

Sein Blick hatte sich von Hass zu Verachtung gewandelt. Offensichtlich freute er sich, dass er den scheinbaren Beweis für die Unfähigkeit dieses angeblichen Weinkenners lieferte.

Wieder füllte er ein Glas. Torquato zwang sich, ruhig danach zu greifen. Gleichzeitig überlegte er angestrengt, wie er hier rauskam. Sein Schauspielergehirn war darauf programmiert, sich in Menschen hineinzudenken. Und dabei kam ihm in den Sinn, dass dieser Wolf und er etwas gemeinsam hatten. Beide litten unter Kritikern, unter ihren Verrissen. Sie hätten eigentlich Freunde werden können.

Als er den Wein im Mund hatte, der nach seiner Meinung genauso schmeckte wie die beiden anderen Proben, war ihm immer noch keine Idee gekommen. Das Gefühl der Hilflosigkeit drohte ihn zu überwältigen.

Da steh ich nun, ich armer Tor ..., kam es ihm wieder in den Sinn.

»Nun mal los, Doktorchen«, sagte Robert und lehnte sich zurück. »Drei Weine. Alle drei aus Kreuznach. Einer von mir. Riesling. Hungriges Wölfchen. Jahrgang 2008.«

Torquato rang nach Worten, aber es wollte ihm einfach nichts einfallen. Vielleicht konnte er Zeit schinden.

»Dürfte ich noch mal probieren? Ich bin mir nicht ganz sicher ...«

»Verschlägt's dir die Sprache? War ja klar. Ich wusste es. Der Doktor verbreitet heiße Luft. Du bist tot, Mindermann. Du hast dich vor der Welt blamiert.«

Er stand auf, stellte sich genau vor die Kamera, zog ein Blatt Papier aus der Hose, entfaltete es langsam und begann zur Internetgemeinde zu sprechen. »Ich stelle fest: Doktor Michael Mindermann, seines Zeichens selbst ernannter Weinpapst, ist nicht in der Lage, drei deutlich unterscheidbare Weine aus Bad Kreuznach auseinanderzuhalten. Dabei hat er über den ersten - eine Riesling Spätlese aus der Kreuznacher Weinlage Hinkelstein geschrieben - ich zitiere -, sie besitze eine leichte Pfirsichnote und sei von einer schlanken, süßen Frucht bestimmt. Fruchtig auch im Abgang, glanzvolle Länge.«

Er machte eine Pause, also wolle er die Worte sacken lassen.

»Nummer zwei war ein Gewürztraminer, Kreuznacher Weinlage Katzenhölle. Herr Doktor Mindermann lobte in seinem Artikel im Internet die kühlen Rosennoten, beurteilte den Wein als strahlend am Gaumen und erwähnte auch hier die herausragende Länge. Der Abgang angenehm säurebetont und frisch.«

Torquato wurde bewusst, dass Wolf ihm den Rücken zugewandt hatte und völlig selbstvergessen in die Kamera redete. Das war eine Chance!

»Und die Nummer drei?« Er hatte die Stimme erhoben, begann wieder zu schreien. »Sie war für ihn nicht zu unterscheiden - vollkommen lächerlich, wenn man bedenkt, dass er geschrieben hat - ich zitiere wieder -, dass es sich beim Hungrigen Wölfchen gar nicht um einen Wein handle, sondern um den Schatten eines Rieslings, um das Sorgenkind des Nahe-Weinbaugebietes, um eine Flüssigkeit, die sich den Namen Wein überhaupt erst verdienen müsse, um ein Gewächs, das auf dem Boden einer ehemaligen Giftmülldeponie gewachsen sein muss, so stark sei es von Chemie durchsetzt. Ekliger Abgang, ölig, brackig, und die Länge ...«

Von einer Weinflasche getroffen, brach er seinen Vortrag ab und sank auf den Boden. Torquato war es gelungen über den Tisch zu langen und die dritte Flasche zu greifen. Das Hungrige Wölfchen ergoss sich auf den Boden, auf Wolfs Gesicht und sein ohnehin von dunklen Schwitzflecken übersätes Hemd. Als der Dicke die Augen wieder aufschlug, hatte Torquato seine Fesseln bereits gelöst, die Pistole an sich genommen, und den Winzer an den Tisch gebunden.

Als er nach oben lief, um die Polizei zu holen, schoss ihm eine Idee durch den Kopf. Sorgfältig verschloss er mit dem Klebeband den Mund des Winzers, damit der ihn bei dem, was er vorhatte, nicht störte. Dann machte er sich mit dem Laptop und der Kamera vertraut. Beides war nach wie vor in Betrieb, nahm noch auf.

Ihm war klar, dass er in seinem T-Shirt und den Shorts unpassend wirkte, wenn er nun in eine der größten Rollen des Welttheaters schlüpfte. Aber es war gerade die Herausforderung, die Figur ohne viele Hilfsmittel authentisch zu verkörpern, die ihn reizte. Außerdem gab die Umgebung immerhin so etwas wie eine mittelalterliche Studierstube in einer Burg ab. Und das passte.

Dann stellte er sich in Positur und begann Fausts berühmten Monolog:

Habe nun, ach! Philosophie,
Juristerei und Medizin,
Und leider! auch Theologie
Durchaus studiert mit heißem Bemühn.
Da steh ich nun, ich armer Tor!
Und bin so klug als wie zuvor ...

Eine halbe Stunde später war die Aufnahme fertig. Wolf hatte das Bewusstsein noch nicht wiedererlangt, als Torquato am Laptop mit der Software die Videodatei sorgfältig überarbeitete.

Der Anfang mit der Weinprobe war uninteressant. Den schnitt Torquato weg. Er ließ nur seinen Monolog übrig.

»Gibt's hier in der Bruchbude Internetverbindung?«, fragte er den am Boden liegenden, der aber nicht reagierte.

Torquato entdeckte, dass im Notebook eine UMTS-Karte steckte. Er trug den Computer nach oben, stellte die Verbindung her und spielte seinen Auftritt bei Youtube ein.

Dann holte er die Polizei.

Am Tag darauf, als er wieder zu Hause war und den Computer einschaltete, hatte man seinen Clip schon über dreitausend Mal angeklickt. Eine Woche später hatte seine Geschichte über ein Dutzend Zeitungen über das Sommerloch hinweggeholfen, und die

Zahl schraubte sich auf über hunderttausend hinauf - zumal Torquato in den Interviews behauptete, er habe den kriminellen Winzer mit seinem Monolog abgelenkt und sich allein durch seine Schauspielkunst retten können. Angeblich habe Wolf, von Mordlust gepackt, gebannt mit der Pistole neben ihm gestanden, aber vor lauter Ergriffenheit nicht abdrücken können.

»Theatermime spielte um sein Leben«, lauteten jetzt die Überschriften. »Torquatos ›Faust‹ ließ Mörder zögern.«

Bald überstieg die Klickzahl die Millionengrenze. Torquato erhielt Angebote von einigen bedeutenden Theatern und sogar von zwei der größten Agenturen. Die Zeiten am Niedertorfhausener Theater waren Geschichte.

Was Wolfs wirkliche Absichten gewesen waren, erfuhr niemand. Auch die Verwechslungsgeschichte nicht. Passanten hatten die Entführung beobachtet und ohnehin die Polizei benachrichtigt. Wolf galt in ganz Bad Kreuznach als cholerisch, wenn nicht verrückt. Manche sagten sogar, dass er unter Verfolgungswahn litt. Und Torquato hatte bei seiner Bearbeitung des Videos den ersten Teil gelöscht.

Der kriminelle Winzer sagte dazu nichts. Er wartete stumm auf seinen Prozess.

Die Premiere der ersten großen Faust-Premiere rückte heran. Torquato begeisterte sein Publikum, und schon am nächsten Morgen schrieb die Presse in einer Schnellkritik »Torquato auch als Faust genial.«

Na also! Torquato saß am Frühstückstisch, als er das las. Er war noch ein wenig verkatert von der Premierenfeier und begoss das Lob mit einem ausgiebigen Schluck Kaffee.

Es klingelte an der Tür. Im Flur stand der Paketbote. Die Sendung, die er brachte, war schwer. Torquato begann sie zu öffnen, und eine Karte fiel heraus.

Der Absender schrieb in sehr leserlicher, akkurater Handschrift, er sei erst vor wenigen Tagen aus einem längeren Urlaub zurückgekommen und habe zu seiner Überraschung von der Geschichte in den Medien erfahren.

»Ich wusste gar nicht, dass ich einen Namensvetter habe, der ein so begnadeter Schauspieler ist«, las Torquato. »Ich habe es mir nicht nehmen lassen, mir Ihre ›Faust‹-Verkörperung anzusehen. Nehmen Sie als Zeichen meiner Bewunderung bitte diese Sendung entgegen.«

Torquato erkannte, dass das Paket sechs Flaschen Wein enthielt. Er ließ sie stecken. Der Text auf der Karte ging noch weiter.

»Ich hoffe, Sie mögen Wein von der Nahe. Sie haben ja genaueste Bekanntschaft mit dieser Weinregion gemacht. Eine Frage hätte ich jedoch an Sie, und ich würde mich freuen, wenn sich eine Gelegenheit ergäbe, bei der wir uns persönlich darüber unterhalten könnten. Die Frage lautet: Was wollte dieser Wolf wirklich von Ihnen? Ich habe da so einen Verdacht ... Hochachtungsvoll – Dr. Michael Mindermann.«

Pfalz

Mit rund 23.500 Hektar Weinbergen ist die Pfalz Deutschlands zweitgrößtes Weinbaugebiet. Bis 1992 war es übrigens als Rheinpfalz bekannt – falls Sie mal eine verstaubte, alte Flasche im Keller finden. Im Mittelalter galt die Pfalz als »Weinkeller des Heiligen Römischen Reiches«. Unterteilt ist die Pfalz in die lange Jahre berühmtere »Mittelhaardt – Deutsche Weinstraße« und die in den letzten Jahren durch viel Dynamik qualitativ gleichgezogene »Südliche Weinstraße«. In der Pfalz gedeiht alles, ob Rot- oder Weißwein, ob Riesling oder Burgunder (insgesamt sind 67 Rebsorten zugelassen), ob trocken oder süß. Die Weine sind häufig körperreich – soll heißen nicht unbedingt moderat im Alkohol – und strotzen in guten Jahren vor köstlichen Fruchtaromen.

Superlative gibt es hier auch. Den ältesten Wein der Welt (Historisches Museum der Pfalz in Speyer, eine Glasamphore mit einer gelben Flüssigkeit aus dem vierten Jahrhundert), das größte Weinfass der Welt (in Bad Dürkheim, darin ein Weinlokal), das größte Weinfest der Welt (der Dürkheimer Wurstmarkt).

Nützliches Wissen für die gepflegte Weinkonversation: Altkanzler Kohl schätzte den Saumagen sehr, viele Weinkenner wissen um die gleichnamige Kallstadter Weinlage und die von dort stammenden Rieslinge.

Blutlese

Von Markus Guthmann

I've loved, I've laughed and cried,
I've had my fill - my share of losing.
But now, as tears subside,
I find it all so amusing.

Wladimir sieht mich schräg von der Seite an, aber er freut sich, dass es mir wieder so gut geht. Ich bin bald schuldenfrei, habe einen sicheren Job und liebe eine tolle Frau. Ich habe schon andere Zeiten erlebt. Da ging es mir nicht so gut. Ich habe gesoffen, gekifft und gehurt. Oft habe ich mir auch etwas von dem Zeug eingeschmissen, mit dem ich jeden Tag zu tun habe. Mein Beruf, meine Ehe und meine Kohle sind den Bach runtergegangen. Das habe ich jetzt alles bald hinter mir! Es könnte mir echt viel schlechter gehen. So wie etwa dem Typ, der hier vor mir liegt. Manche Winzer sind schon reiche Säcke. Dieser hier war millionenschwer.

* * *

Ich habe Lisa vor mehr als einem Jahr kennengelernt und mich sofort in sie verliebt. Das ist mir seit meiner Jugend nicht mehr passiert!
Ein paar unverbesserliche, altruistische Freunde hatten mich

gedrängt zu einer Weinprobe mitzugehen, obwohl ich null Bock hatte. Frustriert hatte ich ein paar Modafinil-Tabletten zum Aufputschen geschluckt und sie mit vier ordentlichen Wodkas nachgespült. Ich war wirklich aggressiv drauf und wusste, es würde das letzte Mal sein, dass mich meine naiven Freunde mitnehmen würden.

Es kam alles ganz anders. Als ich in dem Freinsheimer Weingut die schicke Schaubude für die Großstädter betrat, die früher die Probierstube gewesen war, haute mich Lisas Anblick fast um. Es war Liebe auf den ersten Blick, obwohl ich mir bis heute nicht erklären kann, warum sie sich ausgerechnet in so einen fertigen Typ wie mich verguckte. Zugegeben, ich war, trotz der grauen Schläfen immer noch ansehnlich und hatte früher nie mit Frauen Probleme gehabt. Vielleicht waren es die vielen Schicksalsschläge, die wir beide zu verkraften hatten und daher sofort eine tiefe Seelenverwandtschaft bis in die Haarspitzen spürten. Der Raum war für eine halbe Ewigkeit relativistisch gedehnt und andere Menschen existierten einen Moment lang nicht. Ich hatte Schwierigkeiten in die Wirklichkeit zurückzukehren, als sie mich ansprach.

»Hallo«, sagte sie einfach. »Ich bin Lisa. Schön, dass Sie gekommen sind.«

»Ich bin Dr. Wolf«, stotterte ich zunächst ungeschickt und die Röte stieg mir ins Gesicht. Dann raffte ich mich zusammen und bekam tatsächlich ein Lächeln zustande. »Entschuldigung, ich wollte gar nicht so förmlich sein. Freunde nennen mich Tom.« Ich streckte ihr die Hand hin und erinnerte mich an das erste Kapitel des Buches »Flirten für Dummies«, das tief in mir verschüttet war. Eine junge Frau reichte ein Tablett mit gefüllten Sektgläsern herum und ich nahm zwei herunter: »Bekomme ich mit jemanden Ärger, wenn Sie jetzt ein Glas Sekt mit mir trinken?«

»Vor einer Weinprobe kann ich leider nichts trinken«, sagte sie und lächelte. Dann drehte sie sich um und ließ mich mit den Gläsern in der Hand stehen. Ich machte das Beste aus der Situation und kippte die beiden Gläser runter. Das Zeug war vermutlich nicht schlecht, auch wenn ich härtere Sachen gewöhnt war. Trotzdem schmeckte das Gesöff schal, wahrscheinlich wegen der

Abfuhr. Ich spielte einen Moment mit dem Gedanken, auf den Tisch zu springen und den Leuten den Stinkefinger und meinen nackten Arsch zu zeigen. Solche Einlagen machte ich gerne und es störte mich auch nicht, wenn mich die Bullen danach abführten. Wenn ich erst einmal den Persilschein gehabt hätte, könnte ich mir die Unterhaltszahlungen komplett sparen.

Es waren die Blicke von Lisa, die mich um meinen kleinen Spaß brachten. Sie begrüßte fast alle Gäste persönlich, jeder schien sie zu kennen und zwischendurch blickte sie interessiert zu mir herüber.

Einer meiner dödeligen Freunde bemerkte unseren Augensex und stupste mich an. »Hey, du Trauerkloß machst dich ja richtig. Angelst dir gleich den Star des Abends.«

Ich unterdrückte das Gefühl in meiner Faust, auch wenn ich gerne das Klatschen in seiner Fresse gehört hätte. Stattdessen ging ich auf das Gespräch ein: »Was meinst du mit ›Star des Abends‹?«

»Du bist doch ein echter Nix-Checker. Lisa ist eine der bekanntesten Sommelièren Deutschlands. Sie hat eine eigene Sendung im Fernsehen und leitet heute die Weinprobe! Mensch, man merkt echt, dass du in letzter Zeit von der Außenwelt abgeschnitten warst.« Er spielte auf meine Zeit in der Klapsmühle an und meine Faust zuckte.

»Übrigens ist sie seit einiger Zeit Witwe«, sagte er und machte dabei eine anzügliche Geste mit beiden Händen.

In der nächsten Stunde lernte ich unglaublich viel über den Beruf einer Sommelière, der aus dem mittelalterlichen Amt des Mundschenks hervorgegangen war. Der Mundschenk, lateinisch Cellarius oder Pincerna, hatte eine herausragende Vertrauensstellung bei Hofe und war noch lange Zeit später ein sehr angesehenes Ehrenamt. Lisa kam aus einer bekannten Pfälzer Gastronomenfamilie, deren gesammelte Michelin-Sterne den »Walk of Fame« pflastern konnten. Ich hing an Lisas Lippen und sog ihre Ausführungen über Weinsensorik ein.

Klassisch wurden Weine durch die Eindrücke von Auge, Nase, Zunge und dem Abgang beurteilt. Klarheit, Reinheit und Farbe spielten eine ebenso wichtige Rolle wie der Geruch und die vielfältigen Aromen auf der Zunge sowie beim Schlucken. Hatte ich das

Zeug sonst immer nur gesoffen und höchstens mal über die Sodbrennen verursachende Säure einer Rieslingschorle geschimpft, so lernte ich an diesem Tag, dass der Grauburgunder eigentlich ein Ruländer war und meist ein feines Birnen- oder Ananasaroma aufwies. Der Weißburgunder, der Chardonnay und der Trendwein Auxerrois konnten lange Zeit gar nicht unterschieden werden und nur erfahrene Ampelographen, oder molekularbiologische Methoden, konnten die genaue Rebsorte feststellen.

Lisa präsentierte nicht nur Weine ihres eigenen Weingutes, das sie seit dem tragischen Unfalltod ihres Mannes alleine führte. Mit einer spielerischen Leichtigkeit und zahlreichen Anekdoten rund um den Weinbau in der Pfalz machte sie mit uns eine kurzweilige Reise durch die Welt edler Tropfen aus der gesamten Region.

Die Pfalz ist das zweitgrößte Weinanbaugebiet in Deutschland. Prägend für die Region sind die vielen Familienbetriebe. Dadurch hat sich eine einzigartige Vielfalt an göttlichen Flüssigkeiten ergeben. Fast viertausend Winzerbetriebe erzeugen jährlich ungefähr eine Viertel Milliarde Liter Wein, wovon ein erklecklicher Anteil am Wurstmarkt, dem größten Weinfest der Welt in Bad Dürkheim, ausgeschenkt wird. Wegen dem überwiegenden Westwind vom Atlantik liegt die Weinstraße im Lee der Haardt, was ganzjährig zu moderaten Temperaturen führt und zusammen mit den vielen Sonnenstunden ein fast mediterranes Klima bewirkt. Die Römer hatten die Reben hierher gebracht und den Urpfälzern mal schnell gezeigt, wie das Weinmachen funktionierte. Natürlich ist der Riesling die dominierende Rebsorte, aber rote Weine und vorzügliche Cuvées holen auf, was auch dem Klimawandel zu verdanken ist. Weinfeste gibt es von März bis November, wobei die Erholungszeit einer Pfälzer Leber mittlerweile durch die zahlreichen Weihnachtsmärkte im Dezember, die Rotweinwanderungen im Januar und die Faschingsfeierlichkeiten im Februar auf ein Minimum, wie das Organ selbst, geschrumpft ist.

Über siebzig Pfälzische Weinköniginnen wurden bisher gekrönt, wobei Lisa eine davon gewesen war. Neun Pfälzerinnen hatten schon das Amt der Deutschen Weinkönigin inne.

Neben den vielen Fakten erklärte Lisa auch die Entwicklung,

eigentlich die Evolution, des Pfälzer Dubbeglas. Das Dubbeglas war ein über die Jahrhunderte ergonomisch optimiertes Trinkgefäß, das es dem Benutzer erlaubte, auch nach zwölf Uhr nachts auf einem Weinfest nur wenig Schorle zu verschütten. Das Volumen war ein halber Liter und es hatte eine leicht konische Form, die sich deshalb in der Hand des Trinkers durch Gravitation verkeilte. Die Dubbe, oder hochdeutsch Tupfen, manche Menschen würden vielleicht Vertiefungen sagen, sorgten für zusätzlichen Halt. So war auch noch zu später Stunde gewährleistet, dass das Glas in einer lustigen Runde sicher von Mund zu Mund wandern konnte.

Die Gäste waren längst gegangen, als Lisa mich in den Weinkeller führte, um mir ihre wahren Schätze zu zeigen. Ich machte ein paar alberne Vergleiche über die Farbe edler Weine und ihrer Augen. Es schien ihr zu gefallen. Schließlich zogen wir uns eine Linie von dem Stoff rein, den sie immer in ihrer Handtasche neben den Kondomen bereithielt. Dann tranken wir noch etwas mehr von ihrem vorzüglichen Winzersekt, der jetzt gar nicht mehr schal schmeckte, und auf irgendeinem Barriquefass, dessen Inhalt unter uns schwappend zu Aquavit verarbeitet wurde, der mindestens vier Mal bei rauer See über den Äquator geschippert war, hatten wir unglaublich guten Sex.

»Tom, was bist du eigentlich für ein Doktor?«, fragte sie mich noch in dieser Nacht, als wir bei einer weiteren Zigarette danach, erschöpft auf ihrem Bett lagen.

»Ich bin Arzt.«

»Du bist bestimmt Gynäkologe, deinen geschickten Händen nach zu urteilen.«

»Nein, meine Liebe. Ich bin Rechtsmediziner.« Ich musste es ihr früher oder später sagen und war erstaunt, dass sie sich nicht davor ekelte, was ich sonst so mit meinen Händen berührte. Schon früher war das manchmal das Ende einer meiner Affären gewesen, was mich aber nie besonders juckte. Mit Lisa war es anders. Sie schien sich sogar für meinen Beruf zu interessieren.

In den folgenden Wochen trafen wir uns regelmäßig und tauschten bei jeder Gelegenheit diverse frische Körperflüssigkeiten aus. Dabei unterhielten wir uns über unsere Berufe.

Ich lernte ständig neue Dinge über die Weine, die wir flaschenweise leerten. Es fiel mir bald nicht mehr schwer, den vollmundigen, samtigen Brombeer- und Kirschgeschmack in einem Spätburgunder zu erkennen, sowie die leichte Mandelnuance wahrzunehmen. Lisa hingegen lernte von mir, dass man auf den linken Rippenbogenrand in der Medioclavicularlinie einer Leiche drücken und dann an Mund und Nase riechen musste. Ein aromatischer Geruch legte den Verdacht auf Alkohol nahe, während ein knoblauchartiger Geruch ein Hinweis auf E 605 sein konnte. Beide Substanzen waren bei toten Winzern mehr oder weniger häufig anzutreffen.

Irgendwann erzählte mir Lisa von Herrmanns Unfalltod. Ich hatte sie nicht gedrängt, aber wir lagen nach einem Picknick nackt in den Weinbergen, rauchten einen Joint, der nicht aus trockenen Weinblättern gebaut war und starrten in den Himmel.

»Der blöde Hund«, sagte sie plötzlich.

»Wer? Dein Mann?«

»Nein, der Schäferhund meines Mannes. Er ist schuld an seinem Tod.«

»Der Hund?«

»Ja, das Vieh hat immer genervt. Ständig hat er gebellt, mich angeknurrt und überall seine Haare gelassen, gegen die ich auch noch allergisch war. Deshalb hat er ihn immer mit zur Arbeit in die Weinberge genommen.«

»Was hat denn der Hund mit dem Tod deines Mannes zu tun?«

»Er war in den Weinbergen angebunden und Herrmann war mit dem Traubenvollernter unterwegs. Als er an die Rebzeile kam, wo der Hund angebunden war, ist er aus der Maschine gestiegen, um ihn woanders festzumachen. Dabei hat sich wohl die Feststellbremse gelöst und auf dem abschüssigen Stück ist der dumme Hund dann in die laufende Leseeinheit geraten.«

»Der Schäferhund?«, fragte ich.

»Nein, mein Mann. Aber der Hund musste wegen seinen schweren Verletzungen später eingeschläfert werden.«

»Du musst ihn wohl sehr geliebt haben«, sagte ich nach einer einfühlsamen Pause.

»Wen, den Hund?«

»Nein, deinen Mann.«

Daraufhin schwiegen wir und blickten stoned in den Himmel, bevor sie mich mit Gewalt zu sich herüber zog.

* * *

In den folgenden Wochen lernte ich die Deutsche Weinstraße sowie das Städtchen Freinsheim kennen und lieben. Sie schleppte mich zu ihren Kollegen von der noblen »Vereinigung deutscher Prädikatsweingüter« und erklärte mir die Besonderheiten der einzelnen Lagen, Trauben sowie der verschiedenen Keltertechniken und wie man sie systematisch herausschmecken konnte.

»Das Handwerk eines guten Sommeliers beruht auf dem außerordentlichen Geschmacks- und Geruchssinn, aber noch viel mehr auf der Fähigkeit zur Deduktion«, erklärte sie.

»Also muss ein Sommelier ein Sherlock Holmes der Weine sein?«

Lisa schaute mich nachdenklich an. »So ähnlich. Man muss aufgrund der erworbenen Theorie erklären oder ausschließen können.«

Auf dem Rückweg von ihren beruflichen Exkursionen, zu denen ich sie so oft wie möglich begleitete, schlenderten wir durch Freinsheim mit seiner mittelalterlichen Stadtmauer, die uns immer wieder Halt gab, wenn wir aus einer der vielen urigen Weinstuben stolperten.

Sie zeigte mir das »Eiserne Tor«, das niemals eisern gewesen war, sondern nur wegen der pfälzischen Verballhornung von »Äußeres Tor« zu seinem trutzigen Namen gekommen war. Ich erfuhr, dass im Pfälzischen Erbfolgekrieg kein Stein mehr auf dem anderen geblieben war und die pragmatischen Einwohner die Gebäude in der Reihenfolge ihrer Priorität wieder aufbauten. Wie es sich für Pfälzer gehört, hatten sie zuerst die Kneipe, dann das Rathaus mit seiner wunderschönen barocken Freitreppe und schließlich die Kirche wiederhergestellt.

Im Gegenzug besuchte Lisa mich sogar einmal in meinem Mainzer Institut. Sie zuckte mit keiner Wimper, als sie einer Obduktion beiwohnte. Im Gegenteil, sie stellte tausende von Fragen, die ich beantworten musste. Eine davon war: Wie kann man eine Hepatitis von einer alkoholbedingten Leberzirrhose unterscheiden? Ich beantwortete alles.

Diese Zeit kann ich ohne Übertreibung als die glücklichste in meinem Leben bezeichnen und deshalb traf es mich wie ein Schlag, als ich Lisa auf dem Freinsheimer Stadtmauerfest mit einem fremden Mann sah. Ich wollte zunächst einfach nur hinübergehen, um sie zu begrüßen, denn ich war im Institut unerwartet früh fertig geworden, als ich die fette, feiste Hand sah, die ihren Rücken streichelte. Meine Gedanken eilten voraus und es hat nicht viel gefehlt, dass ich dem Typ das Dubbeglas in den Rachen gerammt hätte. Wahrscheinlich waren die geringere Menge an Modafinil, der ausgesetzte Konsum von Hochprozentigem, oder beides dafür verantwortlich, dass ich mich zurückhielt und einfach nur abwartete.

Die Eifersucht brachte mich fast um, als ich den beiden zu einem Weingut am Ortsrand folgte, das offensichtlich ihrem Begleiter gehörte. Mir war klar, was hinter der Fassade passierte, während ich im Schatten des gegenüberliegenden Hauseingangs Mordpläne schmiedete.

Nach einer Ewigkeit kam sie heraus und ich wusste nicht, was ich tun sollte. Schließlich stand ich zugedröhnt mit dem Auto vor ihrer Haustür und war total aufgewühlt. Ich hatte keinen Plan, was ich tun sollte. Der Einfachheit halber griff ich nochmal zu der frisch an der Tanke erworbenen Wodkaflasche und trank mir Mut an. Dann gab ich mir einen Ruck, stürmte zur Haustür und malträtierte den Klingelknopf.

Lisa öffnete mir. Sie sah verheult aus. In der einen Hand hielt sie ein Weinglas und im Mundwinkel klemmte eine Kippe. Ich ging sofort mit dem Skalpell auf sie los. Sie streckte abwehrend die Hände von sich und ließ das Glas fallen. Ein roter Dornfelder-Fleck breitete sich auf dem Boden aus und vermischte sich mit dem Blut, das aus ihrem Handballen quoll. Ich hatte sie erwischt, als sie mich abwehren wollte.

»Hör auf! Hör auf! Ich kann nichts dafür! Ich werde erpresst!

Hörst du? Ich werde erpresst!«, brüllte sie verzweifelt. Ich ließ sofort das Skalpell fallen und ging auf sie zu. Noch lange danach lagen wir uns in den Armen, nachdem ich sie fachgerecht verarztet hatte.

»Womit wirst du denn erpresst?«, fragte ich behutsam und sie fing an zu schluchzen.

»Der Unfall.«

»Dein Mann?«

Sie nickte und weinte noch mehr. Ich wartete, bis sie weiterredete.

»Es war kein Unfall.«

»Was denn dann?«, wollte ich wissen.

»Der Hund ist schuld.«

»Der Hund hat ihn umgebracht?«

»Nein, natürlich nicht. Ich wollte den Hund mit der Lesemaschine überfahren. Das blöde Vieh, das mich nicht mochte und da hat er sich in den Weg geworfen und ist in die Maschine geraten. Ach, Tom, es ist so schrecklich!« Sie weinte bitterlich und ich war mir noch nicht sicher, ob ich ihr glauben sollte.

»Also, war es doch ein Unfall. Du wolltest den Hund umbringen, nicht deinen Mann.«

Sie schluchzte immer noch rotzerbärmlich. »Du glaubst mir nicht«, sagte sie dann. »Das spüre ich doch!«

»Ich glaube dir, mein Schatz. Natürlich glaube ich dir«, beruhigte ich sie und wartete wieder eine einfühlsame Weile. »Warum wirst du dann erpresst?«

»Gregor ist der Halbbruder meines Mannes. Er sagt, er hätte Beweise, dass ich seinen Bruder umgebracht habe. Er will mich! Er will mich sogar heiraten!«

»Was für Beweise sollen das sein?«

»Er sagt, er hätte gesehen, wie ich den Hund angebunden und solange gewartet habe, bis Herrmann ausgestiegen ist und ich schließlich den führerlosen Vollernter erklommen und Gas gegeben habe.«

»Was solltest du denn für ein Motiv gehabt haben?«

Sie zuckte mit den Schultern. »Wenn Herrmann und ich uns hätten scheiden lassen, dann wäre ich leer ausgegangen, weil wir einen Ehevertrag hatten.« Ihr Augenaufschlag war wunderbar unschuldig.

»Wolltet ihr euch denn scheiden lassen?«

»Wir hatten Probleme, so wie in jeder Ehe«, wich sie der Frage aus und schniefte.

»Und jetzt wohnst du hier?«

»Klar, mir gehört das Weingut, weil wir ein Testament hatten.«

»Aber dann steht doch nur Aussage gegen Aussage. Du hast nichts zu befürchten.«

»Er hat Fotos gemacht! Mit seinem Handy!«, schrie sie.

Ich musste überlegen. »Hast du die Fotos gesehen?«

Lisa nickte.

»Dann haben wir ein Problem«, sagte ich.

»Wir?«, fragte sie.

»Natürlich, wir! Ich helfe dir da raus, garantiert!« Sie umarmte mich. »Der Preis ist aber hoch, denn du musst ihn heiraten.«

»Was? Ich soll dieses hässliche Scheusal heiraten!«, rief sie entrüstet.

»Das Schlimmste hast du ja schon hinter dir, als du mit ihm im Bett warst. Glaubst du, es kann noch schlimmer kommen?« Dann erklärte ich ihr meinen spontanen Plan, von dem ich auch erheblich profitieren würde.

»Wir müssen uns trennen«, sagte ich schließlich.

»Was?«, schluchzte sie. »Ich liebe dich! Ich will mit dir zusammen sein!«

»Ich liebe dich auch, aber wenn wir jemals wieder glücklich sein wollen, dann müssen wir jetzt beide vernünftig sein.«

»Das kann ich nicht!«, rief sie.

»Wir werden uns heimlich treffen, bis unsere Zeit gekommen ist. Hör mir einfach zu ...«

Nach einer Weile guten Zuredens verstand sie, und dann bewies sie mir einmal mehr, dass das Leben nicht nur aus Mord und Totschlag bestand.

* * *

Regrets? I've had a few,
But then again, too few to mention.
I did what I had to do
And saw it through without exemption.

Ich drücke auf den Brustkorb der Leiche und spreche in das Diktiergerät, das an einem dünnen Drahtseil von der Decke hängt: »Aromatischer Geruch. Vermutlich Alkohol.«

Damit haben wir die äußere Besichtigung beendet und die gelbliche Augenverfärbung als weitere Auffälligkeit notiert. Nun geht es ans Werkeln und wir öffnen routiniert den Kopf mit einer Bügelsäge und dann den Hals mit gekonnten Schnitten unserer Skalpelle. Wie erwartet gibt es hier nichts zu finden.

Schließlich greift Wladimir zur Rippenschere aus Edelstahl und schneidet entlang der Knorpel-Knochengrenze von unten nach oben, dass es nur so kracht. Wladimir kommt aus dem Osten und ist der geschickteste Handwerker am Institut. Aber manchmal glaube ich, dass einer seiner vorherigen Arbeitgeber in den Karpaten wohnte. Nach der Fixierung mit dem Rippenspreizer und der routinemäßigen Sichtprüfung öffne ich den Herzbeutel mit einem lambdaförmigen Scherenschnitt und entnehme eine Blutprobe. Das Herz sieht gut und stark aus. Es passt zu dem Mann mit der Rossnatur, der es gewohnt war, bei Wind und Wetter in den Weinbergen zu arbeiten. Wir machen weiter, öffnen schließlich die Bauchhöhle. Spätestens jetzt, wenn wir den Darm der Länge nach aufschneiden und weitere Proben nehmen, laufen sie immer alle weg. So ist es auch mit der jungen Kommissarin von der Kripo, die der Staatsanwalt geschickt hat. Mit Würgelauten und blassem Gesicht ist sie fortgerannt. Jetzt steht sie auf der Terrasse und raucht. Ob das für den offensichtlichen Zustand ihres Magens gut ist, wage ich zu bezweifeln.

Ich arbeite mich bis zur Leber vor und finde bestätigt, was ich schon vermutet hatte: das Organ ist blutig-schwarz verfärbt und massiv nekrotisch verändert. Ganz klar die Folgen eines akuten Leberversagens. Winzerschicksal, wird jeder sagen! Obwohl eigentlich alles geklärt ist, mache ich mit der Hilfe von Wladmir noch eine Weile gutgelaunt weiter.

I did it my way.

So, das war's. Das in zentimeterdicke Scheiben geschnittene Gehirn stopfen wir in den Brustkorb und den Schädel polstern wir mit der Rheinpfalz von letzter Woche aus. Gregor wird noch so richtig belesen nach seinem Tod.

Wladimir näht alles wieder schön zu, während ich den vorläufigen Obduktionsbericht vervollständige. »Tod durch akutes Leberversagen infolge starken Alkoholkonsums und einer vorangegangenen Hepatitis«, schreibe ich in einfachem Deutsch, damit es auch noch der letzte Kripobeamte kapiert.

Es ergibt wirklich alles einen Sinn. Wir wissen von seiner Frau, dass der Winzer seit einigen Monaten an einer Hepatitis litt, aber trotzdem mit dem Weintrinken nicht aufhören wollte. Lisa, seine Frau, hatte auch erklärt, dass er letztes Wochenende offensichtlich eine starke Grippe und Durchfall gehabt hatte, aber nicht zum Arzt gegangen war, weil sein vertraut-versoffener Hausarzt im Spanien-Urlaub in irgendeiner Bodega weilte.

Lisa wird jetzt noch ein weiteres Weingut erben, was mir nur Recht sein kann, denn sie hat mir einen schönen Anteil versprochen.

Wladimir ist schon gegangen. Ich tausche noch schnell die Behältnisse mit dem Mageninhalt sowie dem Blut und dem Urin aus. Ich habe in den vergangenen Wochen schon vorgesorgt und geeignete »Spender« mit der gleichen Blutgruppe gefunden. Es spielt bei meiner Arbeit keine Rolle, ob ich ein oder zwei Gläser Körperflüssigkeit zurückstelle. Ich darf nachher nur nicht vergessen, das blutige Zeugs von Gregor in den Abguss zu schütten, denn fast alle Fremdsubstanzen können bei der Laboruntersuchung nachgewiesen werden.

Tja, Gregor. Ich habe dich erst heute so richtig von außen und innen kennengelernt, aber deine tolle Frau kenne ich schon lange. Ohne mich hätte sie es nicht geschafft. Letzte Woche hatte ich ihr den toxischen Cocktail gegeben, den du in deinem Müsli hättest finden können.

Aber das steht nicht in meinem Bericht. Die Hepatitis war es, die dich zusammen mit deiner Alkoholkrankheit umbrachte. Es muss ja niemand erfahren, dass dich die Viren auf der Pfälzer Blutwurst erwarteten, die du so gerne gegessen hattest und die Lisa mit einer von mir bereitgestellten Spenderflüssigkeit vor einigen Monaten präpariert hatte. Dein versoffener Hausarzt war bestürzt, als er das Untersuchungsergebnis las und er dir anschließend dringend empfahl, den Alkohol zu meiden.

Die im schönen Pfälzer Wald gesammelten grünen Knollenblätterpilze haben dir dann am vergangenen Wochenende den Rest gegeben. Ein bis zwei davon reichen, um ein Pferd umzuhauen. Die Grippe- und Durchfallsymptome sind typisch für eine Vergiftung durch Amatoxine und Phallotoxine. Mit der Art deines Ablebens bist du in bester Gesellschaft mit einigen Kaisern, Päpsten und Zaren. Der Tod von Kaiser Karl dem VI. führte zum Österreichischen Erbfolgekrieg und Voltaire philosophierte: »Dieses Pilzgericht hat das Schicksal Europas verändert.«

* * *

Wir treffen uns, wie so oft im letzten Jahr, in einer netten Hotelsuite, diesmal in Frankfurt. Ich hatte sie auf meinen Namen gebucht und dank der Vorsicht haben wir es offensichtlich geschafft unser Verhältnis geheim zu halten.

»Hat alles geklappt?«

»Klar. Du weißt doch, dass du dich auf mich verlassen kannst. Keiner wird die wahre Todesursache entdecken. Alle Beweise sind verschwunden und wenn er erst einmal eingeäschert ist, gibt es kein Risiko mehr. Es war schon clever von dir überall herumzuerzählen, dass er trotz seiner Hepatitis nicht mit dem Saufen aufhören konnte, obwohl er praktisch trocken war. Damit ist das Leberversagen nur zu logisch. Auch die Dosis an Beruhigungsmitteln, die du ihm am Wochenende, während seinen Krämpfen gegeben hast, war optimal.«

»Du hast mir doch alles erklärt. Ich konnte gar nichts falschmachen.«

»Aber du hast den Plan perfekt umgesetzt«, lobe ich sie noch einmal.

»Ich liebe dich! Komm, das müssen wir feiern!«

Sie geht zu der Anrichte und kommt mit einer Dekantierkaraffe zurück, in der ein blutroter Wein schwappt. »Ich wusste, dass du Erfolg hast, deshalb habe ich eine meiner besten Flaschen aufgemacht. Der Geschmack wird dich umhauen.« Sie schenkt mir ein großes, dünnwandiges Glas ein, während ich mich in einen gemütlichen Sessel in der Leseecke fallen lasse. »Probier mal. Ich bin gespannt, ob du alles sensorisch herausfindest.«

Ich halte das Glas gegen die weiße Wand und schaue mir die Farbe des ersten Millimeters sowie die langsam herabfließenden Tränen genau an. »Der Wein ist älter als fünf Jahre, aber noch keine zehn.« Dann strecke ich meinen Rüssel rein und urteile: »Er hat sehr starke Aromen. Spritzig, bissig und sehr nobel. Das muss ein 2002er sein.«

»Sehr gut!«, sagt Lisa. »Mach weiter.«

Ich schwenke das Glas kräftig, wodurch sich die Geruchsaromen verstärken, und andere Duftnoten sich bemerkbar machen. Natürlich habe ich die ganze Zeit das Glas am langen Stiel gehalten. Niemals hätte ich es am Korpus berührt. Hautfett, Seifen und Cremes versauen die olfaktorische Wahrnehmung ungemein. »Die rote Johannisbeere dominiert ...« Ich schlürfe einen winzigen Schluck und ergänze »... aber da ist auch noch Kirsche und vielleicht auch etwas Erdbeere zu schmecken.«

»Sehr gut, du bist schon ein richtiger Profi!«, lobt mich Lisa.

»Der Geschmack ist sehr ausgewogen und die Säure zergeht fein auf der Zunge.« Ich schlucke und warte. »Der Abgang ist intensiv und wunderbar lang. Kurzum: der Wein ist ein Meisterwerk und eine Köstlichkeit. Wegen dem minimal erdigen Geschmack ist er ein Pfälzer Produkt und wegen der Vielfältigkeit eine Cuvée aus mindestens fünfzig Prozent Spätburgunder, dreißig Prozent Cabernet-Sauvignon und der Rest ist Sankt Laurent und ein wenig Portugieser. Sehr aufwendig in der Herstellung und von einem erstklassigen Kellermeister zusammengestellt. So etwas bekommt man nicht alle Tage. Er schmeckt fast wie deine hervorragende Cuvée ›Betörung‹, wenn da nicht die kleine Nuance wäre, die ich nicht einordnen kann.«

»Aber genau darauf kommt es an!«, stachelte mich Lisa an. »Was ist es? Gib nicht auf!«

Ich schnüffele nochmal an dem Wein, nehme einen tiefen Schluck. »Hm, da ist etwas, das sogar etwas stört.« Ich trinke weiter in größeren Schlucken und schmatze beim Probieren. »Ich würde sagen, es hat etwas Chemisches.« Lisa schaut mich nur an, sagt aber nichts. »Ich glaube, es schmeckt und riecht wie Diazepam.«

Lisas große, schöne Augen sind mittlerweile nur noch Schlitze. »Perfekt. Ich staune, wie du das herausschmecken konntest. Du bist jetzt ein echter Meister.«

Ich fühle mich mit einem Mal schwach, aber trotzdem relaxt. Wie viele Einheiten hat sie mir verpasst? Es müssen etliche sein. Ich kann die Arme kaum noch bewegen und sehe sie von ganz weit weg mit einer Kerze, einem Löffel und einer Spritze hantieren. Ich sehe sie fragend an.

»Du hast mir selbst erklärt, dass Modafinil Selbstmordgedanken auslösen kann. Die Bullen werden denken, dass du einen Rückfall gehabt und einen neuen Drogenkick gesucht hast. Erst recht bei all dem Zeug das sie hier und in deiner Wohnung finden werden«, sagt sie und erwärmt die Lösung auf dem Löffel über der Kerzenflamme.

»Warum willst du nicht mit mir teilen?«

»Ich teile mit niemandem. Das habe ich schon zu Herrmann gesagt, als er sich scheiden lassen wollte und Gregor, der elende Erpresser, wollte mir auch nicht glauben.«

»Du hast viel von mir gelernt«, hauche ich.

»Ich weiß«, antwortet sie und ich spüre den Pieks kaum noch.

»Vergiss nicht die Fingerabdrücke.«

»Keine Angst. Wenn du ganz erschlafft bist, drücke ich dir die Spritze in die Hand.«

And now, the end is near,
And so I face the final curtain.
My friends, I'll say it clear;
I'll state my case of which I'm certain.

My Way, Frank Sinatra (1915-1998)

Rheingau

Der Rheingau ist eine der legendärsten deutschen Weinregionen. Er liegt am Fuße des Taunus und überblickt den Rhein – fast durchgehend in perfekter Südlage. Auch Hochheim (dessen Wein die englische Königin Viktoria besonders schätzte), das östlich von Wiesbaden am Main liegt, sowie Assmannshausen und Lorch im Mittelrheintal zählen dazu.

Der Rheingau ist berühmt, doch mit rund 3.100 Hektar Rebfläche von überschaubarer Größe. Zwei Rebsorten dominieren die Weinberge: Riesling und Spätburgunder. Die Weine der Region gelten als besonders elegant und fein balanciert.

Zwei Legenden sind die Stützpfeiler der Rheingauer Weinhistorie. Die erste dreht sich um Karl den Großen. Er schaute im Frühling von seiner Pfalz in Ingelheim über den Rhein, und dabei fiel ihm auf, dass der Schnee am Johannisberg viel früher schmolz als anderswo. Prompt beschloss er dort Reben anzubauen.

Legende Nummer zwei wird noch lieber erzählt: Schloss Johannisberg gehörte früher dem Fürstbischof von Fulda. Deshalb durfte erst mit der Lese begonnen werden, wenn dieser die Erlaubnis gab. 1775 brachte der reitende Bote diese aus nicht geklärten Gründen 14 Tage später als geplant. Als die Trauben endlich geerntet werden konnten, hatte sie schon die Edelfäule Botrytis befallen – dass diese edel war, wusste man damals noch nicht. Man baute den Wein trotzdem aus und bemerkte überrascht, wie gut er schmeckte. Die Spätlese war geboren, und die Legende vom Spätlesereiter.

Johannisberger Spätlese

VON SUSANNE KRONENBERG

Wenn Steffen Martinius aus der Vinothek über die Johannisberger Weinberge - seine Weinberge - hinweg bis in das Rheintal blickte, dankte er im Stillen seinem Großonkel Rupert. Er, Steffen, besitze das Gespür für den Wein, nicht sein Bruder Christian, dieser Tunichtgut, hatte Steffen immer wieder zu hören bekommen, wenn er Rupert zur Hand ging. Sicherlich hätte sich Christians Streben erfüllt, Teilhaber eines der ältesten Weingüter in einem der ältesten Winzerorte des Rheingaus zu werden, wenn er die Finger davon gelassen hätte, die Bücher des Onkels zu manipulieren und Unterschriften zu fälschen. Bis heute hatte Christian nicht begriffen, wie schnell ihm der Großonkel auf die Schliche gekommen war. Anstatt den Neffen zur Rede zu stellen, hatte Onkel Rupert stillschweigend das Testament geändert. So blieb Christian der Job in der Sektkellerei, und seine Enttäuschung ließ sich kaum durch Steffens Einwand mildern, der geerbte Besitz sei mit einem Berg Schulden verbunden. Rupert, verwitwet und kinderlos, hatte den Dingen zu lange ihren Lauf gelassen. Steffen war nichts anderes übrig geblieben, als ganz groß einzusteigen. Maschinen mussten gekauft und der Weinkeller modernisiert werden. Er hatte das Fachwerkhaus instand gesetzt und plante nun den Ausbau des Dachgeschosses, das sich für Ferienwohnungen anbot. Dort oben kämpfte sich der Räumungstrupp durch den Hausrat der vergangenen 300 Jahre. Das Rumpeln war bis hinunter in den Verkaufsraum zu hören. Steffen verließ seinen Aussichtsplatz am Fenster und ging in den Nebenraum, den er für Weinproben hergerichtet hatte. Die antiken Schränke stammten ebenso vom Dachboden wie das Prachtstück in der Zimmermitte, ein Eichentisch mit Marmorplatte. Er konnte nicht anders: Jedes Mal, wenn er den Raum betrat, fiel ihm die horrende Summe ein, die ihn allein das Aufarbeiten der Möbel und die neuen Brokatvorhänge gekostet hatten. An diesem Tag aber war er glücklich darüber, an nichts gespart zu haben. Diesen Raum durfte man zu Recht repräsentativ nennen. Vor allem dank Onkel Rupert, dessen Bronzebüste im römischen Stil zwischen den beiden Fenstern auf einer hohen Marmorsäule ruhte. Das Abbild seiner selbst war eine Exzentrik, die sich der ansonsten bescheidene Onkel zu Lebzeiten erlaubt hatte. Die Säule darunter, schwarz wie die Tischplatte, hatte Steffen angeschafft und unverrückbar montieren lassen. Er beschloss, das Fernsehteam hier zu empfangen. Das Hessenfernsehen hatte sich für den kommenden Tag angekündigt; für eine Reportage über erfolgreiche Winzer im Rheingau. Er hätte platzen können vor Stolz.

Mitten hinein in die Vorfreude signalisierte das Telefon den Anruf seines Bruders. Für den Weinkarton, den Steffen ihm – ohne Rechnung – vor die Haustür gestellt hatte, wollte er sich bestimmt nicht bedanken. Derartige Gaben nahm Christian mit wortloser Selbstverständlichkeit entgegen. Eher ging es um das zerfledderte schmale Buch, das Steffen auf dem Dachboden in der Schublade eines wurmstichigen Sekretärs entdeckt und in den Weinkarton gesteckt hatte. Sollte Christian sein Vergnügen mit den altmodisch beschrifteten Blättern haben. Seit seiner Kindheit war er von Handschriften aller Art fasziniert und wusste nichts Schöneres, als in seiner Freizeit alte Urkunden und Briefe zu transkribieren.

Als der Bruder ohne Umschweife wissen wollte, woher das Büchlein stammte, wurde Steffen hellhörig. Womöglich war der Fund doch etwas wert? »Was ist damit?«

Die Antwort fiel mit einer Jahreszahl knapp aus: »1775.«

Christians verflixter Hang zum Kryptischen! Steffen riss sich zusammen. »Geschichte ist nicht mein Ding.«

»Mensch, Steffen, das Datum kennt in Johannisberg jedes Kind. Bist du Winzer oder nicht?«

Steffen staunte. »Es geht um den Spätlesereiter?«

Christian schnaufte großspurig. »Stell dir vor: Einer unser Vorfahren war Kellermeister auf Schloss Johannisberg. Ein fleißiger Kerl, der über jede Weinlese Buch geführt hat. Lesezeiten, Mengen, Löhne, alles Mögliche, gespickt mit persönlichen Anmerkungen. Auch im Jahr 1775!«

Das Geburtsjahr der Riesling Spätlese, wie die Urkunde eines Mainzer Hofkammersekretärs aus dem 18. Jahrhundert höchst amtlich bestätigte. Wie in jedem Jahr schickte das Schloss Johannisberg damals einen Boten ins ferne Fulda, um die Erlaubnis zur Weinlese einzuholen. Erst wenn der Bischof als Herr des Schlosses seine Einwilligung gab, durfte mit der Ernte begonnen werden. Doch der Reiter blieb aus, und die Kellermeister mussten untätig zusehen, wie die Trauben an den Reben verfaulten. Als der Bote nach mehreren Wochen endlich eintraf, lasen die Johannisberger wider besseren Wissens. Gegen jede Erwartung schmeckte der Wein vorzüglich, und die Welt war um den Genuss der Spätlese reicher. Warum allerdings der Bote mit Verspätung zurückkehrte, wusste bis heute niemand genau. Den Spekulationen waren Tür und Tor geöffnet.

»Unser verblichener Ahne«, erklärte Christian mit höchster Zufriedenheit, »war bestens mit dem Boten bekannt. Und hat haarklein aufgeschrieben, was in Fulda passiert ist.«

Steffen hätte Onkel Ruperts kühle Stirn küssen können. »Was für ein Knaller!«

»Sag ich doch!«, schnurrte Christian. »Bin gespannt, was für mich rausspringt. Ich kenne einen Sammler, der gut dafür zahlen wird. Danke, Bruderherz!«

»Nichts da! Finger weg! Du solltest es dir nur ansehen. Das Buch gehört zum Weingut und damit mir!«

Bevor Christian zum Lamentieren ansetzen konnte, kappte Steffen die Verbindung. In Gedanken hatte er sie vor Augen: Die Glasvitrine auf einem Ehrenplatz neben Onkel Rupert und darin, angestrahlt wie die Kronjuwelen der Queen, die Handschrift, die sein Weingut im Rheingau, nein, in der gesamten Weinwelt, berühmt machen würde. Gleich morgen könnte er dem Hessenfernsehen die Neuigkeit präsentieren. Der Termin für die Reportage hätte nicht passender kommen können.

Hennes Fuchs, in seiner aktiven Zeit von allen Kollegen nur »der Fuchs« genannt, hielt das Weinglas in die Abendsonne und bewunderte den Goldton, bevor er sich das Bukett in die Nase steigen und den ersten Schluck über die Zunge rollen ließ.

Gespannt strich Svenja ihre bodenlange weiße Schürze glatt. »Und? Was schmecken Sie?«

»Hmm ... ein Ton von Apfel. Von grünem Apfel, um präzise zu sein. Und Grapefruit. Reife Grapefruit.«

Verschmitzt schaute Fuchs zu der jungen Frau auf, die das Tablett auf dem Tisch abgestellt hatte. Svenja nahm sich gern Zeit für einen Schwatz mit dem Gast, der beinahe täglich in den Weingarten auf Schloss Johannisberg kam, seit er seinen langjährigen Wunsch verwirklicht hatte und als Pensionär von Wiesbaden in den Rheingau gezogen war. Heute hatte er sich erlaubt, gegenüber Svenja ein wenig mit seinen sensiblen Geschmacksnerven anzugeben; wohl wissend, dass sie einen Spaß vertragen konnte.

Svenja erwiderte sein Lächeln. »Sie haben den Hausprospekt gelesen. Gestehen Sie, Herr Kommissar!«

Hauptkommissar im Ruhestand. Aber derartige Details mussten Svenja nicht kümmern.

»Nun, vielleicht habe ich einen Blick hineingeworfen«, bekannte er und nahm den zweiten Schluck. »Eine Riesling-Spätlese vom Feinsten. Danke für das Glas.«

»Danken Sie unserem Spätlesereiter!«

Gut gelaunt zeigte Svenja zum Wirtschaftshof hinüber. Dort stand das Denkmal des Boten, den die Johannisberger Kellermeister im Jahr 1775 so sehnsüchtig erwartet hatten.

Fuchs folgte ihrem Blick und bemerkte zwei Männer, die einen freien Tisch ansteuerten. Der jüngere, ein schlanker Mann um die Dreißig, trug halblange, um die Knie schlotternde Shorts zum hellen T-Shirt. Sein Begleiter, ein korpulenter Mittfünfziger, hatte sich in ein dunkles Sakko gezwängt. Um den breiten Hals saß eine knallige Krawatte. Das ungleiche Paar weckte Fuchs' Neugier.

Svenjas Lächeln bekam einen professionellen Zug. »Oh, hoher Besuch!«

Auf Fuchs' fragenden Blick erklärte sie: »Der Ältere ist Heribert Loss, ein Weinsammler aus Wiesbaden und bester Kunde unseres Wein-Cabinets. Er soll bei den Weinversteigerungen im Kloster Eberbach Höchstpreise für Raritäten zahlen. Dabei hat er beruflich gar nichts mit Wein zu tun.«

»Ein privater Sammler?«

Svenja nickte. »Einer von der verrückten Sorte, der am liebsten alles rund um den Wein in seinem Besitz haben will, sagt mein Chef. Ein unangenehmer Typ!«

Mit Letzterem meinte sie Loss und nicht den Chef, schloss Fuchs. Die beiden Männer setzten sich gegenüber und steckten wie zwei Verschwörer die Köpfe zusammen.

»Und der andere?«, fragte Fuchs leise.

»Ach, das ist Christian Martinius. Er wohnt hier in Johannisberg. Ich kenne ihn und seinen Bruder Steffen seit der Schulzeit. Dem Onkel der beiden gehörte ein Weingut. Aber das hat Steffen allein geerbt.«

Sie beschrieb Fuchs die Lage. Er kannte das Anwesen: Ein stilvoll renovierter Hof, in dessen Vinothek er bereits eingekauft hatte. Loss schaute sich um und winkte auf Gutsherrenart nach Svenja.

Sie nahm das Tablett und flüsterte: »Herr Loss weiß genau, dass wir hier Selbstbedienung haben. Aber er meint, für ihn gilt das nicht. Leider ist mein Chef derselben Ansicht.«

»Mir haben Sie doch auch das Glas Spätlese gebracht«, wandte Fuchs ein.

»Für Sie mache ich das gern«, entgegnete Svenja entschieden und machte sich gemächlich auf den Weg, um die Bestellung aufzunehmen. Danach ließ sie sich Zeit damit, das gebrauchte Geschirr vom Nebentisch abzuräumen. Auf dem Rückweg hielt sie bei Fuchs an, der spürte, dass sich ihre Stimmung verändert hatte. Sie wirkte beunruhigt.

»Was ist los?«, fragte er väterlich.

Sie zögerte. »Wenn mein Chef mitkriegt, dass ich über die Gespräche der Gäste rede ...«

»Von mir wird er es nicht erfahren.«

»Also gut! Schließlich waren Sie bei der Polizei.«

Bei der Mordkommission, um genau zu sein. Noch eine Einzelheit, von der Svenja nichts ahnte.

Sie beugte sich zu ihm hinunter und hauchte: »Meinen Bruder müssen wir raushalten, hat Christian gesagt. Sonst ist das Geschäft geplatzt. Er will dem Loss etwas verkaufen, was seinem Bruder gehört. Christian will Steffen betrügen!«

»Das ist eine ernste Anschuldigung«, warnte Fuchs. »Sind Sie sicher, Svenja?«

Sie nickte mit einem Seitenblick auf die Männer, die ins Gespräch vertieft waren. Die Wangen des dicken Loss glänzten vor Schweiß. »Christian traue ich zu, dass er Steffen reinlegen will. Er ist sauer wegen dem entgangenen Erbe. Und der Loss gibt das Geld dafür.«

Sie flüsterte Fuchs eine Summe ins Ohr, für die so mancher eine Gaunerei wagen würde.

Svenjas Kollege schlenderte heran und murmelte im Vorübergehen: »Der Chef guckt schon.«

»Gehen Sie nur, Svenja!« Fuchs warf einen langen Blick in den Himmel. Die Sonne hatte sich längst hinter die hohe Kastanie zurückgezogen. Höchste Zeit, sich ein sonniges Plätzchen zu suchen. Er nahm das Glas und trug es still zwei Tischreihen weiter. Er war über 60, aber seine Ohren taugten für einen Dreißigjährigen.

Als Steffen Martinius am frühen Abend aus dem Fenster schaute, ließ ihn die Weite der Weinberge ausnahmsweise unberührt. Statt in liebevoller Erinnerung seines Großonkels zu gedenken, fühlte er sich vom Zorn überwältigt. Zorn auf seinen nichtsnutzigen Bruder, der das Büchlein nicht herausgeben wollte. Angeblich, weil die Transkription nicht abgeschlossen sei. Steffens Vorschlag, sein Bruder könne mit Kopien arbeiten, wurde mit dem Einwand abgeschmettert, dafür sei die Schrift zu verwischt. Ein dummdreister

Trick. Hoffentlich hatte der Kerl das Fundstück nicht längst verhökert! Steffen wusste genau, seinem Bruder ging es weniger ums Geld. Christian wollte ihm die Aufmerksamkeit nicht gönnen. Steffen atmete tief durch, zählte langsam bis zehn, um die Stimme in den Griff zu bekommen, und wählte Christians Mobilnummer.

Der Bruder klang angespannt. »Was?«

Das Ziel allein zählte. Steffen schluckte die sich aufdrängenden Beschimpfungen hinunter und faselte Beschwichtigungen, so schwer es ihm auch fiel. Er habe eingesehen, dass dem Bruder ein Teil des Erbes zustehe. Über einen gewissen Ausgleich könne man reden. Der Bruder reagierte verdächtig wortkarg und wollte sich auf nichts einlassen.

Mitten hinein in das zähe Gespräch klang die Stimme einer Frau: »Noch ein Glas, Herr Loss? Was darf ich dir bringen, Chris?«

Svenja! Es hatte eine Zeit gegeben, da war ihre Stimme für den Höhenflug seines Herzschlags verantwortlich gewesen und hatte das Blut in sein pubertäres Gesicht getrieben. Eine Schwärmerei, die zu nichts führen konnte und ihm bis heute so peinlich war, dass er es nicht wagte, Svenja vom Schloss Johannisberg für seinen Weinverkauf abzuwerben.

Heribert Loss also! Ein Mann, der sich exklusive Weinraritäten in den Keller legte, um sich in aller Einsamkeit daran zu erfreuen, würde womöglich die Enthüllungen über den Spätlesereiter auf Jahre im Tresor verschwinden lassen. Steffen ließ alles stehen und liegen und spurtete zum Wagen. Zwei Minuten später hatte er die Allee zum Schloss zurückgelegt, parkte unter einem Baum, sprang aus dem Toyota und hastete zu Fuß weiter. Der Weg zur Gutsschänke führte am Denkmal des Spätlesereiters vorbei, dem er trotz der Eile einen hoffnungsvollen Blick schenkte. Der Name seines Weinguts gehörte in die Geschichtsbücher!

Christian und Loss saßen an einem Tisch nahe der Mauer. Am liebsten hätte er Christian eins aufs Maul gegeben. Oder zwei. Aber er durfte sich nicht provozieren lassen, worauf sich niemand so verstand wie Christian. Die Außenplätze der Gutsschänke waren bestens besucht von Leuten, die den berühmten Blick von der Terrasse ins Rheintal erleben wollten. Das Aufsehen durch eine Prügelei war das Letzte, was Steffen gebrauchen konnte.

Svenja fing seinen Blick auf, zögerte, als wollte sie etwas sagen, und schwebte mit einem verhaltenen Lächeln an ihm vorüber. Christian fuhr erschrocken auf. Seine ertappte Miene sprach Bände. Heribert Loss war das Unbehagen anzusehen. Gleichzeitig glitzerte so etwas wie Jagdfieber in seinen Augen.

Steffen baute sich vor dem Tisch auf. »Christian, du wirst nichts verkaufen, das dir nicht gehört!«

Während Christian wie ein trotziges Kind vor sich hin brütete, wandte sich Loss mit einem Friedensangebot an Steffen: »Herr Martinius, ich muss diese Handschrift haben. Ob von Ihnen oder Ihrem Bruder, das ist mir gleich. Nennen Sie mir Ihren Preis.«

Christian erhob sich von seinem Platz. Misstrauisch starrte er auf Steffen, als rechnete er jeden Augenblick mit dessen Wutausbruch. Steffen hielt dem Blick stand. Ob Christian das Bändchen bei sich trug? In der Tasche seiner ausgebeulten Shorts vielleicht? Ihm gegenüber stemmte sich Loss schwerfällig hoch und schob nervös das Hemd in den Hosenbund zurück. Die Situation war ihm sichtlich peinlich, aber er schien entschlossen, sich nicht abweisen zu lassen.

»Müssen wir das hier bereden?«, fragte Steffen und bemerkte aus den Augenwinkeln den rundlichen Mann am Nebentisch, den man neuerdings öfter im Ort sah. Auch in seiner Vinothek hatte er bereits eingekauft.

Loss fuhr sich übers Gesicht. Seine Wangen brannten, als hätte er zu viel getrunken. Wie zu befürchten, wollte er unbedingt mit, und Steffen lenkte ein, bevor der Weinsammler laut wurde. Mit drei Wagen, in der Mitte Loss im roten Audi mit Wiesbadener Kennzeichen, fuhren sie das kurze Stück hinunter in den Ort und parkten die Wagen nebeneinander im Hof des Weinguts Martinius. Steffen ging voraus und schloss die Vinothek auf. Loss und Christian folgten ihm in den Nebenraum. Der Weinsammler nahm die Büste von Onkel Rupert in Augenschein, den er persönlich gekannt hatte.

»Nicht anfassen!«, fauchte Steffen und herrschte den Bruder an: »Rück das Buch heraus!«

Zögernd griff Christian in die Hosentasche und legte den schmalen Ledereinband auf die Marmorplatte.

Loss schwenkte herum und streckte die feiste Hand aus. »Das ist es also!«

Steffens Zorn musste sich Luft verschaffen. Er stürmte auf den Tisch zu. Christian fühlte sich angegriffen, sprang zur Seite und prallte dabei gegen Loss, der wiederum Steffen ausweichen wollte und ins Stolpern geriet. Der Weinsammler strauchelte und ruderte Halt suchend mit den Armen, bis er rücklings gegen Onkel Rupert krachte, abrutschte und für einen Moment mit dem Hinterkopf am Marmorsockel hängen blieb. Steffen warf sich dem Stürzenden entgegen, wollte ihn auffangen. Doch da lag der massige Körper schon in sich zusammengesunken auf den Granitplatten.

Christian wurde auf einen Schlag schneeweiß. »Was ist mit dem?«

Steffens Wut war wie fortgeblasen. Er ließ sich auf die Knie fallen und riss an Loss' Krawatte, bis es ihm endlich gelang, den Knoten zu lösen. Er hob den schweren Kopf an, klopfte Loss gegen die runden Wangen. Kein Röcheln. Kein Atmen. Nichts. Seine linke Hand unter Loss' Kopf fühlte sich warm und klebrig an. Sie war voller Blut, als er sie angewidert hervorzog.

»Was ist?«, wiederholte Christian, der sich nicht von der Stelle gerührt hatte und vor Anspannung flüsterte.

Steffen wischte das Blut notdürftig an Loss' Jackett ab, bevor er aufstand. »Ich sage dir, was ist: Du hast ihn umgebracht.«

Christian schaute panisch auf sein Opfer. »Wir müssen den Notarzt ...«

»Der ist mausetot, kapier das doch!«, fauchte Steffen, außer sich vor Wut. Sein hirnloser kleiner Bruder! Jetzt saßen sie beide in der Patsche.

Mit einem Mal kam Leben in Christian. Er wühlte in den Taschen nach dem Handy, wollte die Polizei rufen. Ein Unfall, man könne doch alles erklären.

Steffen riss ihm das Telefon aus der Hand. »Bist du irre? Morgen kommt das Fernsehen. Was, glaubst du, halten die von einem Winzer mit einem totgeschlagenen Gast und einem mordenden Bruder?«

Draußen war ein Auto zu hören. Steffen spähte in den Hof. Ein kleiner rundlicher Mann stieg aus einem Fiat und schaute sich aufmerksam um.

Christian stürzte ans Fenster. »Herrje, der Typ war im Schloss. Der hat uns gesehen!«

»Reiß dich zusammen! Er ist nur ein Kunde.«

Christian hielt die Luft an. »Lieber Himmel, er kommt in die Vinothek! Warum hast du nicht abgeschlossen?«

»Weil ich nicht wusste, dass du einen Mann umbringen wirst!«

Christian zuckte zurück. Dass der mir nur nicht durchdreht, dachte Steffen, verwundert darüber, wie gefasst er selbst plötzlich war. Eiskalt, erkannte er staunend. Nur keinen Fehler machen.

»Ich kümmere mich um den Mann. Pack du inzwischen den Loss ein. Und nimm dir seine Wagenschlüssel.«

»Was?«, blaffte Christian fassungslos. »Wie einpacken?«

Steffen zeigte auf die Fenster. »Der Vorhang. Mach hin!«

Eine Stelle rheinaufwärts spukte ihm im Kopf herum, die er vom Angeln kannte. Kurz hinter Lorch. Dort konnte man mit dem Wagen bis an die Ufermauer heranfahren.

Er strich sich durchs Haar, atmete tief durch und schlüpfte durch die Tür zur Vinothek.

»Bedaure, wir haben geschlossen.«

Der kleine dicke Mann sah mit liebenswürdiger Miene zu ihm auf. »Oh, das war mir nicht bewusst. Ich dachte, ich bin nicht der einzige Kunde. Der Wiesbadener Wagen dort draußen ...«

»Der Audi gehört meinem Bruder.«

Der Mann deutete auf Steffens Hand. »Haben Sie sich verletzt?«

Steffen wurde heiß im Gesicht. Er hob die Blut besudelte Linke hoch und lächelte. »Ach, das? Ein guter Spätburgunder. Mir ist eine Flasche aus der Hand gerutscht.«

»Kann passieren.« Gleichmütig zog der Kunde einen Riesling aus dem Regal. »Hmm, eine Johannisberger Goldatzel Spätlese. Dürfte ich mal kosten?«

Dabei schaute er zur Nebentür. Steffen vermied den Blick hinüber. Seltsame Geräusche waren für einen Augenblick zu hören gewesen. Ein Ächzen, ein Rumpeln und ein schweres Schleifen.

Entschlossen schritt Steffen auf den Ausgang zu und riss die Tür auf. »Wissen Sie was? Ich schenke Ihnen die Flasche. Genießen Sie den Wein zu Hause und entschuldigen Sie mich bitte. Ich habe zu tun!«

Der Mann bedankte sich verblüfft. Steffen, der ihn am liebsten hinausgeschoben hätte, schloss die Tür hinter ihm und schob den Riegel vor. Wie auf Kohlen wartete er, bis der Fiat vom Hof gerollt war.

Christian hatte inzwischen ganze Arbeit geleistet. Auf dem Boden lag ein mannsgroßes, robbenförmiges Paket, das von einer Gardinenkordel zusammengehalten wurde. Das emsige Schaffen hatte die Farbe ins Gesicht des Bruders zurückgebracht, der am Boden kniete und die Knoten festzurrte.

Steffen begutachtete das Werk. »Hast du an den Autoschlüssel gedacht?«

Christian brummte zustimmend.

»Wo ist das Buch?«

Christian zeigte hinter sich. »Dort auf dem Tisch.«

»Eben nicht!«

»Aber da war es eben noch. Ich habe den Vorhang daneben gelegt.«

»Und das Buch wohl damit heruntergerissen!«

Christian sprang auf. »Den packe ich nicht wieder aus!«

»Was denn sonst? Los, fass mit an!«

Es kostete Überwindung, aber Steffen hatte nicht vor, zu allem Unglück auch noch die Aufzeichnungen zu verlieren. Das Bändchen war unter den Kopf gerutscht. Steffen fluchte, als er es hervorzog. Das Blut hatte den brüchigen Ledereinband und die Seiten durchtränkt.

»Das war's also!«

Enttäuscht warf er das Buch zurück, das nun gemeinsam mit Loss die Reise in den Rhein antreten und das Geheimnis des Spätlesereiters für immer mit sich nehmen würde.

Als die Nacht über Johannisberg lag, verließen zwei Wagen das Weingut. Dem Toyota mit Christian am Steuer folgte der rote Audi mit Wiesbadener Kennzeichen, auf dessen Fahrersitz Steffen saß. Jetzt bloß kein Reh oder Wildschwein, das ihm vor die Räder sprang. Nichts, das ihn zwingen würde, den Kofferraum zu öffnen. Er fixierte die Straße angespannt, sodass ihm im Rückspiegel die Lichter des Wagens entgingen, der denselben Weg ins Rheintal nahm.

Kein Tier kreuzte die Fahrbahn, und die Brüder erreichten unbehelligt die einsam gelegene Angelstelle. Christian ließ den Toyota ein Stück vom Ufer entfernt stehen. Steffen fuhr mit den Vorderreifen bis an die Kante heran, löste vor dem Aussteigen die Handbremse und nahm den Gang heraus. Die Fenster hatte er unterwegs geöffnet, um den Leichengeruch im Wagen zu vertreiben. Vorsichtig trat er an die Mauerkante heran und spähte auf das gurgelnde, schwarze Wasser, das alles mit sich reißen würde.

Es ging schwerer als sie gedacht hatten. Eine Betonleiste blockierte die Vorderreifen, und die Brüder mussten alle Kraft aufwenden. Während sie hinter dem Wagen standen und fluchend gegen das Heck drückten, entging ihnen der Wagen, der mit schnurrendem Motor an der Straße zum Stehen gekommen war. Hätten sie sich umgeschaut, wäre ihnen gegen das Mondlicht die Silhouette eines rundlichen Mannes aufgefallen, der die Hand in die Jackentasche schob und etwas hervorzog. Ein Mobiltelefon. In der Dunkelheit blitzte das Display auf.

Rheinhessen

Mit rund 26.500 Hektar ist Rheinhessen Deutschlands größtes Anbaugebiet, über ein Viertel aller deutschen Reben stehen hier – und lange Jahre war Rheinhessen ein Synonym für Massenware und Liebfrauenmilch. Die Betonung liegt auf »war«. Galt früher nur der Rote Hang bei Nierstein als Heimat großartiger Weine, zeigten Winzer wie Klaus Peter Keller aus Flörsheim-Dalsheim und Philipp Wittmann aus Westhofen, wie gut die Weine des Wonnegaus sein können und viele junge Winzer folgten ihrem Vorbild. Heute gilt Rheinhessen als Deutschlands dynamischstes und aufgeschlossenstes Weinbaugebiet – dementsprechend viele verschiedene Rebsorten werden angebaut. Doch was wenige wissen: es ist auch eines der traditionsreichsten. Schon im Jahr 20 v. Chr. wurde hier Wein angebaut und der Niersteiner Glöck ist gar die älteste schriftlich belegte Weinlage des Landes.

Grabrede

Von Andreas Wagner

»Er hat es wie kein anderer verstanden, sein Wissen um den Weinbau vom eigenen Betrieb auf ein faszinierendes und erfolgreiches Investmentmodell zu übertragen. Seine Idee, seine Vision verfolgte er gradlinig und hartnäckig über viele Jahre. Auch wenn wir heute zurückblickend sagen, wenn es einer schaffen konnte, dann er, so war es doch ganz sicher kein Selbstläufer. Der Weg, den er wählte, lag versteckt. Zugewachsen war er mit reichlich dornigem Gestrüpp, kaum mehr zu erahnen. Und gestatten Sie mir, bei diesem Bild zu bleiben: Die meisten von uns, die sich heute hier versammelt haben, hätten diesen Weg nicht als solchen erkannt und wenn, dann hätten sie ihn doch nicht beschritten. Aus Furcht vielleicht vor dem, was sie um die nächste Biegung erwartet oder aus Angst, sich an den scharfen Dornen zu verletzen. Ihn hat das nicht abgeschreckt und die, die ihn näher kannten, stimmen mir sicherlich zu, wenn ich noch einen Schritt weiter gehe: Ihm war das alles ein Ansporn. Es war ihm förmlich anzusehen. Sein nimmermüder Tatendrang, der ihn antrieb, tagtäglich voran zu kommen. Immer ein kleines Stück weiter auf seinem Weg. Dem Weg, den er für sich gewählt und auf dem er so erfolgreich war.«

Ein kurzer Moment der Stille trat ein. Eine Stille, die eigentlich keine wirkliche war. Rascheln lag in ihr, Räuspern und gedämpftes Tuscheln. Stille wie sie klang, wenn viele Menschen auf engem Raum zusammengedrängt saßen. Er mühte sich, aber es gelang ihm nicht, farbige Bilder einzufangen. Eine sonderbare Distanz lag zwischen ihm und den Menschen, die er spüren aber nicht sehen konnte. So weit weg das alles. Zwar deutlich zu hören, aber wie aus großer Entfernung und das, obwohl sie doch über ihn redeten.

»Angefangen hat er wie viele der hier Versammelten in den engen Grenzen des väterlichen Weingutes. Ein Gemischtbetrieb, wie er für Rheinhessen und vor allem das Selztal in den frühen 70ern so charakteristisch war. Ackerbau und Weinbau nebeneinander, in der Tradition der Väter, Großväter und Urgroßväter. Die Vielfalt sorgte für sichere Erträge auch in problematischen Jahren. Eine verregnete Getreideernte glichen gut gewachsene Zuckerrüben oder ein schöner Weinjahrgang aus. Eine arbeitsreiche aber einigermaßen sichere Lebensgrundlage für unsere Vorfahren, die durch den Wandel der Landwirtschaft nach dem Zweiten Weltkrieg mehr und mehr in Frage gestellt wurde. Er hat sich dieser Herausforderung wie kein anderer gestellt und sie glänzend gemeistert.«

Er hatte das Gefühl, dass sie ihn in diesem Moment alle ansahen, obwohl er selbst keine Gesichter in das eigene Blickfeld bekam. Saßen sie alle hinter ihm, in seinem Rücken? Sein Oberkörper vollführte eine Bewegung, doch er konnte nicht beurteilen, ob es eine Drehung um 180 Grad war. Rascheln, gedämpftes Räuspern und bemühtes Flüstern hörte er weiterhin, aber zu sehen war niemand. Auch nicht die Person, die da über ihn sprach und immer wieder inne hielt. Ausgedehnte Pausen, um das Gesagte wirken zu lassen, viel zu lange, als dass es nur dem Luftholen diente. Eine männliche Stimme, die er gut kannte und zu der ein Mensch gehörte, dem er trotzdem kein Gesicht zuzuordnen vermochte. Ein Mensch, der aber ihn zu kennen schien und das schon seit vielen Jahren. Die Übernahme des kleinen Betriebes vom Vater 1971. Ein paar Äcker Getreide und Zuckerrüben, Dickwurz für das Vieh und ein paar kleine Weinberge, die aber damals ordentliche Gewinne abwarfen. Die Nachfrage war gut nach lieblichem Bacchus und Huxelrebe. Die Kellereien bezahlten anständige Preise dafür, und es blieb mehr als genug übrig, um den kleinen Betrieb Jahr für Jahr ein klein wenig auszubauen. Hier ein paar Zeilen mehr und dort auch. Vom Nachbarn gekauft oder gepachtet. Zehn Jahre nur hatte er gebraucht, um aus der kleinen Klitsche seines Vaters einen ordentlichen Betrieb zu formen, mit dem man sich vor den Kollegen zeigen konnte und nicht mehr von oben herab angesehen wurde. Bis sein Wort Gewicht besaß, dauerte es noch einmal zehn Jahre. Aber weiter kam er mit diesem Gedanken nicht. Es war wieder die Stimme, die seine Gedanken durchschnitt.

»Die ersten Schritte waren sicherlich mühsam. Als Betriebsnachfolger hatte er drei Geschwister auszuzahlen. Sie alle können ermessen, was das bedeutete. Viele Betriebe sind an so etwas zerbrochen. Er nicht! Für ihn war das der Antrieb, nicht zu rasten. Ein erster großer Erfolg und die Basis für das, was in den 90ern folgte, war sicher die Übernahme des Lorey'schen Weingutes. Wer den alten Lorey kannte, der wusste, wie sehr ihm das Wohl seines Betriebes am Herzen lag. Er wollte es in guten Händen wissen und würde hier sicher heute zufrieden zwischen uns sitzen, wenn er sehen könnte, wie auch sein Besitz vermehrt wurde. Es war das erste große Projekt, das der Verstorbene anpackte und das wie viele spätere und weitaus größere in seinen glücklichen Händen wuchs und erblühte.«

Es wärmte innerlich, das noch einmal so zu hören. In diesen wohl abgewogenen Worten, die alles ins rechte Licht setzten: ihn und seine Taten, sein Lebenswerk, das es wert war, gerühmt und gepriesen zu werden. Es sollten alle erfahren, wie er das damals hinbekommen hatte, dem alten Lorey das ganze Weingut aus den Rippen zu leiern, gegen den Willen und gegen alle Proteste seines Sohnes. Erwin Lorey war von Anfang an dagegen gewesen. Selbst wollte er den Betrieb übernehmen, ging die Sache aber falsch an und schätzte den Alten nicht richtig ein. Der macht schon keine Dummheiten. Der gibt mir das alles, einfach so, nach meinen Bedingungen und wenn nicht jetzt, dann bekomme ich das spätestens, wenn er ins Gras gebissen hat. Zu früh gefreut! Während der junge Lorey weit weg studierte, sorgte er beim Alten vor. Er musste fast ein wenig schmunzeln, aber mehr in sich hinein. Das brauchten die, die ihn ansahen, ja nicht mitzubekommen. Der alte Lorey wollte geordnete Verhältnisse und das Weingut, seine Weinberge, die Kunden in guten Händen. Seinem Sohn Erwin traute er das nicht zu. Er versorgte den Alten ganz nebenbei mit ein paar Details über Erwins ausschweifendes Studentenleben. Der Alte hat das Tütchen weißes Pulver sogar selbst im Kleiderschrank seines Sohnes gefunden. Backpulver im kleinen Plastikbeutelchen sieht nach verdammt mehr aus und reichte zur letzten Bestätigung einer längst getroffenen Entscheidung.

Er übernahm das gesamte Weingut mit allem drum und dran auf Rentenbasis und Erwin wurde vom Vater mit seinem Pflichtanteil abgefunden. Der alte Lorey wusste zu verhandeln und den Wert seines Ladens einzuschätzen. Damals war er gerade 60 geworden und hatte sich nach dem Tod seiner Frau neu umgetan. Sie war fünfzehn Jahre jünger, aus Jugoslawien, und hatte sicher auch ein Auge auf den Besitz geworfen. Der Alte hätte auch 90 alt werden können. Es war, wie so oft später auch noch, das Glück, das ihm zu Hilfe kam. Der alte Lorey starb schon ein Jahr später, ganz plötzlich. Er lag einfach morgens tot im Bett neben ihr, bevor sie ihn hatte heiraten können. Ein Jahr Rente für so viele Hektar Weinberge, ein Gehöft in ordentlichem Zustand und gutes Ackerland. Mit einem Schlag spielte er in einer ganz anderen Liga. Es gab Getuschel und ein paar, die ihm übel nachredeten, aber das legte sich mit der Zeit. Es war ja doch nur Neid, der sie antrieb. Und der Ärger darüber, dass es ihm gelungen war, ein solch prächtiges Geschäft zu machen und nicht ihnen. Nach dem Tod des alten Lorey hatte er sich darüber noch Gedanken gemacht, das Gespräch gesucht. Bei den nächsten Erfolgen war ihm das schon egal gewesen. Erfolgreich ist nur der, der im rechten Moment am rechten Ort ist und zuzuschlagen weiß. Gewinner sind nicht die

Zauderer, es sind die Draufgänger, die auch mal etwas riskieren. Ängstlichkeit und Gefühlsduselei sind da vollkommen fehl am Platz. Nur über die Durchschnittlichen wurde nicht geredet und gelästert. Die Verlierer und die großen Gewinner standen im Mittelpunkt. Erstere meist nur einmal: Mitleid gepaart mit Genugtuung und Häme. Der hat sich übernommen. Das geschieht ihm recht, aber irgendwie tut er einem auch leid. Über die Gewinner wurde immer geredet und daran fand er schnell Gefallen. Er nickte ganz vorsichtig, um sich selbst in seiner Ansicht zu bestätigen. Die, die ihn ansahen, brauchten das nicht mitzubekommen. Es reichte, wenn sie sein zufriedenes Lächeln sahen, dem er geübt ein wenig Bescheidenheit beimischte. Er hatte es im Spiegel trainiert und fand, dass ihm das sehr gut stand. Selbstsicherheit gepaart mit einem zarten Understatement verlieh ihm wahre Größe und die besaß er zweifelsohne, wenn sie alle auf seinen Lebensweg sahen. Ein unterdrücktes Husten hinter ihm holte ihn zurück. Die Stimme war wieder zu hören. Es war die gleiche, doch irgendwie schien sie jetzt aus einer anderen Richtung an sein Ohr zu dringen. Es war weiterhin niemand zu sehen, der redete und auch die vielen Zuhörer, die die unterschwellige Geräuschkulisse zu verantworten hatten, waren einfach nicht auszumachen.

»Es brauchte nicht viel Phantasie, um nach der Übernahme des Lorey'schen Weingutes zu erahnen, dass die engen Grenzen eines rheinhessischen Dorfes ihn nicht aufzuhalten vermochten. Früher oder später würde er sie in seinem Tatendrang überwinden. Offen war doch letzten Endes nur, wie das geschehen würde. Dass es dann so schnell und ausgreifend passierte, hat selbst mich, der ich ihn so gut kannte, aber dann doch noch zu überraschen vermocht. In der Vorbereitung auf den heutigen Tag habe ich mir die Mühe gemacht, nach vergleichbaren Lebenswegen zu suchen. Die Antwort wird Sie jetzt nicht überraschen: Es gibt sie schlichtweg nicht! Sein einzigartiger Weg des Aufstiegs aus den begrenzten Verhältnisse eines kleinen Bauernhofes sucht seinesgleichen. Ein Gespür für den richtigen Moment

gehörte dazu und die Fähigkeit, den eigenen Weg konsequent zu verfolgen. Dabei so bescheiden und menschlich zu bleiben, wie er es immer war, zeigt wahre Größe und brachte ihm allerorts reichlich Respekt ein.«

Es war nur eine kurze Pause, die ihm der Redner ließ, um durchzuatmen. Er selbst redete zwar nicht, hatte aber trotzdem das Gefühl die Luft anzuhalten, nicht zu atmen, während der über ihn sprach. Den anderen schien es nicht anders zu ergehen. Sobald Stille eintrat, hob ein vielstimmiges Ein- und Ausatmen an.

»Die Winzer der Winzergenossenschaft Bergenkirchen werden mir dies sicher gerne bestätigen. Ihr Vorsitzender, Klaus Märzen, hat mir gegenüber vor einiger Zeit die Ausweglosigkeit der damaligen Situation aufleben lassen. Nur dem beherzten Eintreten einer einzelnen Person ist es zu verdanken, dass die beteiligten Winzer damals nicht in den Abgrund gerissen wurden. Sie wissen alle, von wem ich spreche. Er hat die Winzergenossenschaft, die durch das egoistische Verhalten einiger weniger in eine ernste Schieflage geraten war, wahrhaftig in letzter Minute vor dem Aus gerettet und – was noch viel höher anzusetzen ist – in eine glorreiche Zukunft geführt. Seitdem er die Genossenschaft als sein eigenes Unternehmen führte hat sie einen viel beachteten Erfolgsweg beschritten«.

Hatte er eben ein gedämpftes Lachen hinter sich gehört? Hinter vorgehaltener Hand und so, dass es nur die unmittelbaren Sitznachbarn hören sollten? So klang der Neid, der feige Neid derer, die es selbst zu nichts gebracht hatten und ein solches Risiko, wie er es damals in Bergenkirchen eingegangen war, niemals übernehmen würden. Er spürte für einen kurzen Moment wieder dieses zarte Gefühl des Triumphes, das er so gerne hatte. Es war so viel zusammen gekommen 1992 und sicher auch ein wenig Glück dabei, dem er ein bisschen nachgeholfen hatte. Durch riesige Investitionen hatte die große Winzergenossenschaft reichlich

Schulden angehäuft. Eine neue Kellerei und eine topmoderne Abfüllanlage waren in der Euphorie nach der Wiedervereinigung gebaut worden. Der neue Markt im Osten Deutschlands sollte erschlossen werden. Millionen neue Kunden und ein unfähiger Geschäftsführer der Genossenschaft, der nur bei der Sparkasse groß aufzutrumpfen vermochte und die Ängste seiner Winzer falsch einschätzte. Über die Genossenschaft wurde geredet, aber es war längst nicht so schlimm, wie die ganzen Schwarzmaler behaupteten. Gute Trauben liefernde Winzer, moderne Geräte für den Ausbau ordentlicher Weine und aktive Vertriebswege waren eigentlich eine ausreichende Sicherheit. Es bedurfte schon einiger Nachhilfe, um das Schiff in ungünstiges Fahrwasser zu bringen. Zwei der Genossenschaft angeschlossene Winzer kannte er noch von der Ausbildung. Sie hetzte er zum Putsch gegen den Geschäftsführer. Die Angst vor den Schulden war zu groß. Er hatte also gar nicht viel dazu beitragen müssen, um den bestehenden Unmut ein klein wenig anzufeuern. Der Rest lief dann wie von selbst. Eine Eigendynamik, die ihn zuschauend faszinierte. Der Wechsel an der Spitze der Genossenschaft verunsicherte die Kreissparkasse, die den Ausfall ihrer Kredite befürchtete. Der neue Geschäftsführer, Klaus Märzen, ein Angsthase, der nur einmal den Mund aufgemacht hatte und schon ganz vorne stand, war leicht zu verunsichern. Die beiden Winzer vor Ort versorgte er mit Informationen, dass die Kündigung der Kredite unmittelbar bevor stand, was auch nicht vollständig aus der Luft gegriffen war, und der Kreissparkasse bot er sich als Retter in der Not an, der die Genossenschaft gerne übernahm. Geld genug besaß er ja mittlerweile. Es war ein großes Glück, das einen Teil der Lorey'schen Äcker mitten in das neue Industriegebiet der sich ausdehnenden Nachbargemeinde fallen ließ. Das viele Geld wollte angelegt werden und die Winzergenossenschaft kam genau recht. Er atmete tief und glücklich ein. Der Bürgermeister war mit dem dicken Bündel Handgeld damals sehr zufrieden gewesen.

Der Kauf der Betriebsgebäude der Winzergenossenschaft und die Übernahme ihrer Lieferverträge mit den Winzern katapultierten ihn weit nach vorne. Die Ausweglosigkeit der Stunde und den

Druck der Bank auf die Winzer nutzte er, um die Verträge für die Traubenlieferungen zu seinen Gunsten nachzubessern. Er diktierte in Zukunft die Preise, die sie für ihre Trauben bekommen sollten. Sie hassten ihn dafür, aber gleichzeitig wussten sie, dass es ohne ihn nicht gehen würde. Eine Tatsache, die er genüsslich auszunutzen vermochte. Sie hatten keine Maschinen mehr und waren vertraglich verpflichtet an ihn zu liefern. Den Preis konnte er festlegen. Die in den Lieferverträgen vorgesehenen Qualitätsprüfungen der abgelieferten Trauben und die Abzüge für Minderqualitäten erhöhten seinen Profit noch ein gutes Stück. Es war ein fantastisches Geschäft, an dem er den neutralen Gutachter beteiligte. Teilen gehörte doch irgendwie dazu. Er musste wieder einmal grinsen. Den Gutachter hatte er so einfach an sich binden können. Der Trieb war ihm zum Verhängnis geworden. Selbst verheiratet und dann mit der Frau von Klaus Märzen ins Bett steigen oder genauer: zwischen die Rebzeilen. Die Fotos waren gestochen scharf und der Detektiv sein Geld wert gewesen. Es waren wilde Zeiten. Das Atmen um ihn herum war ruhiger und gleichmäßiger geworden. Darauf schien die Stimme gewartet zu haben. Mehr gab es zu Bergenkirchen auch nicht zu sagen. Es war eine Zwischenstation, wenn auch keine ganz unwichtige. Sie veränderte ihn und seine Sicht auf die Dinge.

»Der Erwerb der Winzergenossenschaft in Bergenkirchen machte ihn zum Unternehmer. Sicher, werden Sie jetzt sagen, auch wir Winzer und Landwirte sind Unternehmer. Aber er wurde es in einem ganz anderen Rahmen. Wenn er hier unter uns wäre, würde ich ihn jetzt fragen, ob meine Sicht der Dinge zutreffend ist. Bergenkirchen machte ihn zum Investor im Weinbau, der sein Wissen, das er im eigenen Betrieb erworben hatte, einsetzte, um Renditen zu erwirtschaften und dennoch Gutes zu tun«.

Es war wieder dieses gedämpfte Lachen gewesen, das die Stimme unterbrach. Fast hatte es den Anschein, dass die Stimme darauf reagierte. Sie verstummte, um Platz zu schaffen für dieses Lachen, das so gehässig klang. Ein tiefes Brummen hatte es diesmal begleitet, aber danach war alles wieder still. Und die Stimme fuhr fort.

»Mir hat er einmal erzählt, dass ihm die Idee bei einem Frankreich-Urlaub gekommen sei. Ein Spaziergang unter strahlender Sonne durch Saint-Émilion. Glückliche, ausgelassene Momente zusammen mit seiner Frau. Die Gedanken weit weg von den Beschwernissen des Alltages. Nur selten gönnte er sich diese kurzen Phasen der Ruhe. Es waren die Angebote im Schaufenster eines Immobilienmaklers: ›Weinberge zu verkaufen, Saint-Émilion, Grand Cru‹. Eine kleine Parzelle nur, die er noch am gleichen Tag erwarb. Der Winzer dort war in finanzieller Not und zum Verkauf gezwungen. Er erwarb den Viertelhektar für viel Geld und verpachtete die Fläche an den Verkäufer zurück. Wenn er das Gesicht dieses französischen Winzers beschrieb, bekam er auch Jahre später noch strahlende Augen. Er musste ihm wie der Heiland vorgekommen sein. Geschickt, um ihn aus seiner Not zu befreien und beiden Seiten war geholfen. Der Winzer dort bekam das Geld, um seine Verbindlichkeiten zu begleichen und behielt doch seine Weinberge, die die eigene Familie schon über Generationen besaß. Er selbst erhielt eine ordentliche Pacht und arbeitete von da an wie besessen an seiner Idee.«

Das Lachen war lauter gewesen und diesmal ganz sicher nicht nur aus einem Mund gekommen. Es waren zwei oder drei gewesen, vielleicht auch noch mehr. Nicht schallend, aber trotzdem so, dass es alle hören konnten. Die Unruhe, die umher waberte, war zu spüren. Das Lachen hatte sich diesmal anders angehört. Klarer, freier und nicht mehr hinter vorgehaltener Hand. Es sollte nicht im Verborgenen bleiben, versehentlich herausgerutscht nur in einem unaufmerksamen Moment. Es war genau platziert. Gezielt in diesem Moment, wo es doch um seinen großen Wurf ging. Seine Idee, die noch keiner vor ihm hatte, die auch keiner außer ihm je umzusetzen vermocht hätte. Der Moment damals in Frankreich, dieser eine lichte Moment. Wie ein Blitz war es ihm gleißend in den Kopf gefahren, in die Windungen seines Hirnes. Es war eine verrückte Idee gewesen, die er sofort bei einem Glas Wein vergessen wollte. Seine Frau ließ er bei einem Café au lait zurück. Für eine halbe Stunde nur, um sich zu dem Winzer zu begeben, der die Parzelle verkaufte. Sündhaft teuer sollte die sein, deswegen hatte sich auch noch keiner dafür interessiert. Dass dem alten Winzer das Wasser bis zum Hals stand, war überall zu sehen. Das Gehöft halb zerfallen. Ein Brand hatte einen Teil der Lagerhalle zerstört. Das Dach war nur notdürftig mit einer Plane abgedeckt. Insgesamt ein mehr als jämmerlicher Anblick. Kaum war er da und bekundete sein Interesse, kamen die zwei erwachsenen Söhne dazu. Sie schielten auf ihren Erbteil. Zusammen bearbeiteten sie den alten Mann. Er legte ein dickes Bündel Geld auf den Tisch und drückte damit den Preis gewaltig. Dafür sollte der Alte den Weinberg weiter bewirtschaften. Der Pachtzins lag bei acht Prozent und war jährlich im Voraus zu entrichten. Weniger als der alte Winzer für einen Kredit bei der Bank hätte hinlegen müssen aber mehr als jemals irgendwo für die Pacht eines Weinberges bezahlt worden wäre. Der Zufall und die Not des Alten hatten das ermöglicht und die Gier seiner Söhne, die er zweifelsohne gekonnt für sich genutzt hatte. Fünf Jahre hielt der Alte durch, dann fanden sie ihn tot in der Küche über dem Gasherd. Den Weinberg hatte er mittlerweile in seinen Frankreich-Weinbergsboden-Fonds No. 1 eingebracht. Er war schnell wieder verpachtet und spielte eine gute Rendite ein, weil sich der damalige Preis als echtes Schnäppchen herausgestellt hatte. Die Grundstückspreise waren in den vergangenen Jahren stark angestiegen.

Er spürte die Blicke der anderen, die ihn zu durchbohren schienen. Das war sein erster Schritt hin zu einer neuen Form des Investments gewesen. Seither war er ständig auf der Suche nach genau diesen aussergewöhnlichen Chancen gewesen, für die man eine Nase haben musste. Für die doch nur er eine Nase besaß.

»Es war die Idee einer sicheren Investition in Grund und Boden bei gleichzeitiger Rendite. Keiner übermäßigen, aber

einer, die Sicherheit und Werterhalt bedeutete auch in turbulenten Zeiten, wie wir sie ja immer wieder erleben. Sicherheit und Rendite verbunden mit der Faszination Wein, das war es, was seine Weinbergsboden-Fonds ausmachte und ihr Erfolgsgeheimnis darstellte. Und es war seine Person, ohne die das alles nicht möglich gewesen wäre.«

Es war wieder ruhig. Diesmal war es kein Lachen gewesen, das die Stimme unterbrochen hatte. Es war die Hitze in ihm und es waren seine schwitzenden Hände. Er hatte das Gefühl von allen angestiert zu werden. Weit aufgerissene Augen sahen ihn an, aber er konnte das nur spüren. In welche Richtung sein Körper sich auch bewegte, er sah keinen Menschen. Nur das stille Atmen, ein zufälliges Knarren, Husten, Räuspern. Es mussten so viele Menschen sein, die ihn ansahen, aber sein eigener Blick fand nicht die entsprechende Richtung.

Drei große Weinbergsboden-Fonds managte er mittlerweile. Einen für Deutschland, einen für Frankreich und einen europäischen Premiumfonds. Der Erfolg war kaum zu übertreffen, schon mehrmals hatten sie die Fonds schließen müssen, wegen zu großer Nachfrage von Seiten interessierter Anleger. So schnell waren Topplagen gar nicht zu beschaffen, zumal die Ausgangsbedingungen stimmen mussten. Nur Bodenbesitzer in absoluten Notsituationen waren bereit, für ihre Lagen Preisabschläge und einen hohen Pachtzins zu bezahlen. Das Geld, das ihnen die Fonds zur Verfügung stellten, war aber auch dann noch immer günstiger, als es bei der Bank zu beschaffen war. Wenn sie denn überhaupt noch welches von einer Bank bekamen. Das war sein Lebenswerk und deswegen waren sie alle gekommen. Aus ihren offenen Augen sprach sicher Anerkennung, Bewunderung und auch Neid auf das, was er im Leben zustande gebracht hatte. Es war wieder die Stimme, die seine Gedanken durchschnitt.

»Wir werden ihn alle vermissen und seiner in Ehren gedenken. Ruhe in Frieden!«

Etwas zog sich schmerzhaft in ihm zusammen. Ihm fehlte die Luft zum Atmen, die Enge, das an ihm klebende Hemd, das von seinem eigenen Schweiß durchtränkt war. Er fuhr schreiend in die Höhe und stieß mit seinem Kopf gegen einen Widerstand, hektisch atmend, schlug er um sich. Ein weiterer spitzer Schrei, der ihn klarer sehen ließ. Ein Schrei, der nicht aus seinem Mund gekommen war, der so ganz anders klang und ihm die Augen öffnete.

»Hans-Heinrich beruhige Dich, bitte!« Die sanfte Stimme seiner Frau. Sie hielt sich die Stirn. Von Angst erfüllte Augen sahen auf ihn hinunter. »Du hast schlecht geträumt. Das ist alles einfach zu viel für Dich«. Sie atmete seufzend. »Aber wir haben es bald überstanden. Nur noch heute Vormittag der letzte Termin bei der Bank. Wenn alles gut geht, der Erwin Lorey und der Klaus Märzen sich an die Absprachen halten und sie die Weinberge kaufen, sind wir den größten Teil unserer Schulden los. Bitte reiß' Dich zusammen. Das ist unsere einzige Chance nochmal von vorne anzufangen«.

Saale-Unstrut

Es mag viel über den Aufbau Ost geschrieben worden sein – die Erfolgsgeschichte des Weinbaugebiets Saale-Unstrut wurde dabei viel zu wenig beachtet. Seit 1990 hat sich die Rebfläche fast verdoppelt auf heute fast 700 Hektar. Drei Viertel sind mit weißen Rebsorten bestockt, und der Absatz scheint gut zu laufen, was man an den teils selbstbewussten Preisen sieht.

Die Weinberge liegen vor allem in den Tälern der Flüsse Saale und Unstrut, aber auch an den Mainfelder Seen – und somit im Bundesland Sachsen-Anhalt wie im Bundesland Thüringen. Die wichtigsten Städte sind Naumburg und Freyburg. Wobei in letzterer mit der Winzervereinigung Freyburg-Unstrut der größte Weinerzeuger im Osten Deutschlands sitzt. Über die Hälfte der Weinberge der Region Saale-Unstrut werden von ihr bewirtschaftet, stolze 360 Hektar. Insgesamt gibt es rund drei Dutzend Winzer, die ihre Weine selbst vermarkten.

Bereits seit dem 10. Jahrhundert gibt es Weinbau an Saale und Unstrut, doch im Jahr 1887 kam er fast zum Erliegen. Die Region machte nämlich als erste Deutschlands Bekanntschaft mit einem illegalen und äußerst zerstörerischen Einwanderer aus Amerika: der Reblaus.

Gut gekauft ist gern gekauft

Von Wolfgang Schüler

Give me some wine. Fill full.
Shakespeare, Macbeth

Der Gestank nach feuchtem, faulendem Fleisch, der mir mit aller Macht in die Nase stieg, war mehr als unangenehm. Frank litt unter *Tinea Pedis* – Fußpilz im Endstadium. Er saß neben mir auf dem Beifahrersitz. Die braunen Slipper und die angerauten Baumwollsocken hatte er abgestreift und seine langen Beine wie ein Yogi angezogen. Frank besaß große, sehr schmale Füße, die bei einer Frau erotisch gewirkt hätten. Genüsslich, zwischen Kitzel und Schmerz schwankend, pulte er an seinen Zehen, zog sich Hautfetzen ab und löste das darunter liegende Gammelfleisch heraus. Die glitschig-grauweißen Brocken hätten eher zu einer Wasserleiche als zu einem lebenden Menschen gepasst. Er beäugte die Fundstücke von allen Seiten und schnippte sie dann auf die geriffelte Bodenmatte. Blut tropfte. Als die Operation beendet war, angelte er einen silbernen Flachmann aus der Jackentasche. Er öffnete den Verschluß und spülte seine Füße mit Bourbon ab, um die Wunden zu desinfizieren. In unserem Auto roch es nun wie in der Betriebskantine einer Abdeckerei.

»Verdammter Mist«, grummelte er, »ich werde mir ein anderes Sportstudio suchen müssen. Die Scheiß-Ausländer haben das Wort Hygiene noch nie gehört. Ich kann noch von Glück sagen, dass ich mir keinen Tripper eingefangen habe.«

»Wenn uns jetzt die Bullen stoppen, bekommen wir Probleme wegen des Schnapsgestanks im Wagen«, sagte ich mit verhaltener Wut in der Stimme.

»Unsinn, uns hält niemand an«, entgegnete mein Copilot völlig sorglos. Er hatte Recht. Wir rasten seit Stunden mit 180 Sachen über die Autobahn. Drei große, dunkle Limousinen mit getönten Scheiben hintereinander auf der linken Spur. Die Autos vor uns stoben voller Panik zur Seite, sobald wir bei ihnen im Rückspiegel auftauchten. Kein BMW, kein Porsche traute es sich, uns zu überholen. Die Autobahnpolizei ging in Deckung, sobald sie unserer ansichtig wurde.

Der Konvoi befand sich auf dem Weg nach Apolda. Der Boss saß im mittleren Wagen und rauchte eine Zigarre nach der anderen. Er wollte sich mit einem Geschäftspartner aus Tschechien treffen. Das gottverlassene Kaff in Thüringen lag angeblich genau auf der Hälfte zwischen den Wohnorten der Beiden. Ich kannte weder den genauen Grund unserer Reise, noch wusste ich, wie lange sie dauern würde. »Worum geht es diesmal?« fragte ich, obwohl es mich nichts anging.

Frank hatte kurzgeschorene blonde Haare, war 2,10 Meter groß, wog 95 Kilogramm und wirkte extrem gefährlich. Er trainierte jeden Tag mindestens drei Stunden. Sein Körperfettanteil lag unter zehn Prozent. Er war als Fallschirmspringer in Afghanistan gewesen, hatte anschließend sechs Semester Betriebswirtschaft studiert und sich nun vorübergehend als Bodyguard verdingt. Frank befand sich auf dem direkten Weg nach oben, da gab es keinen Zweifel. Er hielt die Augen offen und wollte Partner werden. Trotzdem ich schon zum alten Eisen gehörte, behandelte er mich nicht wie einen Volltrottel. Das rechnete ich ihm hoch an. Auch diesmal gab er mir bereitwillig Auskunft: »Der Boss ist vor einiger Zeit in den Emissionshandel eingestiegen.«

»Was zum Teufel soll das sein? Verschiebt er grüne Plaketten für den Innenstadtbereich?«

»Nein. Dieses äußerst lukrative Geschäftsmodell haben sich einige ausgeschlafene Juristen ausgedacht, die ganz offensichtlich über sehr hohe kriminelle Energie verfügen. Die Sache geht auf das Kyoto-Protokoll aus dem Jahr 1997 zurück. Schon einmal was davon gehört?«

Ich grunzte vage.

»Damals hatten sich die Industriestaaten dazu verpflichtet, den Ausstoß von CO_2 und anderen klimaschädlichen Gasen zu senken.

Im Jahr 2005 führte dann die Europäische Union den An- und Verkauf von sogenannten Treibhausgas-Emissionsberechtigungen ein. Jedem Anlagenbetreiber wurde eine bestimmte Menge an Zertifikaten zugewiesen, die zur Emission einer begrenzten Menge an Treibhausgasen berechtigen.«

»Welchen Sinn soll das haben?«

»Ganz einfach. Sobald beispielsweise ein Kraftwerk das ihm zugeteilte Budget nicht ausschöpft, kann es die überzähligen Zertifikate an ein anderes Unternehmen abgegeben. Und zwar ganz legal, unter der Aufsicht einer staatlichen Emissionshandelsstelle. Das funktioniert so ähnlich, wie der Handel mit den Ablassbriefen im Mittelalter.«

»Das kenne ich aus den Geschichten, die mir mein Großvater immer wieder erzählt hat. ›Sobald das Geld im Kasten klingt, die Seele in den Himmel springt!‹ Aber an den Ablassbriefen hat die Kirche verdient, und den großen Reibach mit den Zertifikaten macht dann ja wohl der Staat. Wie kommt da der Boss ins Spiel?«

»Er hat eine Umwelt-Consulting-GmbH übernommen, die nur auf dem Papier existiert. Das ging ganz offiziell und nannte sich Mantelkauf. Anschließend kontaktierte er Geschäftspartner in Frankreich und Polen, die bereits Briefkastenfirmen besaßen. Dann ging der Reigen los. Das französische Unternehmen verkaufte 2.000.000 Emissionszertifikate im Wert von je 14 Euro nach Warschau. Die Polen veräußerten die Scheine weiter an die UC-GmbH, und von dort aus wanderten sie zurück zu den Froschfressern. Bei der UC-GmbH waren auf dem Papier 380.000 Euro an Vorsteuern angefallen. Die Firma stellte einen entsprechenden Antrag an das Finanzamt und ließ sich das Geld erstatten.

Anschließend drehte sich das Karussell ein zweites und ein drittes Mal weiter. Das bedeutete nach Abzug aller Unkosten eine halbe Million Reingewinn für jeden, bar auf die Kralle.«

»Das kann nicht lange gut gehen. Wer Einnahmen hat, und sei es auch nur auf dem Papier, muß Steuern abführen.«

»Na klar, aber es vergehen Monate, bis es soweit ist. Als für die Umwelt-Consulting-GmbH die erste Mehrwertsteuer-Vorauszahlung fällig wurde, ist sie sofort in Konkurs gegangen. Das Insolvenzgericht hat den Vorgang geprüft und das Verfahren eingestellt. Parallel dazu ist eine neue Firma auf den Plan getreten. Sie heißt Öko-Consulting-GmbH.«

»Der Staat wird nicht lange zusehen, wie er von Hacke bis Nacke beschissen wird.«

Frank lachte. »Da bist du auf dem Holzweg. Wie ich schon sagte: Das gesamte System haben clevere Juristen im Auftrag der EU erfunden. Der Geldhahn wird noch eine ganze Weile kräftig sprudeln. Ernsthaft passieren kann niemandem etwas. Die Staatsanwaltschaften und die Steuerfahnder haben ganz andere Sorgen. Die kümmern sich lieber um Gastwirte, die illegal ein paar Pullen Schnaps verkaufen. Nur ab und zu wird irgendein Blödmann, der sich nicht an die Absprachen gehalten hat, an den Pranger gestellt. Das dient dazu, die Leute bei der Stange zu halten.«

Mitten im Gespräch erreichten wir Apolda. Der Ort in der Nähe von Weimar erinnerte mich an eine Geisterstadt mitten in der Wüste Nevada. Als erstes passierten wir das Bahnhofsgebäude. Es schien geschlossen zu sein und war von oben bis unten mit Graffiti beschmiert. Links und rechts standen mit Brettern vernagelte Fabrikantenvillen. In der Hauptstraße war die Hälfte der Geschäfte leer, der Rest bestand zum größten Teil aus Ramschläden. Es gab keine einzige anständige Kneipe, nur irgendwelche schmuddeligen Trinkhallen. Die Scheiben am guterhaltenen Gründerzeit-Postamt waren blind. Davor hing ein großes Schild, auf dem »Zu verkaufen« stand. In der City waren nur einige abgerissene Typen in Schnellfickerhosen und schlabbrigen T-Shirts unterwegs, die Plastiktüten mit Leergut in den Händen hielten. Der Untergang der Stadt war offensichtlich nicht mehr aufzuhalten.

Ganz im Gegensatz dazu machte das Schlosshotel einen guten Eindruck. Es war schräg an einen Hang gebaut worden und fügte sich gut in die Landschaft ein. Dahinter lag ein kleines grünes Tal, in dem ein Wasserlauf munter plätscherte. Der Boss mietete sich einen Konferenzraum und begann zu tafeln. Er liebte gutes Essen. Von uns Jungs mussten immer zwei draußen Wache schieben. Der Rest saß nebenan am Katzentisch. Ich wollte gerade ein kühles Bier zischen, da rief mich der Boss zu sich. »Die Konferenz beginnt erst morgen Vormittag. Ich bin gerne immer rechtzeitig an Ort und Stelle. Das wirkt sich positiv auf den Blutdruck aus und schützt vor unangenehmen Überraschungen. Der eine unserer beiden Ehrengäste wird ein Unternehmer aus dem Böhmischen mit einem unaussprechlichen Namen voller Zischlaute sein. Die Tschechen mögen etwas von Knödeln und von Bier verstehen, aber von gutem Wein haben sie nicht die geringste Ahnung. Deshalb fährst du jetzt nach Kloster Pforta und kaufst dem Trottel ein paar Kartons als Gastgeschenk, um seine Geschmacksknospen wach zu kitzeln.«

»Wohin?«

»Nach Kloster Pforta, das ist ein Landesweingut ganz hier in der Nähe.«

»Von Wein verstehe ich nicht die Bohne. Bei Single Malt wäre es etwas anderes.«

»Quatsch hier nicht rum, verzieh dich. Du hast einen Mund zum Fragen. Außerdem erkennt man guten Wein am Preis. Du nimmst drei Kartons vom besten. Zisch ab.«

Frank prostete mir grinsend mit einem halben Liter Hefeweizen zu. Ich wies auf meine Füße und begann demonstrativ zu humpeln. In der Tiefgarage säuberte ich die Fußmatte vom Mercedes, sprühte die Beifahrerseite mit einem Desinfektionsmittel aus und lüftet gut durch. Dann machte ich mich auf den Weg. Glücklicherweise schien das Weingut gleich um die Ecke in einem Ort namens Bad Kösen zu liegen. Ich kam durch Dörfer mit völlig bescheuerten Namen wie Obertrebra, Darnstedt und Saaleck. Als ich ein kurzes Waldstück mit dichtem Unterholz passierte, sah ich auf der linken Straßenseite einen dunkelgrünen Jaguar mit eingeschalteter Warnblinkanlage stehen. Er hatte ein italienisches Kennzeichen.

Ein Makkaroni im hellblauen Anzug sprang mitten auf die Fahrbahn und fuchtelte wie wild mit den Händen herum. Mir blieb keine andere Wahl, ich musste anhalten. Vorsichtshalber zog ich die Glock aus dem Halfter und legte sie neben mich auf den Beifahrersitz.

Der Spaghettifresser glättete mit der linken Hand seine Schmalztolle und trat an meinen Wagen heran. Ich ließ die getönte Scheibe ein Stück nach unten gleiten und verdeckte die Glock mit meiner Schulter.

»Unsera Benzina seien perdü. Haben du Riserva uns zu helfen?« fragte er. Dann ließ er einen Goldzahn blitzen und lächelte fröhlich-ölig. Seine Finger waren nikotingefärbt und seine Handballen gerötet, wobei letzteres auf einen harten Alkoholiker hindeutete. Aber das hatte bei einem Italiener nichts zu sagen, die hingen bekanntlich alle an der Flasche. Er schien Mitte Fünfzig zu sein und wirkte ähnlich Vertrauen erweckend wie ein türkischer Teppichhändler auf dem Basar von Side.

Ich seufzte. Ich kannte den Trick. Wenn ich Glück hatte, wollten sie nur die Brieftasche, wenn ich Pech hatte, den ganzen Wagen. Ich steckte die Glock in die rechte Jackettasche, zog den Zündschlüssel ab und ließ meinen Blick rundum schweifen. Ein älterer Mann mit Sonnenbrille und schlohweißem Haar saß auf der Rückbank vom Jaguar und rührte sich nicht. Wo die anderen Typen steckten, konnte ich nicht erkennen. Wahrscheinlich hockten sie gut getarnt seitwärts im Gebüsch.

Ich stieg lächelnd aus und dirigierte den Burschen nach hinten. »Zufällig habe ich einen vollen Kanister im Kofferraum. Den können Sie gerne haben, Mister.«

Die Klappe sprang auf. Ich wies auf den Benzinkanister. »Er ist mit einem Klettverschluß befestigt. Bitte, bedienen Sie sich, Sir.«

Der Itaker musterte mich nachdenklich, bückte sich dann aber und begann an dem Band zu nesteln. Ich sah mich um. Hinter mir kam ein dritter Bursche aus einem Waldweg. Er tat so, als würde er sich seine Hose zuknöpfen. Er trug einen teuren grauen Anzug, hatte graue Augen und hielt einen grauen Hut in der Hand. Wahrscheinlich versteckte er seine Knarre dahinter. Ich wechselte rasch auf die andere Seite vom Wagen, so dass ich alle drei Männer im Blick hatte. Der Alkoholiker zog den Kanister aus dem Kofferraum und ging hinüber zum Jaguar. Der graue Mann musterte mich mit einem nichtssagenden Blick, setzte den Hut auf und zündete sich schweigend eine Zigarette an. Die Pistole steckte inzwischen wahrscheinlich in seinem Hosenbund. Ich hörte, wie das Benzin in den Tank gluckerte.

Der Trinker kehrte zurück. Sein Gesicht war knallrot geworden vor Anstrengung. Er litt also auch noch unter Bluthochdruck. Seine Chancen auf ein friedliches Rentnerdasein waren gering. Er verstaute den Kanister im Kofferraum und fragte mich höflich: »Was du bekommen?«

»Nichts«, antwortete ich. »Ich dir schenken. Ich trinken auf den deutsch-italienischen Waffenbruderschaft. Es leben der Duce und sein Freund Signore Berlusconi.«

Er lachte. »Freundliche und fröhliche Fritzenkrauts seien selten. Deshalb wir macken dir Geschenk.« Er winkte dem grauen Mann zu. Der zog ein schmales Kästchen aus seiner Rocktasche, kam herüber und reichte es mir. Ich öffnete die Schachtel. Auf einem karmesinfarbenen Samtpolster lag eine Kette, die golden funkelte. Wenn sie echt und von guter Qualität gewesen wäre, hätte sie mindesten 500 Scheine gekostet.

»Das kann ich nicht annehmen«, wehrte ich ab und gab sie zurück. Mir fiel ein Stein vom Herzen. Die Typen wollten mir nur billigen Plunder andrehen, und mich nicht ausrauben. Das übliche Palaver entspann sich, in dem vor allem die Worte »nein« und »doch« vorkamen«.

Plötzlich kam mir die Erleuchtung. In meiner Brieftasche steckte noch eine 100-Euro-Blüte, die mir vor einigen Wochen in Hamburg ein kroatischer Banknotenfälscher als Muster mitgegeben hatte. Aus dem Geschäft war nichts geworden, weil der Drucker noch etwas üben musste. Außerdem ließen sich die höheren Werte nur sehr schlecht absetzen.

Ich zog den Geldschein aus dem Portemonnaie und reichte ihn dem Pizzamampf. Das »nein«- und »doch«-Gelaber begann von vorn. Doch irgendwann war das Geschäft abgeschlossen. Alle stiegen in ihre Autos und brausten davon. Ich war heilfroh, so gut davongekommen zu sein. Ich hasse Schießereien, weil die Gefahr groß ist, anschließend Ärger mit den kleinen blauen Männchen zu bekommen. Außerdem füge ich anderen Menschen nur äußerst ungern Schmerzen zu. Die Schachtel pfefferte ich erleichtert auf den Rücksitz.

Bis zum Weingut war es nur noch ein Katzensprung. Es handelte sich um ein altes Kloster, aber das besagte ja bereits der Name. Es lag sehr hübsch im Grünen. Angeblich sollte dort schon seit 1154 Wein angebaut werden. Ich meldete mich im Torhaus in der sogenannten Vinothek und ließ mich von einem schwatzhaften Winzer stundenlang durch die endlos langen Gewölbekeller führen. Ich durfte ein gutes Dutzend kleine Becher leerschlürfen und war am Ende genauso schlau wie zuvor. Um nichts falsch zu machen, nahm ich je einen Karton Blauer Portugieser Rosé, Roter Traminer, Weißer Burgunder-Sekt, Blauer Portugieser »Pfortenser Köppelberg«, Blütensammler Secco und Grauer Burgunder »Pfortenser Köppelberg«. Als dann noch die Sprache auf Riesling, Gutedel, Bacchus, Kerner, Blauer Silvaner, Weißer Elbling und Weißer Heunisch kam, gab ich auf und hob die Hände. Vor lauter Verzweiflung kaufte ich für mich eine Flasche Müller-Thurgau, weil ich den Namen schon einmal gehört hatte. Leider hatte ich kein weiteres Falschgeld dabei und musste mit barer Münze bezahlen.

Die Rückfahrt verlief völlig ungestört und problemlos. Der Boss war mit meiner Wahl zufrieden und nahm alle sechs Kartons. Ich ging zu den Jungs und entkorkte meine Weinflasche. Auf dem Rückenetikett stand, der Müller-Thurgau würde im Geschmack an grüne Äpfel, Zitronen, schwarze Johannisbeeren, Geranien, Muskatnuß und grüne Paprika erinnern. Ich hatte nicht die geringste Ahnung, wie Geranien schmecken, weil ich keine Topfpflanzen esse. Aber auch das andere Obst und Gemüse konnte ich nicht ausmachen. Lediglich den leichten Muskatton spürte ich auf der Zunge. Das beflügelte mich ungemein, und ich nahm Frank bei einer Partie »17 + 4« gründlich aus. Um beim Kartenspielen zu gewinnen, muss man weder als Fallschirmspringer in Afghanistan gewesen sein, noch Betriebswirtschaft studiert haben. Ein gutes

Zahlengedächtnis und einige Grundkenntnisse in Psychologie reichen völlig aus. Nur Idioten glauben, dass es beim Zocken auf Glück ankommt.

Am nächsten Morgen war die Kacke am Dampfen. Ich wurde aus meinem Zimmer getrommelt. Der Krisenstab tagte in einer Ecke vom Frühstücksraum. Es gab noch keine genauen Informationen, nur eines schien gewiß zu sein: Irgendwie waren die Bullen auf unser Treffen aufmerksam geworden. Außer dem Tschechen wurde noch ein weiterer Konferenzteilnehmer nebst Begleitung erwartet, und diese gesamte Truppe war gestern hochgenommen worden. Der brave Soldat Schwejk hat davon erfahren, Fracksausen bekommen, auf halber Strecke kehrt gemacht und sich zurück in die goldene Stadt Prag verkrümelt. Der Boss hockte völlig entnervt am Telefon und rief Gott und die Welt an, um an Informationen zu kommen.

Schließlich ließ er sichtlich erleichtert den Telefonhörer sinken. »Es war ein Missverständnis. Es hatte nichts mit uns zu tun. Die Bullen haben sich bei unseren Freunden entschuldigt und sie wieder laufen lassen. Die Jungs werden in Kürze hier eintreffen. Aber ohne den Scheiß-Tschechen sind wir nicht komplett und kommen zu keinem Ergebnis. Das bedeutet Verzögerungen und hohe Verluste. Deshalb fahren wir heute noch nach Prag. Macht euch fertig, in Kürze brechen wir auf.«

Ich ging nach oben, packte meine kalbslederne Reisetasche und brachte sie nach unten zum Wagen. Als ich sie gerade im Kofferraum verstauen wollte, bog der dunkelgrüne Jaguar mit den italienischen Kennzeichen in die Garage ein. Die Schmalzlocke im hellblauen Anzug saß am Steuer und stoppte wenige Meter von mir entfernt. Im selben Moment kam mein Boss die Treppe heruntergeflitzt und riß die hintere linke Tür auf. Der ältere Mann mit Sonnenbrille und dem schlohweißen Haar stieg aus. Die beiden herzten und küssten sich wie ein Liebespärchen auf Hochzeitsreise. Dann meinte der Mafiosi im reinsten Hochdeutsch: »Wir sind gestern von einem Trickbetrüger hereingelegt worden. Er hat uns einen gefälschten 100-Euro-Schein angedreht. Wir waren völlig ahnungslos und haben damit an einer Tankstelle bezahlt. Die

Polente hat uns sofort hops genommen. Erst nach langen Verhandlungen konnten wir das Missverständnis aufklären.«

Der Boss klopfte ihm beruhigend auf die Schulter. »Keine Angst, die Bullen werden das Schwein schon kriegen. Und wenn nicht, dann helfen wir ihnen auf die Sprünge. Dieser kleine Pisser hat sich die falschen Leute ausgesucht. Das wird er bitter bereuen.«

Ich war hinter dem Wagen in Deckung gegangen. Mir wurde ziemlich flau im Magen und auf meiner Stirn bildete sich kalter Schweiß. Nachdem in der Tiefgarage wieder Ruhe eingekehrt war, richtete ich mich auf, öffnete die hintere Tür und nahm die Schachtel vom Rücksitz. Zum ersten Mal betrachtete ich die Kette genauer. Am Verschluss erkannte ich einen Stempelabdruck. Auf ihm stand: 22 Karat.

Offensichtlich handelte es sich um gutes Gold in bester Qualität.

Ich fuhr herum, weil ich rechts hinter mir Schritte hörte. Es war Frank. Er humpelte. »Mein Scheißfuß hat sich entzündet. Hoffentlich bekomme ich keine Blutvergiftung. Und du kannst dir Zeit lassen. Die Abreise wurde um eine halbe Stunde verschoben. Der Boss telefoniert schon wieder. Er will herausfinden, welche Arschlöcher auf die saublöde Idee gekommen sind, hier unten im Niemandsland Blüten zu verticken.«

Ich schnappte mir meine Reisetasche und verzog mich. Ich musste mich dringend umkleiden, weil ich noch die Sachen vom Vortag trug. Ich tauschte meine senffarbene Feincordhose, das rote Hemd und das dezent gemusterte gelbe Sakko gegen einen glänzenden anthrazitfarbenen Anzug, ein dunkles Hemd und eine schwarze Krawatte aus. Ich schmierte mir ein halbes Pfund Brillantine in die Locken und kämmte das Haar glatt nach hinten. Bevor ich die verspiegelte Sonnenbrille in Tropfenform aufsetzte, klebte ich mir noch zur weiteren Tarnung ein Stück Pflaster auf die Oberlippe. Es sollte so aussehen, als ob ich mich beim Rasieren geschnitten hätte. Das war ein alter Trick, der mir bei Banküberfällen die Strumpfmaske ersparte, weil sich die Leute von derlei Äußerlichkeiten leicht ablenken ließen.

Ich sah nun zwar aus wie Kevin Costner als Personenschützer, aber meine Verkleidung konnte mich nicht auf Dauer retten. Mit einigem Glück würde ich vielleicht mit zwei Schüssen in die Kniescheiben davonkommen. Doch ein Leben an Krücken oder im Rollstuhl war keine annehmbare Option für mich. Ich musste mir dringend etwas einfallen lassen und schraubte den Schalldämpfer auf meine Pistole. Anschließend studierte ich die Landkarte. »Ein Berg bewegt sich nicht«, sagt ein japanisches Sprichwort. Aber manchmal lassen sich Ausnahmen nicht vermeiden.

Ich erwischte die Makkaronis auf der Herrentoilette einer schmuddeligen Raststätte kurz vor Pilsen. Den Weißhaarigen erschoss ich direkt durch die Klotür. Seine beiden davor postierten Leibwächter waren bereits mausetot, noch bevor sie überhaupt ihre Waffen ziehen konnten. Meinem Freund Schmalzlocke hatte ich damit zweifelsfrei einen Gefallen getan. Ein rascher Abgang war zehnmal besser, als unter grauenhaften Schmerzen an einem Herzinfarkt zu krepieren.

Doch es ging nicht alles glatt. Es gab einen ärgerlichen Kollateralschaden: Zwei tschechische Trucker hatten zur Unzeit das Bedürfnis verspürt, ihre Blasen zu erleichtern. Nun saßen sie beim lieben Herrgott am reich gedeckten Tisch und übten sich im Harfespiel.

Weil wir aufbrechen wollten und der Boss unruhig zu werden begann, ging Frank die Spaghettifresser suchen. Als er kurz darauf zurückkehrte, wirkte er sehr nervös. Fünf Leichen am Mittag schlagen selbst einem ehemaligen Fallschirmspringer auf den Magen. Unsere gesamte Mannschaft trennte sich sofort und gab Fersengeld. Alle drei Wagen gelangten unbehelligt über die Grenze zurück nach Deutschland. Spät am Abend tagte erneut der Krisenstab. Der Boss vermutete seinen Prager Partner hinter dem Massaker. Das taten die Italiener auch. Die *Cosa Nostra* spürte den Tschechen schließlich in seinem Wiener Versteck am Stephansplatz auf und sprengte ihn samt dem Haus in die Luft. Die Explosion zerstörte unter anderem die Hauptgasleitung in der Goldschmiedgasse. Ein Großfeuer brach aus, welches die halbe Wiener Innenstadt und die *Alte Hofburg* verwüstete. Es gab Dutzende Tote und Hunderte Verletzte. Unersetzliche Kunstschätze wurden vernichtet.

Zwei Tage darauf meldete sich Osama bin Laden zu Wort und nannte das österreichische Attentat den Beginn einer neuen Offensive gegen die Ungläubigen. Eine El Kaida-Gruppe aus Khartum bekannte sich zu dem Anschlag. Die USA hielten die Videobotschaft für glaubwürdig. Sie antworteten mit der Operation *Wildfire* und zündeten über dem Sudan eine Atomrakete. Die Kernwaffe war nur von mittlerer Sprengkraft, aber sie bombte das afrikanische Land beinah komplett in die Steinzeit zurück. Auch die meisten Anrainerstaaten ringsherum bekamen Saures.

Wenig später holten die völlig verunsicherten Israelis zu einem Präventivschlag gegen den Iran aus und zerstörten dort sämtliche Atomanlagen. Sie verwendeten zwar nur konventionelle Waffen, aber die Menschheit hielt trotzdem den Atem an. Alle Leute hofften darauf, dass sich die Lage bald wieder normalisieren würde.

Die folgenden Tage verbrachte ich - so wie die meisten Bundesbürger - vor dem Fernsehapparat. Ich schenkte mir reichlich Müller-Thurgau ein, den ich zu meinem Lieblingswein erkoren hatte. Am Montag wurde das Programm für eine Sondermeldung unterbrochen. Mir fiel das Glas aus der Hand. Die Welt, wie wir sie kannten, hatte aufgehört zu existieren.

Sachsen

Im Tal der Elbe, ganz nah bei Dresden, liegt das Weinbaugebiet Sachsen, dessen bekannteste Orte Meißen und Radebeul sind. Rund 460 Hektar sind mit Reben bestockt. Seit dem 10. Jahrhundert wird hier bereits Wein angebaut, doch nach dem Zweiten Weltkrieg gab es nur noch etwa 60 Hektar im Elbtal. Mit der Wiederaufrebung wurde im Wesentlichen erst ab 1955 begonnen. Heute wächst hier vor allem Weißwein, wie Traminer, Müller-Thurgau oder Weißburgunder, als regionale Spezialität gilt der Goldriesling.

Die meisten Winzer liefern ihre Trauben an die Sächsische Winzergenossenschaft, der zweite Weinriese ist das Sächsische Staatsweingut Schloss Wackerbarth, insgesamt gibt es nur rund 20 Weinbaubetriebe. Unbedingt sehenswert: der Park von Schloss Wackerbarth mit dem Belvedere.

Eine in Sachsen entwickelte Flaschenform ist die Sachsenkeule – da sie jedoch sehr bruchanfällig ist, wird sie sich jedoch niemals so verbreiten wie der fränkische Bocksbeutel. Also auch als Mordwaffe nur bedingt zu gebrauchen.

Das Grab

Von Andreas Izquierdo

Das Licht eines perfekten Frühlingsmorgens entzündete den schönsten Südhang des Erzgebirges zu einem flammenden Spektakel der herrlichsten Frühlingsfarben und weckte sanft das idyllische Dörfchen an seinem Fuß, dessen Bewohner seit geraumer Zeit nichts anderes mehr in den Sinn kam, als möglichst schnell zu sterben. Dabei gab es kaum ein schöneres Plätzchen im nördlichen Erzgebirge als Groß-Zerlitsch. Doch um zu verstehen, warum die Groß-Zerlitscher alle sterben wollten, musste man zunächst verstehen, dass sie, wie fast alle Sachsen, ihre Heimat sehr liebten, und dementsprechend nirgendwo anders leben wollten als dort. Erst recht, wenn man bedachte, dass sie alle in die Jahre gekommen waren.

Was ihre Lage jedoch dramatisch machte, war der Umstand, dass ihnen auf dem heimischen Friedhof die Gräber ausgingen und sie von Amts wegen keine Möglichkeit hatten, den Friedhof zu erweitern. Niemand wollte jedoch die Ewigkeit woanders als in Groß-Zerlitsch verbringen, fernab derer, die man im Leben geliebt hatte. Und fernab der Heimat, die einem so teuer gewesen war und in deren Erde man ruhen wollte. Und weil sie alle alt waren und sie auch sonst nichts zu tun hatten, gab es eben keine andere Lösung, als möglichst vor den anderen zu sterben.

Als am Morgen eben jenes wunderbaren Frühlingstages Hilde und Berta ihren kränkelnden Nachbarn Onkel Rudi besuchten, fanden sie ihn friedlich und für immer eingeschlafen in seinem Bett vor. Sie hatten ihm Frühstück bringen wollen: Magerquark, dunkles Brot, Radieschen und Schnittlauch. Dazu ein Glas Orangensaft, der Vitamine wegen. Die waren jetzt nicht mehr nötig. Hilde und Berta, beide schon weit über siebzig, waren traurig, saßen einen Moment an seinem Bett. Dann hob Hilde das Laken über sein Gesicht und stutzte.

»Was ist denn das?«, fragte sie.

Berta beugte sich alarmiert vor und folgte Hildes Blick – sie sah es jetzt auch: da waren Saucenreste in Rudis Mundwinkel. Die beiden Damen standen auf und marschierten in die Küche. Ohne große Mühe fanden sie das Corpus delicti, angeliefert in praktischen Schälchen: Thüringer Klöße mit Schweinebraten. Daneben die Quittung des Restaurants, das ihm das Essen geliefert hatte.

»Und das bei seinem Cholesterin!«, presste Hilde hervor.

Aber es war zu spät: Onkel Rudi hatte sein letztes Mahl genossen und sich damit das vorletzte Grab gesichert.

* * *

Onkel Rudis Ableben erschütterte Groß-Zerlitsch in den Grundfesten. Sie brachten ihn unter die Erde, aber nicht wenige schielten neidisch auf den einzig verbliebenen freien Platz gleich daneben. Was würde nur mit denen, die zu spät kamen? Den Groß-Zerlitschern wurde klar, dass es Spielregeln für einen fairen Wettkampf beim eigenen Dahinscheiden brauchte. Und so trafen sie sich in der einzigen Wirtschaft des Dorfes »Zum Wilden Bock«.

Was die Regeln betraf, beschloss man, dass es von nun ab keine mehr geben würde, bis auf eine: Selbstmord kam nicht in Frage. Zwar waren die Groß-Zerlitscher nicht besonders gläubig, aber der katholische Pfarrer aus Bayern, den sie nach der Wende bekommen hatten, war es. Er betreute einige Gemeinden in der Gegend, so dass er nur unregelmäßig auftauchte, jedoch immer zu Todesfällen und Samstagsmessen vor der Sportschau. Und er hatte den Alten eingebläut, dass Selbstmördern weder das Himmelreich noch das freie Grab zugänglich sein würde. Die Groß-Zerlitscher pfiffen auf das Himmelreich, aber nicht auf das freie Grab.

So saßen sie zusammen, ratlos, als draußen plötzlich das Knattern und Sprotzen eines alten Busses zu hören war und kurz darauf ein Klingeln, das die Alten nach draußen locken sollte. Und es war, als ob es in den Köpfen der Alten gebimmelt hätte und eine Idee daraufhin eintrat und sich vorstellte: der gute Emil sollte sie einfach umbringen.

* * *

Es war eine Sache, vom Leben nichts mehr zu erwarten, außer dass es möglichst bald zu Ende sein sollte. Eine andere Sache jedoch war es, jemanden zu bitten, es für einen zu beenden, wenn dieser jemand ihnen allen verbundener war, als sich das die Alten von Groß-Zerlitsch je gedacht hätten. Dabei kannten sie Emil schon seit vielen, vielen Jahren, und doch wussten sie nichts über ihn. Zwei bis drei Mal die Woche fuhr er mit seinem klapprigen Bus mit tschechischem Kennzeichen vor, lieferte äußerst günstig Lebensmittel und Gebrauchgegenstände aller Art, und nahm gleichzeitig die Bestellungen für die nächste Tour entgegen. Sie hatten sich so an ihn gewöhnt, dass sie nicht mehr wussten, wie es vor ihm war, denn Groß-Zerlitsch hatte schon seit ewig langer Zeit keinen Kaufladen mehr. Emil war wie der gute Geist des Dorfes und irgendwie sah er auch so aus: hager, blass, ja fast schon schwindsüchtig.

Sie schlichen eine Weile um ihn herum, gaben ihre Bestellungen auf und wussten nicht, wie sie anfangen sollten mit ihrem Plan. Hilde war die erste, die allen Mut zusammennahm und Emil auf einen Schnaps einlud, nachdem er ihre Einkäufe freundlich wie immer ins Haus getragen hatte. Emil setzte sich an den Küchentisch und trank vorsichtig.

»Du, Emil ...«, begann Hilde vorsichtig. »Da gibt es etwas ... ich weiß gar nicht, wie ich das jetzt sagen soll ...«

Emil blickte sie aufmerksam an und fragte: »Wie kann ich helfen?«

»Es ist eine Bitte ... eine, die dir sicher ein wenig seltsam vorkommen wird.«

»Soll ich was besorgen?«

Hilde seufzte: »Ja, nein, irgendwie doch.«
»Was soll ich besorgen?«
»Meinen Tod.« Sie lächelte unsicher. »Nun, ja, ich ... möchte ... sterben.«
Emil saß ganz ruhig am Tisch, hielt das kleine Schnapsglas vorsichtig mit den Fingerspitzen fest. Sein blasses Gesicht schien noch eine Spur blasser geworden zu sein.
»Warum willst du sterben?« fragte er schließlich.
»Ich habe lange genug gelebt, Emil.«
»Woher weißt du das?«
»Woher weiß ich was?«
Emil zuckte leicht mit den Schultern: »Dass du lange genug gelebt hast. Woher weißt du das?«
»Ich bin 74 Jahre alt.«
Emil schüttelte den Kopf »Das habe ich nicht gefragt.«
»Was hast du dann gefragt?«
»Woher du wissen willst, ob es genug war, was du gelebt hast.«
Hilde schwieg einen Moment, sah auf ihre Fingernägel und antwortete ohne aufzusehen: »Es war genug.«
Emil lächelte sie an und griff nach ihrer Hand. Hilde war ganz überrascht, erwiderte den Händedruck aber.
»Nein, es ist noch nicht genug, Hilde.«
»Nicht?«
»Nein, bestimmt nicht.«
Hilde wusste nicht, was sie sagen sollte und ganz ohne es zu wollen, traten ihr plötzlich Tränen in die Augen.
»Ich will hier sterben, Emil. Ich will nicht woanders hin.«
Emil stand auf, strich ihr sanft über die Schulter, dann ging er. In der Tür drehte er sich noch einmal um und sagte: »Du solltest nicht übers Sterben nachdenken, Hilde. Denk übers Leben nach.«

* * *

Er erstickte alle ihre Bitten im Keim und ließ sie genauso ratlos zurück wie Hilde. Im Nachhinein ist es immer noch erstaunlich, wie viel Hoffnung sie in Emil setzten. Emil musste helfen. Ihr Emil.

Der Mann, der immer da war, und von dem sie nichts wussten, außer dass er ihr Freund war. Ja, Emil war ihr Freund, und am Ende der Geschichte würden sie auch seiner sein, denn vor dem Tod kam das Leben, und Emil lehrte sie das.

Aber noch gaben sie sich nicht geschlagen, und eine Indiskretion Bertas sorgte dafür, dass Albert erfuhr, dass sie Emil um denselben Gefallen gebeten hatte wie Hilde. Nach erster Empörung gab er allerdings zu, dasselbe auch schon versucht zu haben und – wie sich dann herausstellte – waren Gustav, Irene und ein halbes Dutzend andere auch nicht untätig geblieben. Das Erstaunliche war, jedenfalls für mich, dass sie ihr Vorgehen selbst nicht erstaunlich, sondern auf seltsame Art und Weise folgerichtig fanden, denn Emil gehörte zwar zum Dorf, war aber zugleich auch Außenstehender und somit der einzige, der keinerlei persönliches Interesse an dem Grab hatte, das sie alle für sich haben wollten. Und so fassten sie einen Plan, der allen gerecht werden würde: die Heimlichkeiten sollten ein Ende haben. Das Spiel ohne Regeln behagte ihnen nicht, so hatten sie nicht gelebt, und so sollte es auch nicht zu Ende gehen.

Sie trafen sich im »Wilden Bock« und warteten auf das vertraute Knattern und Sprotzen. Als es endlich zu hören war, lief Albert raus und bat Emil in die Schänke. Der staunte nicht schlecht, als er dort die Alten von Groß-Zerlitsch vollständig versammelt sah. Zum ersten Mal seit Jahren war die Kneipe randvoll; Theo, der Wirt, musste sogar den angrenzenden Saal öffnen.

Albert trat vor Emil und sprach so, dass alle ihn hören konnten: »Lieber Emil, du kennst uns ja alle schon so lange. Und dir muss in letzter Zeit vieles komisch vorgekommen sein ...«

Emil nickte vorsichtig.

»Dafür wollen wir uns entschuldigen.«

Emil winkte großzügig ab: »Hab ich schon vergessen.«

»Naja, so ganz vergessen wäre auch nicht gut.«

Emil stutzte: »Nicht?«

»Nein.«

»Warum nicht?«

»Ehrlich gesagt, sind wir immer noch der Meinung, dass du einen von uns umbringen solltest.«

»Das ist nicht euer Ernst!«

»Natürlich sichern wir dir absolute Diskretion zu. Das ist schließlich kein Kavaliersdelikt.«

Emil war für einen Moment sprachlos, dann setzte er sich auf einen Stuhl und blickte in die Runde. »Und das ist auch eure Meinung?«

Die Alten nickten zaghaft.

»Gibt es jemanden, der nicht sterben möchte?«

Er sah in die Runde, aber niemand rührte sich. Eine unangenehme Stille war wie ein großes, weißes Leintuch über sie gefallen und machte die Versammlung so unwirklich, als ob mit einem Mal viele kleine Gespenster vor ihm sitzen würden.

»Warum ich?« fragte Emil – es klang ungewöhnlich laut, dabei hatte er die Stimme nicht angehoben.

Albert antwortete: »Weil wir dir vertrauen.«

»Ihr vertraut mir und beauftragt mich mit einem Mord?«

Albert schüttelte den Kopf: »Einem Unfall, Emil. Niemand spricht von Mord.«

»Für einen Unfall braucht ihr mich nicht.«

»Das ist leider nicht so leicht, Emil.«

Emil schwieg einen Weile, dann sagte er: »Und jetzt? Was soll ich jetzt tun?«

Albert sah auf die vielen Hände, die nervös geknetet wurden, die fest verschlossenen Lippen, die wie waagerechte Striche auf den Gesichtern saßen, dann erst wandte er sich wieder Emil zu und antwortete: »Du sollst jemanden auswählen. Und ganz gleich, wer es ist, wir werden die Wahl akzeptieren.«

Emil nickte langsam: »Wisst ihr eigentlich, was ihr da verlangt?«

Albert schluckte: »Ich weiß, dass das nicht leicht ist, Emil. Aber es ist auch nicht leicht für uns.«

»Nur, dass ihr nicht damit leben müsst.«

Albert schwieg einen Moment, dann sagte er: »Wenn du das jemand anderem anvertrauen möchtest ... Ich glaube, dagegen würde nichts sprechen.«

Da keine Gegenrede kam, war man mit Alberts Alternativvorschlag offensichtlich einverstanden.

Emil sah ihn aufmerksam an: »Wie kommst du darauf, dass ich jemanden kenne, der so etwas macht?«

Albert räusperte sich leicht und antwortete vielsagend: »Na ja, du kommst doch aus Tschechien ...«

»Und die Tschechen machen so was?«

Albert schüttelte den Kopf: »Nicht die Tschechen. Es ist nur ... du versorgst uns doch schon seit vielen Jahren. Und vieles ist so unglaublich günstig, dass ... na ja, könnte doch sein, dass das eine oder andere vom Laster gefallen ist, nicht dass ich dich dafür verurteile, Emil, im Gegenteil, es geht mich überhaupt nichts an, wie du deine Geschäfte führst, und wir haben ja alle davon profitiert und sind dir sehr dankbar deswegen ...«

Er wusste nicht weiter, die Verlegenheit war ihm deutlich anzusehen. Auch weil Emil keine Anstalten machte, ihm aus der Klemme zu helfen. Nach einer guten Minute schloss er jedenfalls: »Jedenfalls dachte ich, dachten wir, dass du deswegen möglicherweise Kontakte haben könntest ...«

»Kontakte?«

Albert fühlte sich furchtbar unwohl, aber von den anderen Alten sprang ihm keiner zur Seite, weil sie letztlich dasselbe dachten wie er.

»Naja, du weißt schon, ... Mafia ...«

Emil nickte: »Ich darf mal zusammenfassen: Ich bin Tscheche, der möglicherweise mit Diebesgut handelt und deswegen gute Kontakte zur tschechischen Mafia unterhält. Deswegen habt ihr mich ausgesucht, damit ich einen von euch umbringe. Oder umbringen lasse.«

Emil stand wieder auf und blickte in die Runde. »So seht ihr mich?«

Der letzte Satz hallte lange nach, und sie wussten vor lauter Scham nicht, wohin sie sehen sollten, am wenigsten jedoch wollten sie Emil ansehen, den sie vor lauter Sorge um das letzte Grab bis ins Mark beleidigt haben mussten. Albert hatte sich zu den anderen gesetzt und bereute zutiefst, dass er sich zum Sprecher aufgeschwungen hatte.

Emil blickte von einem zum anderen und sagte dann: »Habe ich Bedenkzeit?«

Niemand antwortete.

»Dann treffen wir uns nächste Woche zur selben Zeit wieder hier.«

Dann ging Emil.

* * *

Ein wenig Zerstreuung wäre den Alten von Groß-Zerlitsch ganz recht gewesen, denn diese eine Woche lang lebten sie in Erstarrung, weil sie glaubten, Emil schlecht behandelt zu haben, weil sie fürchteten, dass er nie wieder vorbeikommen würde und schließlich hofften, dass er ihre Idee einfach vergaß. Sie waren zu weit gegangen, sie spürten es, aber was, wenn Emil schließlich doch noch auf ihren Vorschlag einging? Gab es überhaupt ein Zurück? Und was wenn er wirklich Kontakte hatte? Würde er mit vielen anderen einfach kommen und sich nehmen, was er vorfand? Und wäre es nur aus dem Grund, das zu bestätigen, was sie ohnehin von ihm dachten!

Die Zeit stand still.

Groß-Zerlitsch lag einfach da, das Dörfchen im Licht, und nichts geschah. Eine ganze Woche spannte sich ein blauer Himmel über die Häuschen, aber niemand war auf den Straßen. Und nachts waren die Vorhänge zugezogen, und es war so still, dass man die wenigen Straßenlaternen summen hören konnte. Alle warteten darauf, dass Emil zurückkehren würde.

* * *

Sie fanden sich alle zur verabredeten Zeit im »Wilden Bock« ein, erwarteten mit gemischten Gefühlen das Knattern und Sprotzen von Emils Bus, und als es sich dann ankündigte, huschten verstohlen Blicke von einem zum anderen: was würde jetzt werden?

Emil trat ein, sah ernst von einem zum anderen und sagte dann: »Ich möchte euch was zeigen.«

Dann ging er wieder raus.

Ebenso überrascht wie verwirrt folgten sie nach draußen, wo sie ihm schweigend nachliefen, ohne eine Ahnung zu haben, was er eigentlich mit ihnen vorhatte. Und obwohl ihnen alles vertraut war, die schmale, gepflasterte Hauptstraße, die eigenen Häuser, die kleine Parkbank und das Kriegerdenkmal, die paar Bäume dazwischen, war ihnen das eigenen Dorf plötzlich fremd.

Als sie die letzten Häuser hinter sich gelassen hatten und die Prozession immer noch dem Hauptsträßchen folgte, kam Unruhe auf. Die ersten blieben stehen, denn das Dorf hatten sie lange nicht mehr verlassen und wollten es jetzt, unter diesen Umständen, erst recht nicht. Emil störte das nicht, er ging noch ein Stück weiter, blieb dann stehen und winkte die Groß-Zerlitscher zu sich. Zögernd kamen sie heran und sahen ihn fragend an.

»Ich sollte mich entscheiden, richtig?«

Albert trat einen Schritt vor, aber nicht freiwillig, sondern weil Irene ihn geschoben hatte. »Ja, schon, aber wenn du nicht willst, ist das auch nicht schlimm, weißt du. Vielleicht haben wir dir da ein bisschen viel zugemutet und ...«

Emil unterbrach ihn: »Ich habe mich entschieden.«

»Tatsächlich?!«

»Ja.«

Sie standen einander gegenüber und sahen sich an.

Dann, als die Stille nicht mehr auszuhalten war, fragte Albert, den es jetzt ganz gewaltig störte, vor allen anderen zu stehen: »Nun, für wen hast du dich entschieden?«

Emil schüttelte den Kopf: »Nicht für wen, sondern für was!«

Das verwirrte noch mehr, weil niemand wusste, worauf Emil eigentlich hinaus wollte.

»Ich habe es bereits Hilde gesagt, und jetzt sage ich es euch allen: Ihr solltet nicht über den Tod nachdenken, sondern über das Leben. Aber weil ihr keinen Grund mehr habt zu leben, denkt ihr, zu sterben wäre die beste Lösung. Ist es aber nicht.«

»Dann wirst du keinen von uns ... « Albert ließ den Satz unvollendet.

Emil schüttelte den Kopf: »Nein, ich werde euch statt dessen etwas schenken.«

Er lächelte breit und zeigte dann mit einer einladenden Handbewegung auf den Südhang, vor dem sie standen, und der im Sonnenlicht umso prächtiger aussah.

»Ich schenke euch den Südhang.«

Albert runzelte verwundert die Stirn: »Den Südhang? Du kannst uns den Südhang nicht schenken, Emil. Er gehört uns schon.«

Emil nickte: »Ich weiß. Ich schenke euch auch nicht den Hang, sondern eine Vision: Ich will, dass ihr hier Wein anbaut.«

Für einen Moment kehrte totale Stille ein – dann brach Gelächter aus.

»Emil, die letzten Anbaugebiete liegen in Pirna und im Elb- oder Elstertal. Hier wächst kein Wein.«

»Woher willst du das wissen?«

»Jeder weiß das.«

Emil schüttelte den Kopf: »Ich nicht. Ich sehe nur den schönsten Südhang des Erzgebirges. Das Wetter ist mild, und ich weiß, dass hier Wein wachsen kann!«

Albert schien unschlüssig: »Emil, selbst wenn das möglich wäre, niemand von uns versteht was von Weinanbau.«

Emil sah ihn aufmerksam an: »Und?«

»Was meinst du mit: Und? Man muss etwas von dem verstehen, was man macht.«

Emil nickte: »Dann lernt es.«

»Wie? Einfach so?«

»Warum nicht? Zeit habt ihr doch!«

Sie schwiegen, aber innerlich stimmten sie ihm zu: Zeit hatten sie. Und mehr, als ihnen lieb war.

* * *

Es war keineswegs so, dass sie die Idee begeistert hätte und sie voller Tatendrang nach Hause gegangen wären. Eher im Gegenteil: Sie fanden in der Folgezeit endlos viele Argumente, Emils Idee nicht umzusetzen, denn schließlich waren sie alt, krank, schwach und leider auch etwas mutlos. Aber sein Vorschlag ließ sie nicht los, so dass sie immer wieder in Diskussionen darüber gerieten, warum sie den Südhang auf keinen Fall zu einem Weinberg umwandeln konnten. Und je mehr Gründe sie fanden, Emils Idee zu versenken, desto rascher stieg sie aus der Tiefe an die Oberfläche, denn in ihren Herzen begann sich ein gewisser Stolz gegen die eigenen Befürchtungen zu regen, so dass das Genörgel auf einmal das Gegenteil bewirkten: es tötete die Idee nicht, sondern hauchte ihr Leben ein.

Plötzlich sagte jemand etwas wie: Warum sollten wir das nicht schaffen?! Und es kam so überraschend, dass niemand Einspruch wagte. Und immer öfter fand man die Idee zwar schwierig umzusetzen, aber nicht unmöglich. Und je länger sie darüber sprachen, desto besser gefiel sie ihnen.

Und plötzlich stellten sie fest, dass sie begabte Tischler, Gärtner, Maurer, Ingenieure, Arbeiter, Elektriker, Schneider, Pützer und Mechaniker in ihren Reihen hatten. Und dass ihr Wissen nicht verschwunden war, sondern nur ungenutzt dastand, wie die Vorräte in ihren Kellern, die sie sich für harte Zeiten aufgehoben hatten, und die seit Jahren verstaubten.

Emil hingegen ging seiner Wochenroutine nach, nahm Bestellungen entgegen oder brachte Ware, so wie immer, ohne auch nur ein Wort über den Südhang zu verlieren oder auch nur Andeutungen zu machen. Er war wie immer, so als ob es weder ein unmoralisches Angebot noch einen rettenden Vorschlag gegeben hätte.

Als er ein paar Wochen später wieder auf dem kleinen Dorfplatz vorfuhr, warteten dort zu seiner Überraschung fast alle Alten von Groß-Zerlitsch mit verschränkten Armen auf ihn. Er stieg aus, sah sie neugierig an, bevor Albert wieder für alle sprach: »Wenn wir einen Weinberg anbauen, dann brauchen wir Material.«

»Was für Material?«

»Wir brauchen Holz für Fässer, Steine und Zement für ein kleines Weingut – mit einem Keller. Und wir brauchen Bücher über Weinanbau. Viele Bücher.«

Emil nickte: »Kein Problem. Ihr besorgt die Rebstöcke – ich den Rest.«

Sie gaben sich die Hände.

* * *

Sie begannen damit, den Südhang zu roden und Trassen einzuziehen, die die Bewirtschaftung erleichtern sollten. Albert fragte bei ehemaligen Kollegen nach, die ihm und den anderen übers Wochenende kleine Bagger und Container für Grünschnitt und Aushub überließen. Während die einen den Südhang urbar machten, hoben andere ein Fundament für ein kleines Weingut mit Keller aus, und es zahlte sich aus, dass viele von ihnen handwerklich nicht nur geschickt, sondern auch überaus fachkundig waren. Sie wussten, was sie taten, und Emil erschien mit dem Material, das sie brauchten: Steinen, Zement, Holz, Sand. Sie fragten nicht, woher er das alles hatte, und Emil verlor kein Wort darüber.

Die, die handwerklich nicht so geschickt waren, studierten Bücher über Weinbau, versorgten die fleißigen Arbeiter mit Essen oder pflegten deren schmerzende Hände und Rücken.

Innerhalb weniger Wochen wandelte sich der wild wuchernde Südhang in einen gepflegten Weinberg, dem nur noch die Rebstöcke fehlten. Auch das kleine Weingut hatte Fortschritte gemacht, der Keller war fertig gestellt, die Alten zogen bereits die Außenwände hoch. Durch Emils äußerst günstige Materialbeschaffung blieb ihnen genügend Geld, um ihrem Südhang endlich Leben einzuhauchen: Sie kauften die Rebstöcke. Dazu Stecken und Draht, um die Reben in ihrem Wuchs zu unterstützen.

Jetzt kamen die zum Zug, die bei den schweren Umbauarbeiten nicht hatten helfen können, und es stellte sich heraus, dass sie sich eine Menge Wissen angelesen hatten, um ihren Weinberg zu einem Erfolg zu machen. Sie wussten wie man jätete, auslichtete, einstrickte, entspitzte oder ausgeizte. Reihe für Reihe eroberten die Rebstöcke den Hang, krallten sich mit starken Wurzeln in fruchtbare Erde und warteten darauf zu wachsen.

Der Anblick entfachte bei den Alten von Groß-Zerlitsch Euphorie. Niemals zuvor hatten sie etwas nur für sich selbst erschaffen, etwas, dass nur ihnen gehörte. Dementsprechend umsorgten sie die Pflanzen, kontrollierten jedes Blatt, hielten Ausschau nach Rebläusen, Fäule oder Mehltau, wässerten, gaben Mineralien zu und nahmen sich vor, die Ableger zu stolzen Rebstöcken zu erziehen. Und obwohl die Pflanzen noch sehr klein waren, - oder vielleicht auch gerade deswegen - waren sie für die Alten wie eigene Kinder, deren Entwicklung sie fürsorglich und geduldig überwachten.

An einem wunderbaren Augusttag hatten sie den Rohbau des Weinguts Groß-Zerlitsch errichtet, das Dach vorbereitet und einen bunten Kranz in den Giebel gesteckt. Emil hatte versprochen vorbeizukommen, um noch ein wenig Material, vor allem aber Sekt vorbeizubringen. Im »Wilden Bock« hatten sie ihm zu Ehren in aller Heimlichkeit ein Lied eingeprobt, denn er war es, der sie zum Leben erweckt hatte. An das Grab hatte schon seit Wochen niemand mehr gedacht.

Doch Emil kam nicht.

Ratlos standen sie beieinander, dann fragte Albert: »Hat jemand eine Telefonnummer?«

Die hatte niemand, und ein paar Fragen weiter wurden sie sich einmal mehr bewusst, dass sie nichts über Emil wussten, nicht einmal seinen Nachnamen. Sie warteten bis zum Abend, zunehmend besorgt, aber Emil tauchte nicht auf, was ganz und gar ungewöhnlich war, denn Emil war überaus zuverlässig. Mit ungutem Gefühl packten sie alles zusammen, gingen zurück ins Dorf und begannen, die Krankenhäuser abzutelefonieren.

Und tatsächlich meldete eine Notaufnahme einen Neuzugang mit dem Namen Emil Zátopek. Albert wollte mit einer kleinen Belegschaft gleich los, aber die Alten bestanden darauf, alle mitzukommen, so dass sie acht Taxis bestellten und gemeinsam ins Krankenhaus fuhren.

Es war ein seltsamer Anblick, als sich die vielen Alten von Groß-Zerlitsch vor dem Empfang drängelten und nach dem Zimmer von Emil Zátopek fragten. Als sie dann in Emils Zimmer drängten, waren die meisten bleich vor Schock, andere kämpften mit den Tränen, denn Emil hatte es ziemlich übel erwischt: Sie hatten ihn zusammengeschlagen und am Wegrand liegen lassen, der rechte Arm, ein paar Rippen und das Jochbein waren gebrochen. Ein paar Zähne fehlten auch, ein Auge war zugeschwollen.

Albert fasste sich und fragte für die anderen: »Emil? Was ist denn nur passiert?«

Der lächelte schief und zuckte mit den Schultern. Sprechen fiel ihm schwer und so sagte er auch nur ein Wort: »Kontakte.«

* * *

Die nächsten Tage versorgten sie Emil so gut sie nur konnten, und unter ihrer Obhut machte seine Gesundung gute Fortschritte. Er nahm sogar etwas zu, weil sie ihn förmlich mästeten, obwohl er wegen seiner Verletzungen eigentlich nur Schonkost zu sich nehmen konnte, aber sie schnitten alles klein und fütterten ihn geduldig.

Die, die Emil nicht pflegten, trafen sich regelmäßig im »Wilden Bock«. Theo, der Wirt, hatte den Schankraum mittlerweile zu einem kleinen Weinlokal umgebaut, was die Groß-Zerlitscher sehr begrüßten. Statt der alten Bilder hingen jetzt neue mit Motiven vom Weinanbau an den Wänden, und auf den alten Tischen lagen jetzt frische Deckchen, darauf alte Weinflaschen, in deren Hälsen Kerzen steckten, die immer dann angezündet wurden, wenn sich ein Gast an den Tisch setzte.

Noch kam niemand außer den Groß-Zerlitschern, aber die bestellten mit heiligem Ernst nur noch Wein. Mal als Schoppen, mal als ganze Flasche, der Sachsenkeule. Sie prüften jede heimische Lage und waren sich sicher, dass sie es einmal besser machen würden: Ihr Wein würde etwas ganz Besonderes sein, denn die Lage und auch der fruchtbare Boden des Südhanges waren etwas ganz Besonderes.

Alles sollte sich ändern im Dorf. Sie hatten an den Fassaden wilden Wein gepflanzt, und die Fachwerke mit frischen Farben aufgehübscht. Blumen standen in Kästen auf den Fenstersimsen und einmal im Jahr wollten sie ein Weinblütenfest feiern.

Neben ihren vielen Plänen gab es sonst nur noch ein Thema: Emil. Sie alle wussten, was er mit Kontakten gemeint hatte, und er musste sich auch nicht weiter erklären, denn es war klar, dass Emil die Baumaterialien gestohlen hatte. Und ganz offenbar hatte das andere, unsichtbare Kräfte gestört. Die Frage war, worauf sich die Alten in Groß-Zerlitsch jetzt einstellen mussten, denn sie wussten nicht, ob der Diebstahl mit der Prügel gesühnt worden war oder nur der Auftakt zu einer ganzen Reihe von Problemen? Würden die, die Emil ins Krankenhaus geschlagen hatten, in Groß-Zerlitsch auftauchen und Forderungen stellen? Schließlich stand Albert auf und machte sich auf den Weg ins Krankenhaus. Sie mussten reden.

Emil war an jenem Abend nicht gut dran, lag flach und wirkte trotz der fürsorglichen Pflege blasser und schmaler denn je. Albert setzte sich zu ihm ans Bett und tätschelte seine Hand: »Du hast ja doch Kontakte.«

Emil lächelte: »Bin doch Tscheche. Weißt du nicht mehr?«

Albert kicherte: »Ja, ich weiß.«

Sie schwiegen einen Moment, dann fragte Albert: »Wie ist das passiert, Emil?«

»Mach dir keine Sorgen, Albert. Es ist alles geregelt.«

»Ich mach mir aber Sorgen, Emil.«

»Wegen der anderen?«

»Auch.«

Emil winkte ab: »Es ist alles in Ordnung. Es war nur ... ein Missverständnis. Das, was ich ihnen schulde, werde ich zurückzahlen. Bald schon.«

»Wieviel ist es denn?«

Emil schwieg.

»Wieviel brauchst du, Emil?«

»Lass gut sein, Albert. Sie wissen nichts von euch.«

»Wieviel, Emil?«

Der wandte sich ab: »Ich bin müde, Albert. Lass uns ein anderes Mal reden, ja?«

Albert nahm wieder Emils Hand und drückte sie. »In Ordnung. Ein anderes Mal.«

Er stand auf und verließ das Zimmer. Draußen auf dem Flur lief ihm ein junger Stationsarzt über den Weg.

»Herr Doktor?«

Er blieb stehen und sah Albert an.

»Wie geht es Emil?«

»Sind Sie ein Verwandter?«

Aus einem Impuls heraus nickte Albert und antwortete: »Ja.«

Der Arzt sah sich um, als ob er fürchtete, jemand könnte ihn hören.

Dann sagte er es Albert.

* * *

Sie sagten das Richtfest ab und arbeiteten stattdessen wie besessen an der Fertigstellung des Rohbaus. Sogar die Kinder und Enkel der Alten wurden aktiviert, die allerdings wenig begeistert von den Unternehmungen waren. Sie fragten sich, was der Unsinn mit einem eigenen Weinberg sollte, wollten wissen, was das Ganze noch kosten würde, mal davon abgesehen, dass es bereits ein Vermögen gekostet haben musste und rechneten in aller Heimlichkeit nach, was wohl noch vom Erbe übrig bliebe, wenn die Alten nicht langsam zur Vernunft kommen würden.

Als das Gemaule überhand zu nehmen drohte, stellte sich Albert vor die Jungen und sagte: »Wenn ich jetzt noch einen Ton höre, dann bekommt ihr nichts ab von unserem Wein. Nicht einen Schoppen!«

Hildes Sohn Werner antwortete: »Ihr werdet doch niemals Wein keltern!«

»Wir werden.«

»Wann?«

»In frühestens drei Jahren. Dann werden die Reben soweit sein.« Werner tobte: »In drei Jahren? Erst in drei Jahren? Und was, wenn es nicht klappt?«

»Das macht nichts.«

»Das macht nichts?! Weswegen legt man denn sonst einen Weinberg an?«

Albert seufzte: »Werner, ganz ehrlich, du warst schon als Kind blöd. Und da hat sich leider nichts dran geändert.« Er wandte sich zu Hilde. »Tut mir leid, Hilde. Aber einer musste es mal sagen.«

Die nickte gelassen und antwortete: »Vielleicht glaubt er´s dir. Mir hat er´s nie geglaubt.«

Die Arbeiten gingen ohne Werner weiter.

Irene räumte ein Zimmer in ihrem Haus frei, und als es hergerichtet war, holten sie Emil aus dem Krankenhaus. Er hatte noch mehr abgenommen, war totenblass, so dass auch für Außenstehende deutlich wurde, dass nicht die Verletzungen der Prügel das Problem waren, sondern der Krebs, der sich durch seinen Körper fraß. Emil hatte es schon seit Monaten gewusst, und auch, dass es keine Hoffnung für ihn gab. Es blieb ihm nicht mehr viel Zeit, und so verstärkten die Groß-Zerlitscher noch einmal die Anstrengungen, denn sie wollten Emil unbedingt den Weinberg und das dazugehörende Weingut zeigen. Er sollte sehen, wozu er die Alten inspiriert hatte.

An einem schönen Septembertag war es endlich soweit: Sie trugen Emil auf einer Trage nach draußen, vorbei an den neuen Häusern von Groß-Zerlitsch, an denen sich bereits wilder Wein rankte, und die durch die frischen Farben wie neu aussahen. Emil bestaunte es und lobte jedes einzelne Zuhause.

Am schönsten von allem fand er jedoch den Südhang in seinen überwältigenden Herbstfarben. So schön, dass er in Tränen ausbrach, weil er sich nie hatte vorstellen können, dass es so schön hätte werden können. Die jungen Reben hatten sich entwickelt und warteten in Reih und Glied unter dem weichen Herbstlicht auf den Tag, an dem sie ihre Besitzer mit Trauben belohnen würden. Das Weingut stand bereits im Rohbau, und im Keller war genügend Platz für Fässer, eine Presse und die Dinge, die man für die Herstellung eines Weißweines brauchte.

Emil sah all dies mit leuchtenden Augen und beglückwünschte die Alten zu ihrem Werk. Und sie beglückwünschten ihn, denn es gehörte ihm genauso wie es jedem gehörte, der daran mitgewirkt hatte. Und im Frühjahr würden sie ein erstes Weinblütenfest feiern, ganz gleich, ob die Reben schon so weit waren.

»Und du, Emil, wirst es eröffnen!«, sagte Albert und drückte Emils Hand.

»Ja, ich werde es eröffnen«, antwortete Emil stolz.

* * *

Es ging zu Ende.

Draußen trieb ein kalter Oktoberwind den Regen fast waagerecht durch Groß-Zerlitsch, ließ abgefallenes Laub durch die Luft wirbeln und Fensterläden klappern. Es war früh dunkel geworden, so dass man auch aus Emils Zimmer nichts sehen konnte. Nur Tropfen, die in Schlieren übers Glas geschoben wurden.

Albert war bei ihm und hielt seine Hand.

Emil lag ganz ruhig, atmete flach und starrte aus dem Fenster, und wer wollte konnte sogar die Andeutung eines Lächelns um seine Mundwinkel erahnen.

Albert fragte: »Gibt es jemanden, den wir anrufen sollten?«

Emil schüttelte den Kopf.

»Aber irgend jemanden gibt es doch immer?«

»Nein, Albert. Alles, was ich brauche, ist hier.«

Sie schwiegen einen Moment, dann fragte Albert: »Ich hab dich nie gefragt, woher du kommst, Emil?«

»Warum willst du das wissen?«

»Es ist mir wichtig.«

Emil schüttelte leicht den Kopf: »Nein, das ist nicht wichtig.«

»Natürlich ist das wichtig. Man muss doch wissen, woher man kommt!«

»Nein, ich war überall, Albert. Da spielt es keine Rolle, woher man kommt, viel wichtiger ist, wohin man will.«

Albert runzelte die Stirn: »Wohin wolltest du denn?«

Emil lächelte: »Ich wollte hierhin, Albert. Nach Groß-Zerlitsch. Ich wollte immer hier sein.«

»Ist das wahr?«

Emil nickte: »Glaubst du wirklich, dass meine Geschäfte mit euch so einträglich waren? Dass ich immer wieder gekommen bin, weil ich so viel an euch verdient habe?«

Albert schluckte: »Nein, viel verdient haben kannst du nicht.«

»Siehst du.«

Albert schwieg, dann drückte er Emils Hand: »Tut mir leid, Emil. Ich habe das nicht gewusst. Ich hätte nie gedacht, dass jemand freiwillig hierhin will.«

Emil lächelte: »Jetzt bin ich ja da.«

»Ja, jetzt bist du da.«

Sie sagten nicht mehr viel an diesem Abend, doch als Albert aufstand, um nach Hause zu gehen, beugte er sich zu Emil herab und flüsterte ihm etwas ins Ohr.

»Ist das wirklich wahr?« fragte Emil.

Albert nickte.

* * *

Emil starb noch in derselben Nacht.

Am frühen Morgen, als sich die Alten von ihm verabschiedet hatten, und als der Beerdigungsunternehmer fragte, wo er beerdigt werden sollte, sagten sie ihm, dass er in Groß-Zerlisch ruhen sollte, denn niemand hatte mehr verdient, hier zu sein als Emil. Er, der im Leben keine Heimat hatte, fand sie nun im Tod. Sie schenkten ihm das letzte Grab gleich neben dem von Onkel Rudi und tranken in Theos Schänke auf sein Wohl.

Dort trifft man sie jeden Tag, die Alten, und man ist einen Moment verwirrt darüber, dass auf der Weinkarte immer noch »Zum wilden Bock« zu lesen ist. Denn draußen über der Eingangstür steht eigentlich »Emils«.

Württemberg

Rund 11.500 Hektar Weinberge gehören zu Württemberg, damit ist das süddeutsche Weinbaugebiet die Nummer vier im Lande. Überraschend wenig der Weine findet den Weg über die Grenzen – was daran liegt, dass die Württemberger statistisch gesehen Deutschlands fleißigste Weintrinker sind.

Und was trinken sie? Vor allem Rotwein. Neben der Ahr ist Württemberg das einzige deutsche Anbaugebiet, in dem der Rotweinanteil über 50% liegt. Selbstverständlich werden auch hier Spätburgunder, Dornfelder und Portugieser angebaut, doch in viel größerem Umfang die fast nur hier zu findenden Rebsorten Trollinger (fast ein Viertel der Rebfläche), Schwarzriesling und Lemberger. Dazu kommen regionale Spezialitäten wie Samtrot, Clevner und Muskattrollinger sowie viele beeindruckende Rotwein-Cuvées – also Vermählungen verschiedener Rebsorten. Es ist eine ganz eigene Weinwelt, die es wirklich zu entdecken lohnt.

Noch eine Besonderheit gibt es in Württemberg: rund 85% der Weine werden von Winzer- oder wie sie hier häufig heißen Weingärtnergenossenschaften produziert. Dabei gibt es wenig durchgängige Weinlandstriche, vielmehr Weininseln, die klimatisch besonders bevorzugt sind.

Kenner morden Württemberger

VON TATJANA KRUSE

Tot

Professor Bensonmam von der Oxford University Wine Society trug einen graumelierten Harristweedanzug zu burgunderroten Budapestern. Dazu eine Fliege in den Farben seiner Alma Mater. Bensonmam liebte gedeckte Farben und legte großen Wert auf eine formvollendete Erscheinung. Der Grund, warum er in diesem Augenblick so empört schaute, war aber nicht der, dass sein blau angelaufenes Gesicht die dezente Farbgebung seiner Person nachhaltig störte, sondern basierte eher auf der Tatsache, dass ihn jemand mit einem koextrudierten synthetischen Stopfen vom Leben zum Tode befördert hatte. Anders ausgedrückt, jemand hatte ihm einen Plastikkorken in die Luftröhre gerammt und das so nachdrücklich, dass er daran erstickt war. Einen Plastikkorken! Eingeweihte werden Bensonmams Empörung nachvollziehen können. In der Innentasche seines Harristweedanzuges fand sich der handschriftliche Entwurf seiner nächsten Weinkritik für die *London Sunday Times*. Überschrift: WURTTEMBERGER WINE - DESASTROUS, CATASTROPHIC, OBSOLETE.

Toter

Sayyed Chandighar, Badener mit hessischem Migrationshintergrund und *der* aufsteigende Stern am Önologenhimmel mit Fachgebiet ›Weine der Neuen Welt‹, räusperte sich, raschelte mit seinen Stichwortkarten, räusperte sich erneut und hub an zu sprechen. *Qualitätskontrolle durch genetische Analyse des Rebenveredlungsprozesses im Nappa Valley* hieß der Vortrag, den er in wenigen Minuten zu Gehör geben würde. Er hielt sich für den Caruso unter den Rednern und übte seine Stimme kurz vor Vortragsbeginn gern mit großen Gesten vor einem Ganzkörperspiegel. »Die stringente Qualitätskontrollimplementierung durch rigide Klonselektion erlaubt ...«, dröhnte er mit rollendem R, dabei auf seine Zwerchfellatmung achtend, nicht aber auf die Tür, weswegen er nicht kommen sah, was das Schicksal für ihn in Form zweier Hände in Einmalhandschuhen und eines Plastikkorkens bereithielt. Als man den toten Chandighar fand, noch warm und mit leichtem Restzucken in den Extremitäten, lagen seine Stichwortzettel wie ein Heiligenschein verteilt um den Kopf. Aus seiner Jacketttasche ragte die Kopie einer Weinkritik, die er für die September-Ausgabe von *Der Weinkenner* verfasst hatte. Titel: WARUM ICH WÜRTTEMBERGER WEINE HASSE.

Am Mausetotesten

Die herausragenden Weinkritiker der Neuzeit ließen sich locker an zwei Händen abzählen. Gegen Abend des zweiten Tages auf der 33. Fachtagung des internationalen Weinkritikerverbandes hätte zum Abzählen eine Hand gereicht. Nun gut, eine Hand mit sechs Fingern, aber immerhin.

Zwei große Gaumen hatten für immer aufgehört zu gurgeln und zu spucken.

Die Fachtagung fand in diesem Jahr in Stuttgart-Untertürkheim statt und bestand aus insgesamt 15 Workshops mit Verkostung, vier Fachvorträgen und - am letzten Tag - einem Galaabend mit musikalischer Untermalung durch Traute Schöllhammer an der Harfe. An besagtem Galaabend sollte auch der Kritikerpreis vergeben werden. Trotz der bedauerlichen Todesfälle, die die Medien merkwürdig kalt gelassen hatten, stand man am vorletzten Tag bei bestem Wetter rund um zwanzig Weinfässer, die man - als Stehtische nutzend - im malerischen Innenhof des Veranstaltungsfachwerkgebäudes verteilt hatte. Die rotwangigen Kellnerinnen des Cateringunternehmens eilten mit Häppchentabletts zwischen den ausnahmslos männlichen Kritiker umher. Ausnahmslos männlich?

»Wo ist eigentlich unser Schnuckelhäschen?«, fragte Jürgen ›Schlucki‹ Metzger (abfällig, weil er bei ihr nicht hatte landen können), der sich in seinem Blog als selbsternannter Weinkritiker aufspielte und von den echten Fachmännern nur geduldet wurde, weil er als Sohn eines millionenschweren Industriellen die alljährliche Fachtagung in ihrer Gänze zu finanzieren pflegte.

Die von ihm kosenamig deklassierte Önologin Wencke Korff wurde gegen ein Uhr nachts von Cateringmitarbeitern gefunden, als diese die zwanzig 130 Zentimeter hohen und 80 Zentimeter breiten Winzertruhen abtransportieren wollten und bei einer Truhe ob des erhöhten Gewichts ins Stutzen kamen. Auch Wencke war das Atmen mittels Plastikkorken verunmöglicht worden. Zwei Dinge waren nunmehr klar: (1.) Hier konnte nicht mehr von Zufall die Rede sein und (2.) zum Abzählen der Önologenkoryphäen genügte nunmehr eine normal gewachsene Fünf-Finger-Hand.

Demnächst tot?

Sie sah nicht aus wie die typische Kommissarin aus dem Fernsehen. Nichts streng Mütterliches wie bei Hannelore Hoger, keine unterkühlte Erotik wie bei Maria Furtwängler. Sie sah aus wie seine alte Biologielehrerin und das war im Grunde das Schlimmste, was man einer Frau nachsagen konnte.

Es war eine reine Routinezeugenbefragung, fühlte sich aber an wie ein hochnotpeinliches Inquisitionsverhör. Definitiv Psychofolter. Menzel schwitzte.

»Sie haben also eine Theorie zum Täter?« Ihre Stimme klang sogar wie ehemals die von Fräulein Dr. Supp: Klirrend, eisig und immer schwang das »Setzen, sechs!« mit.

Menzel schluckte. Schwer. »Nun ... also ...«, stotterte er. Wie sollte er ihr das klarmachen? Er, Menzel, der mit Menschen im Allgemeinen nicht konnte und mit Frauen im Besonderen schon überhaupt nicht, geschweige denn mit diesem Fräulein-Dr.-Supp-Klon. Er, der sich jahrelang erfolgreich im Elfenbeinturm der Weinkritik versteckt hatte, nun aber unsanft in die Wirklichkeit katapultiert wurde. Er, Menzel, Mitglied in der *Confrérie des Chevaliers du Tastevin* im Burgund und Autor des berühmten Werkes *Illustre Weine für das 21. Jahrhundert*, das mit Brad Pitt in der Hauptrolle als Dokudrama verfilmt worden war, also er, Meinhard Menzel, meinte tatsächlich ganz genau zu wissen, wer seine Kollegen so teuflisch ermordet hatte: ein verrückter Württemberger, der alle hochkarätigen Weinkritiker, die sich je abfällig über Württemberger Weine geäußert hatten, auf entwürdigende Weise zu Tode brachte.

So, wie Hauptkommissarin Nägele ihn anschaute, glaubte wohl auch sie zu wissen, wer für die drei Morde verantwortlich zeichnete, allerdings dachte sie an jemand anderen, nämlich an ihn, Menzel.

Eine Patt-Situation.

Sie und die Polizei im Allgemeinen gingen davon aus, dass der Täter im Kreis der Fachtagungsteilnehmer zu suchen sei, weil nur diese Zugang zum Gelände hatten. Und weil alle ein gewichtiges Motiv einte - der mit 15.000 Euro dotierte Preis des besten Weinkritikers des Jahres. Der Einwand, kein Weinkritiker, der etwas auf sich hielt, würde einen Plastikkorken als Mordwaffe verwenden, prallte an der Obrigkeit ab.

»Die Ermordeten hatten alle etwas gemeinsam«, fing Menzel an.

Hauptkommissarin Nägele nickte. »Sie waren Weinkritiker.«

Menzel seufzte. Das war ja fast so, als würde man sagen ›sie waren Menschen‹. Als ob man Bensonmam, Chandighar und Korff in einen Topf werfen könnte! »Meine drei Kollegen hatten völlig verschiedene Fachgebiete - Chandighar befasste sich nur mit den Weinen aus der Neuen Welt, Bensonman förderte vehement das Image der australischen Weine und Korff galt als die wichtigste

Weinkritikerin Frankreichs und als Spezialistin bezüglich Bordeaux- und Burgunderweinen. Nein, sie alle waren sich nur in *einem* Punkt ähnlich.« Er verstummte abrupt und schnappte nach Luft. Das passierte ihm öfters, gern auch mitten in Vorträgen, weil er unter Sprech-Apnoe litt: Beim Sprechen vergaß er hin und wieder, Luft zu holen, dann hyperventilierte er, wobei ihm die Augen leicht hervorquollen, was ihn wie einen nach Luft schnappenden Fisch aussehen ließ.

Hauptkommissarin Nägele hätte ihm gern einen Schlag auf den Hinterkopf versetzt, ähnlich einem Koch, der einem noch zappelnden Fisch den Gnadenhandkantenschlag versetzt. Aber das hätte den Beigeschmack roher Polizeibrutalität besessen und sie hatte bereits zwei einschlägige Vermerke in ihrer Personalakte. Sollte sie noch einmal Hand anlegen und sei es auch noch so sanft, würde sie demnächst an der Kreuzung zwischen Hauptbahnhof und Baugelände Stuttgart 21 den Verkehr winken oder, schlimmer noch, ein Anti-Aggressions-Training belegen müssen. Also beschränkte sie sich aufs Stichwortgeben: »In welchem Punkt waren sie sich ähnlich?«

Menzel machte hektische Fischmaulbewegungen, plusterte sich auf, lief rot an und rief schließlich schnaufend: »Württemberger Wein! Sie hassten Württemberger Wein!«

Die Spitze von Nägeles Lacklederpumps bohrte sich tief in Menzels linkes Schienbein. Sie würde sich später auf einen unwillkürlichen Muskelreflex herausreden.

Menzel sprang schreiend auf.

»Wir mögen es hier nicht besonders, wenn man unsere Weine schlecht redet«, sagte Hauptkommissarin Nägele, »aber deshalb morden?«

»Es liegt doch auf der Hand«, beharrte Menzel, setzte sich wieder und hielt sein schmerzendes Bein. »Korff, Bensonmam und Chandighar haben die Württemberger Tropfen wegen Süßreserve und Massenträgern verfemt und ...« Menzel stockte wieder, erinnerte sich, und zog rasch seine Beine aus dem Gefahrengebiet. »... und ich habe mich ebenfalls nicht gerade positiv geäußert. Hier«, sagte er und reichte ihr die aktuelle Ausgabe der *Stuttgarter Nachrichten*.

Nägele griff zur Zeitung, die bereits auf der entsprechenden Seite aufgeschlagen worden war. »*Die Württemberger trinken ihren Wein selbst, weil sie müssen - sonst tut es nämlich keiner*«, las sie laut vor.

Zu schnell, als dass Menzel hätte reagieren können, rutschte Nägele auf ihrem Stuhl nach vorn, gewann so kostbare Zentimeter und - zack! - bohrte sich die Stahlspitze ihrer Pumps in sein rechtes Schienbein.

Menzel fiel aufquakend vom Stuhl. Und landete unsanft, Kopf voraus.

»Der Mörder ist mit an Sicherheit grenzender Wahrscheinlichkeit ein Württemberger, der keine Kritik an Württemberger Weinen verträgt! Ein Winzer! Oder irgendein überzeugter Vierteleschlotzer! Ich verlange Polizeischutz!!«, winselte Menzel noch, dann wurde es schwarz um ihn.

Württemberger Wein: mäßig genossen ist er auch in größeren Mengen völlig unschädlich!

Menzel wurde in den folgenden Tagen herumgereicht wie eine schwäbische Pralinenschachtel, die - immer wieder neu verpackt - jahrzehntelang weiterverschenkt wird, bis einmal jemand urplötzlich Schokogelüste verspürt und die Packung vorfreudig aufreißt, nur um schimmelüberzogene, steinharte Pralinenruinen vorzufinden. Die Verleihung des Kritikerpreises war aus Respekt vor den nunmehr drei Toten abgesagt worden: Geld und Statue sollten dem noch nicht namentlich genannten Preisträger nach den Beerdigungen zugeschickt werden. Da Menzel jedoch ebenso wie die anderen Teilnehmer der Fachtagung Stuttgart aufgrund dringenden Tatverdachts nicht verlassen durften, wurden sie von den ortsansässigen Medien gelöchert, die sich anschließend mit griffigen Schlagzeilen gegenseitig zu übertreffen suchten: *Weinkritiker nicht im Rotwein-, sondern im Blutrausch* respektive *Weinkritiker auf der Todesliste eines fanatischen Württembergers* oder auch nur *Die Rache der Schwaben* – genau das Richtige fürs Sommerloch.

»Sehr zurückhaltende Nase, am Gaumen cremig, feine Säurestruktur, mit lang anhaltendem, schmelzigem Abgang. Ein Württemberger Terroirwein par excellence«, flötete Menzel ins Mikrofon. Er war gerade für die SWR-Hörfunksendung *Leute* gebeten worden, einen Württemberger Wein aus der Region Unteres Neckartal zu verkosten und spontan ein Urteil zu fällen.

»Sie stehen also nicht mehr zu ihrem negativen Urteil aus den *Stuttgarter Nachrichten*?«, fragte der Moderator provokativ.

»Ich bin missverstanden worden! Der Artikel verfälscht meine Antworten. Die Zitate wurden aus dem Zusammenhang gerissen«, behauptete Menzel kühn. Bei dem Artikel handelte es sich zwar um eine wortgetreue Niederschrift, aber das wusste ja nur der Journalist und Menzel hatte beschlossen, sein Mäntelchen ab sofort kehrtwendend in den Wind zu hängen und Württemberger Weine in den Himmel zu loben. Nur um auf Nummer sicher zu gehen. Sein Renommee war ihm egal. Hier ging es ums nackte Überleben. »Die Welt da draußen weiß leider noch nicht, wie herausragend Württemberger Weine sind. Es braucht jemand, der die Kunde vom guten Württemberger Wein in alle Winkel dieser Erde trägt. Ich böte mich da gern an.«

»Wie löblich. Der Ministerpräsident will Sie dafür zum Württemberger ehrenhalber ernennen«, fuhr der Moderator fort.

Menzel musste nicht bescheiden lächelnd abwinken, man war ja im Radio. Er tat es aber trotzdem. »Wir Weinkritiker wollen die Welt nur zu einem besseren Ort machen, mehr nicht.«

»Aber die Welt der Weinkritik ist ein hochgefährliches Pflaster, nicht wahr? Ist nicht vor ein paar Jahren auf einer ähnlichen Tagung ein Kollege von Ihnen mit einem Handtuchspender auf einer Herrentoilette erschlagen worden?«

Menzel wurde bleich. Auch das sah man im Radio nicht. »Ja, in der Tat ist mein werter Kollege Hagen von Schindler durch einen tragischen, niemals aufgeklärten Mord mittels Schlag auf die Schläfe zu Tode gekommen. Mit dem Plastikkorpus des Handtuchspenders letal niedergestreckt. Und jetzt wurden drei Weinkritiker mittels Plastikkorken dem Erstickungstod zugeführt. Da springt einem doch der rote Faden förmlich ins Auge! Wie ich immer sage: *Plastik* wird noch einmal der Untergang des Weines sein, wenn nicht gar des Abendlandes!«, dozierte Menzel, rückte seine Brille zurecht und sah schicksalsergeben empor.

Kenner trinken Württemberger

Sie saßen in feuchtfröhlicher Runde in einer Besenwirtschaft irgendwo am Rande der schwäbischen Metropole. Es sollte der Abschiedsumtrunk werden. Ein amerikanischer Kollege - man nannte ihn den »Indiana Jones der Weinkritik«, obwohl er nie Filzhut und Peitsche, dafür ausnahmslos immer eine lilafarbene Herrenhandtasche am haarigen Handgelenk trug - hatte gedroht, die Polizei zu verklagen, wenn man ihm die Abreise nicht gestattete. Und da keine neuen Verdachtsmomente aufgekommen waren und seit über zwei Tagen keiner von ihnen mehr über den Jordan gegangen war, ließ sich dagegen auch nicht viel einwenden.

»Ein Prosit«, rief Schlucki Metzger und erhob sich, »ein Prosit auf die lieben Verstorbenen, wir werden ihnen ein ehrendes Andenken bewahren!« Man trank demonstrativ Württemberger Wein. Schon allein, weil neben Hauptkommissarin Nägele und ihrer Entourage aus nicht näher definierten Vertretern der Exekutive auch die Presse anwesend war. Prompt flammten Blitzlichter auf: *Weinkritiker bekennen sich einhellig zu Württemberger Wein* sollte die Schlagzeile lauten. Falls nicht noch etwas dazwischenkam, worauf die Presse natürlich gierig spekulierte. Dann würde es heißen: *Massenmeucheln an Profitrinkern geht weiter.*

Menzel machte verkniffen mit. Er hob das Glas mit der Linken. Mit der Rechten umklammerte er das Frühstücksbuttermesser des Hotels, in dem er nächtigte. Wenn sich ihm einer auch nur auf zwanzig Schritte mit einem Plastikkorken näherte, würde er nicht zögern, von dem Buttermesser Gebrauch zu machen.

Für Menzel war die Sache immer noch klar: Der Mörder war ein Hiesiger. Hörte man nicht immer wieder von Polizisten, die aufgrund von Arbeitsüberlastung selbst zu Tätern wurden? Diese Nägele guckte ausnehmend feindselig. Und der Besenwirt? Ein untersetzter Heilbronner. Menzel hatte in seinem Artikel in den *Stuttgarter Nachrichten* die Heilbronner Reben als »generell überschätzt« bezeichnet. Würde sich das jetzt rächen? Starrte ihn der Mann nicht gerade abschätzig an?

»Darf ich nachschenken, der Herr?«, fragte der Heilbronner freundlich.

Menzel schüttelte den Kopf. Dann stand er auf und ging in Richtung Herrentoilette. Folgte ihm jemand? Tatsächlich, Hauptkommissarin Nägele!

Menzel ging schneller und immer schneller, hastete auf die Toilette, wuselte in den nächstbesten Kubus und schloss hinter sich ab. Natürlich fiel ihm erst in diesem Moment ein, dass so eine Toilettentür nicht kugelsicher war und Nägele ihn einfach erschießen konnte. Aber wechselte ein krankes Mörderhirn den modus operandi?

Mein Gott, die Nägele betrat tatsächlich die Toilette.

Menzel, der schon im Beisein anderer Männer Harnstau bekam und in Gegenwart einer Frau das Gefühl hatte, nie wieder pinkeln zu können, hyperventilierte vor Angst. Er kauerte sich in die geflieste Abortecke: Wenn sie jetzt doch schießen sollte, würde die Kugel über seinen Kopf hinwegfliegen.

»Herr Menzel?«, rief sie von draußen, mit dieser eisig klirrenden Stimme.

»Besetzt!«, rief Menzel.

»Herr Menzel, Sie wissen schon, dass Sie hier auf der Damentoilette sind, oder?«

Ampelographische Sortenmerkmale: offene Triebspitze, mittelgroße Blätter, walzenförmige Traube. Wirkung: Tödlich!

Mitternacht. Bewölkt. Ein Vorort.

Die Bürgersteige sind schon lange hochgeklappt, die Straßenbeleuchtung wird soeben abgeschaltet. Zwei Paar Männerfüße schreiten pflastersteinklackend durch die Beinahedunkelheit.

Menzel läuft mit Schlucki Metzger zum Hotel. Seine Rechte umklammert fest das Buttermesser, denn nun, da sich herausgestellt hat, dass Hauptkommissarin Nägele rechtschaffen und keine verrückte Mörderin war, konnte der soziopathische Massenmörder nur noch ein Württemberger sein. Ein vielleicht harmlos wirkender Passant. Wie der dort drüben. Menzel bleibt abrupt stehen.

Schlucki, die Hände tief in den Hosentaschen vergraben, merkt nicht gleich, dass er plötzlich allein unterwegs ist. Doch dann dreht er sich um. »Was ist?«

»Pst!«, flüstert Menzel. »Da!«

Er zeigt mit der Buttermesserhand auf eine Gestalt im Kapuzenshirt, die jetzt dazu ansetzt, die Straße zu überqueren.

Schlucki ruft arglos: »Guten Abend!«

Menzel schaut ihn entgeistert an.

Unter der Kapuze ruft eine zarte Mädchenstimme »Grüß Gott!«. Die Kleine läuft dann aber doch etwas schneller, denn Zweimeterhüne Schlucki und Menzel, der vor lauter Angst gekrümmt dasteht und in seiner Hagerkeit und mit seinen Schütterhaaren enorm an Max Schreck in *Nosferatu* erinnert, sind ein Anblick, der durchaus auch abgehärtetere Zeitgenossen verunsichern kann. Die drei türkischen Jungmänner zum Beispiel, die sich beim Anblick der beiden Weinkritiker flugs in ihren Hausflur zurückziehen.

»Kommen Sie schon, Menzel«, ruft Schlucki und schreitet kräftig aus. Menzel wuselt hinter ihm her. Die beiden könnten als Slapsticknummer durchgehen.

»Wozu das Messer?«, fragt Schlucki über seine linke Schulter.

»Damit ich mich verteidigen kann, wenn dieser wahnsinnige Württemberger zuschlägt, der uns alle ermorden will.«

Schlucki bleibt stehen. Menzel wäre beinahe aufgelaufen.

Die Wolkendecke reißt auf und im Mondlicht sieht man Schluckis ungläubiges Grinsen. Hauptkommissarin Nägele hat zwar vor den Fachtagungsteilnehmern durchblicken lassen, dass sie einen von ihnen verdächtigt, die Konkurrenz ausschalten zu wollen, um dann mit Preis und Preisgeld nach Hause zu fahren, aber von Menzels Württembergerthese war nicht die Rede gewesen.

»Wir haben doch irgendwann alle gegen Württemberger Weine gewettert«, fuhr Menzel fort. »Selbst wenn wir privat gern mal einen schönen Lemberger aus Brackenheim oder einen Verrenberger Riesling trinken. Das ist eben der Zeitgeist. Irgendeine Region wird immer verlacht. Und jetzt nützt ein verrückter Eingeborener die Gelegenheit, dass wir gerade hier tagen, und schlachtet uns der Reihe nach ab. Aber mich kriegst du nicht, hörst du, mich nicht!« Die letzten Worte gellte Menzel in die Nacht, die Hand mit dem Buttermessen wild entschlossen nach oben gereckt.

Schlucki kann nicht mehr an sich halten. Er lacht und lacht, bis er sich vor Lachen die Seiten halten muss.

Menzel findet das ungehörig. Um nicht zu sagen, taktlos.

»Wollen Sie damit etwa andeuten, dass Sie Frau Nägeles Theorie anhängen und glauben, es gehe ums Preisgeld? Tippen Sie auf einen der anderen? Reblochon? Safirelli? Indiana Jones?«

Schlucki wischt sich die Lachtränen aus den Augenwinkeln, dann fischt er die Einmalhandschuhe aus der Innentasche seines Yohji Yamamoto Blazers. »Quatsch. Ich war's.«

Das kommt jetzt für Menzel etwas überraschend.

»Also ich werd' angeben, dass wir uns getrennt haben, weil ich mir noch Zigaretten holen wollte. Sie seien direkt zum Hotel gegangen. Und da hat Sie dann der Mörder erwischt. Der wahnsinnige Württemberger.« Schlucki kichert. »Köstlich, einfach köstlich.«

»Aber warum?«, entfährt es Menzel.

Schlucki wird auf einen Schlag todernst. »Wencke hat mich gedemütigt. Mich vorgeführt. Bei der Eröffnungsveranstaltung hat sie vor laufenden Kameras erklärt, ich sei ja nur als Mäzen geduldet. Sie hat mir jegliche Weinkennerschaft abgesprochen! Obwohl wir miteinander geschlafen haben! Zwei Mal!«

Schlucki guckt waidwund, aber Menzels Mitgefühl geht gegen Null. Sein Überleben steht auf dem Spiel. »Und Bensonman und Chandighar?«, fragt er, um Zeit zu gewinnen.

»Cleverer Schachzug meinerseits, um die Polizei hinsichtlich der Motivlage zu verwirren.« Schlucki zuckt mit den Schultern. »Sowas nennt man Kollateralschaden.«

Menzel fasst sich ein Herz. Jetzt oder nie!

Mit einer rasch ausholenden Bewegung rammt er Schlucki das Buttermesser in den Bauch.

Schlucki schaut erstaunt an sich hinunter, hebt eine Augenbraue, dann grinst er breit. »Wir lernen: Ein Buttermesser ist ein Streichgerät, keine Stichwaffe.« Dem Uli-Knecht-Pullunder und Schluckis Bauchspeck hat das Buttermesser jedenfalls nichts anhaben können.

Das war jetzt ungut. Vor allem, da Schlucki einen Plastikkorken hervorzaubert. »Nicht wehren«, rät er. »Dann ist es auch ganz schnell vorbei. Also ... relativ schnell.«

Menzels Adamsapfel hüpft in dunkler Vorahnung. Und gleich darauf rennt Menzel los.

Er ist nicht in Übung. Das merkt er an dem heißen Atem von Schlucki in seinem Nacken. Einmal gelingt es Schlucki sogar, sich in Menzels Cordsamtjacke zu verkrallen. Menzel streift sie ab und rennt weiter. Er atmet heftig. Lange kann er nicht mehr. Hell erleuchtet fährt die letzte Stadtbahn an den beiden Sprintern vorbei. Menzel ruft »Hilfe!« und wedelt mit den Armen, aber die Bahn ist leer und der Fahrer hat nichts bemerkt.

Dort!

Auf der anderen Straßenseite brennt noch Licht. Eine kleine Eckkneipe.

Heftig keuchend erreicht Menzel die Tür. Er stürzt hinein. Die Luft reicht nicht mehr für einen weiteren Hilferuf. Obszön schnaufend stützt er sich an der Theke ab. Eine dralle Kellnerin mit zu engem T-Shirt, zu blonden Haaren und zu viel Schminke im Gesicht sagt: »Hallo, Süßer, wir haben schon geschlossen.« Die beiden letzten Gäste stehen wie zum Beweis mantelzuknöpfend am wimpelgeschmückten Stammtisch.

Da hechtet Schlucki herein.

Menzel hat nur eine einzige Chance. Er ist gewillt, sie zu nutzen. Mit zitternder Hand ergreift er die halbvolle Trollingerflasche auf der Theke und schlägt zu.

Schlucki geht unter dem Geschrei von Kellnerin und Gästen in Zeitlupe zu Boden.

Gefällt wie eine deutsche Eiche.

Von einem bekömmlich-süffigen Trollinger aus dem Remstal.

Weinland Württemberg - Wo das Glück zu Hause ist

Menzel strahlt.

Nicht nur im wahren Leben, auch auf den 250.000 Plakaten, die die Werbegemeinschaft Württembergischer Weingärtnergenossenschaften hat drucken lassen. Er - der Held, der einem gefährlichen, geisteskranken Massenmörder das Handwerk legte - ist das neue Aushängeschild für Württemberger Weine. Mit einem Viertelesglas in der Hand lächelt er nun im ganzen Land von Litfaßsäulen und Plakatwänden.

In einem feierlichen Akt im Neuen Schloss verleiht ihm in diesem Moment der Oberbürgermeister der Stadt Stuttgart die Auszeichnung »Schwabe ehrenhalber«.

Hauptkommissarin Nägele sitzt in der ersten Reihe. Sie fixiert Menzel streng. Menzel merkt es, aber es ist ihm egal. Sein Glück kann nichts mehr trüben.

Vielleicht etwas voreilig. Nägele will ihn nämlich befragen. Woher er denn wusste, dass seinerzeit sein Kollege Hagen von Schindler mit einer *Plastik*abdeckhaube erschlagen worden war? Diesen Tatbestand hatte die Polizei nie veröffentlicht und eigentlich konnte das nur der Täter wissen.

Menzel ahnt nichts und badet im Applaus der Menge, als ihm der goldene Schwabenorden am Bande umgehängt wird.

Ja, noch strahlt er.

Gönnen wir es ihm.

Die Exoten:
Wo sonst
noch Wein wächst

Baierwein

Kennt kaum ein Mensch. Selbst Weinkenner zucken nur mit den Schultern. Woher der Baierwein stammt? Aus Altbayern, vor allem von den Südhängen der Donau. Gerade einmal vier Hektar Weinberge gibt es, das Zentrum ist Regensburg, Weniger als 20 Winzer, darunter viele, die es als Hobby betreiben, bewirtschaften die vor allem mit Müller-Thurgau bestockten Flächen. Also ein Spaßwein-Gebiet. Die Stadt Regensburg selbst hat einen Weinberg auf den Winzerer Höhen.

Wer mehr über das klitzekleine Anbaugebiet wissen möchte, sollte das Baierwein-Museum in der Gemeinde Bach an der Donau besuchen – inklusive einer der ältesten Weinpressen Deutschlands aus dem Jahr 1615.

Quo vadis Salutaris?

VON GUIDO M. BREUER

Lieber Herr Hartl«, sprach Oberbürgermeister Schaidinger feierlich und blickte in die Runde, die sich in Josef Hartls Wohnzimmer zusammengefunden hatte.

»Wenn ein Mann neunzig Jahre alt wird und die meiste Zeit dieses langen Lebens in unserem schönen Regensburg verbracht hat, dann hat er sich redlich das Anrecht auf eine schöne Tradition erworben. Mit großer Freude überreiche ich Ihnen hiermit eine Flasche Salutaris, unseres geliebten Stadtweins. Die sonnigen Hänge der Donau haben ihn heranreifen lassen, nun soll dieser gute Tropfen der Ihre sein. Herzlichen Glückwunsch!«

Josef Hartl nahm die Flasche mit einer tiefen Verbeugung an. »Vielen Dank. Auch wenn ich meine langandauernde Gesundheit eher dem guten Regensburger Bier zuschreibe, ist es mir doch eine Ehre, diese Flasche Wein heute mit Ihnen zu teilen. Und wenn ich den jungen Leuten einen Rat mit auf den Weg geben darf, was zu meiden ist, wenn man gesund neunzig werden will:

»Da Graich, d'Weiwa und da Drodvohau is s'Schlimmsde wos' git!«[1]

Unter dem Gelächter der Anwesenden fügte Hartl hinzu:

»Sohn, reiche mir den Korkenzieher.«

Karl Hartl nahm seinem Vater die Flasche ab.

»Lass nur, ich mach schon.«

Der Alte grinste. »Meinst du, ich schaff das nicht selbst?«

Der Oberbürgermeister lachte. »Lassen Sie Ihren Sohn nur machen, lieber Herr Hartl. Unser neuer Leiter der Mordkommission muss sich noch einleben, da ist das Entkorken eines Salutaris sicher nicht der schlechteste Einstand.«

Während Karl sich an der Flasche zu schaffen machte, füllte der Oberbürgermeister die Pause. »Diesen Tropfen habe ich eben noch eigenhändig aus unserem Weinkeller geholt. Unser Herr Altdorfer, der mir gestern Abend die Flasche bringen wollte, war leider nicht auffindbar. Böse Zungen behaupten, er habe sich mit dem ein oder anderen Fläschchen davongemacht.«

In das allgemeine Gelächter ploppte das Geräusch des Korkens, als Karl diesen aus der Flasche zog. Er roch an der Flasche und runzelte die Stirn. »Ich bin weiß Gott kein Weinkenner, aber das hier riecht eigenartig.« Der alte Hartl nahm seinem Sohn die Flasche ab. »Ja, auch das sagt man unserem Wein gerne nach.«

Er goss einen Schluck in ein bauchiges Rotweinglas. Eine dunkle, schaumige Flüssigkeit füllte es vor den staunenden Augen der Feierrunde. »Was um alles in der Welt ist das?«, stieß der Oberbürgermeister hervor. Der Jubilar roch an der Flüssigkeit, dann huschte ein Lächeln über sein faltiges Gesicht. Schließlich nahm er einen großen Schluck und leckte sich anschließend die Lippen. »Wenn mich nicht alles täuscht, ist das Bier. Und nicht irgendein Bier, sondern ein Kneitinger Bock. Das beste Starkbier, das ich kenne. Vielen Dank, Herr Schaidinger, diese Überraschung ist Ihnen wirklich gelungen. Wie schön, dass mein Geburtstag in die Bockbiersaison fällt!«

»Sagglzemend«[2], murmelte der Stadtoberste. Und laut fügte er hinzu: »Ich versichere Ihnen, mein lieber Herr Hartl, ich werde das ... ich werde das aufklären, ich meine ... ach du lieber Himmel.«

Hilfesuchend sah er zu Karl Hartl, der die Szene belustigt betrachtete und in diesem Moment das Klingeln seines Telefons bemerkte. Er nahm das Gespräch an, lauschte kurz, sagte knapp: »Ich bin unterwegs«, trat dann an den Oberbürgermeister heran und flüsterte ihm zu: »Man hat den Anton Altdorfer tot aus der Donau gefischt. Die Flucht mit dem edlen Tropfen können wir damit vermutlich ausschließen.« Er wandte sich zu seinem Vater.

»Tut mir leid, Papa, der Dienst ruft. Feier schön, und lass dir das Bockbier schmecken!«

Karl stand kaum auf der Straße, als seine Kollegin Barbara mit dem Dienstwagen angerauscht kam. Nach wenigen Minuten Fahrt hielten sie in der Nähe des Westhafens an. Die letzten Meter zum Donauufer legten sie zu Fuß zurück. Eine Reihe von Kollegen war dort bereits emsig am Werk. Barbara wies auf die Leiche: »Das ist Anton Altdorfer, arbeitet beim städtischen Gartenamt.«

»Der hat noch nicht lange im Wasser gelegen«, meinte Karl. »Vermutlich nur diese Nacht.«

»Das scheint richtig zu sein«, antwortete ein Kollege der Gerichtsmedizin, der auch bereits vor Ort war. »Aber wie können Sie das wissen? Sie haben die Leiche doch noch gar nicht angesehen?«

»Brauch ich nicht. Habe eben schon die ersten Aussagen zum Verschwinden des Mannes aufgenommen. Er wurde gestern Abend noch lebendig und dienstbeflissen gesehen.«

Barbara schaute Karl überrascht an. »Karl, du bist jetzt schon mein fünfter Partner, aber so fix war noch keiner.«

Karl kam nicht zu einer Antwort, denn sein Telefon klingelte. Nach dem kurzen Telefonat sagte er: »Wir setzen unsere Ermittlungen andernorts fort.« Er gab Barbara ein Zeichen, und sie eilten zum Wagen zurück. Karl drehte sich noch einmal kurz um, und rief den Kollegen zu: »Ich brauche heute noch eine verlässliche Aussage zu Todesursache und -zeitpunkt!«

Wenig später betraten die beiden einen Keller, wo ein sichtlich erregter Leiter des Gartenamtes sie erwartete.

»Grüß Gott, Herr Stösser«, begrüßte Barbara den Mann.

»Gut, dass Sie so schnell kommen konnten«, sagte Ernst Stösser. »Eben rief mich der Oberbürgermeister an, ich solle den Salutaris kontrollieren. Und er sagte, der Anton Altdorfer sei tot.«

»Das ist leider wahr«, antwortete Karl. »Wir haben eben seine Leiche am schönen Donaustrand gesehen. Herr Schaidinger sagte, der Altdorfer hätte gestern aus diesem Depot eine Flasche Salutaris besorgen sollen, sei aber nicht gekommen.«

»Und ich habe gehört, eine Weinflasche sei manipuliert worden«, meinte Stösser. »Daraufhin habe ich sofort einige Flaschen geöffnet. Und, was soll ich Ihnen sagen ...« Karl unterbrach ihn:

»Bier, nicht wahr? Um genauer zu sein: Kneitinger Bock, wenn ich der Expertise eines alten und sehr schluckerfahrenen Regensburger Bierspezialisten vertrauen darf.«

Ernst Stösser blickte den Kommissar überrascht an. »So genau hätte ich es jetzt nicht zu sagen vermocht, aber ja – es ist Bier in den Flaschen.« Traurig sah er sich um. »Ich befürchte, in allen Flaschen. Das ist ungeheuerlich. Und dann ist der Anton tot.«

Karl sog die Luft ein. »Der ganze Raum riecht nach Bier.«

Barbara fragte: »Herr Stösser, wer kann ein Interesse daran haben, den Wein durch Bier zu ersetzen?«

Stösser hob beide Hände. »Du lieber Himmel, kein Mensch der halbwegs bei Verstand ist, kommt auf so etwas.«

»Herr Stösser, es ist besser, Sie verlassen jetzt diesen Raum. Hier muss sofort die Spurensicherung ran.« Barbara nickte und verständigte die Kollegen. Derweil begleitete Karl den Leiter des Gartenamtes nach draußen. »Und Sie sind zuständig für den Wein, diesen Salutaris?«

»Ja«, antwortete Stösser. »Meine Kollegen und ich haben aus einem kleinen Weinberg oben beim Stadtteil Winzer in den letzten Jahren einen gar nicht mal schlechten Roten gekeltert. Da steckt eine Menge Arbeit drin. Aber es lohnt sich.«

»Ich bin ja nicht von hier«, meinte Karl. »Sondern erst vor kurzem aus Köln hergekommen. Köln ist eine Bierstadt, und mein Eindruck ist, Regensburg ebenfalls.«

»Das ist schon richtig«, stimmte Stösser zu. »Aber das war einmal anders. Schon die Römer haben hier Wein angebaut. Heute sind wir das kleinste Weinanbaugebiet Deutschlands. Die Nachfrage übersteigt das Angebot bei weitem. Besonders bei unserem Salutaris. Den gibt's nicht zu kaufen, nur als Jubiläumsgeschenk.«

»Ich weiß«, meinte Karl. »Mein Vater hat heute eine Flasche erhalten. Beim Dekantieren gab´s ne Überraschung.«

»Ach stimmt, Sie sind der Sohn vom Hartl Josef. Er hat mir

erzählt, dass Sie sich seinetwillen nach hier haben versetzen lassen, um bei ihm zu wohnen.«

Karl nickte. »Sagen Sie, an wen wende ich mich hier, wenn ich wissen will, wer sich für größere Mengen Wein aus der Region interessiert?«

»Der bekannteste Weinhändler hier ist der Rehorik, am besten gehen Sie in die Weingalerie in der Gesandtenstraße.«

»Haben Sie vielen Dank, Herr Stösser«, sagte Karl. »Kann sein, dass wir Sie noch brauchen.«

»Klingeln Sie einfach durch.«

»Das machen wir«, meinte Karl. Dann rief er Barbara zu:

»Mach flott, wir müssen weiter, bevor der Rehorik zumacht!«

Wenig später betraten sie die Weinhandlung. Ein junger Mann kam auf sie zu. »Entschuldigung, wir schließen jetzt, und ich muss leider auch zeitig fort. Aber wenn ich Ihnen schnell helfen kann, gerne.«

»Sie können. Wir interessieren uns für den Salutaris.«

Der Mann lächelte. »Mit diesem Wein kann ich leider nicht dienen. Der ist nicht im Handel, den führen wir gar nicht.«

»Aber vielleicht können Sie mir trotzdem ein paar Informationen geben.« Karl zeigte seine Dienstmarke. »Hat vielleicht jemand versucht, bei Ihnen größere Mengen dieses Weins zu kaufen?«

»Bei mir nicht. Da müsste ich den Herrn Rehorik fragen. Dazu können wir Ihnen aber frühestens morgen etwas sagen, denn der Chef macht gerade eine Weinverkostung. Ich kümmere mich gerne drum.«

»Gut. Wir melden uns morgen wieder bei Ihnen.«

Sie verließen den Laden gemeinsam mit dem Verkäufer. Dem fiel beim Abschließen noch etwas ein: »Wenn Sie Regensburger Weinliebhaber befragen wollen, sollten Sie vielleicht ins Steirer Eck gehen. Das ist ein Lokal ganz in der Nähe, wo sich regelmäßig Weintrinker in größerer Zahl einfinden.«

Barbara nickte. »Kenn ich. Vielen Dank für den Hinweis.«

Kaum hundert Meter entfernt lag das Weinlokal in der Ludwigstraße. Ein appetitlicher Küchenduft stieg Karl in die Nase, als sie eintraten. Sofort merkte er, dass er an diesem Tage noch nichts gegessen hatte. Das Geburtstagsbuffet seines Vaters, das er fest eingeplant hatte, war ihm entgangen. Er steuerte die Theke an, hinter der eine Blondine im Dirndl stand und ihn freundlich anlächelte. »Grüß Gott«, sagte er und setzte sich auf einen Barhocker. Barbara nahm neben ihm Platz, und bevor sie etwas sagen konnte, wandte sich Karl an die Blondine: »Gute Frau, ich hab heute noch nichts Anständiges zwischen die Rippen bekommen. Was können Sie empfehlen?«

Sie legte ihm eine Speisekarte vor und antwortete:

»Probieren Sie den Obazd'n[3], den machen wir Ihnen mit viel Zwiebeln und Knoblauch, wenn Sie mögen.«

Karl blätterte kurz durch die Karte.

»Ich denke, ich nehme ein Wiener Schnitzel.«

Barbara fügte hinzu: »Ich nehm gern den Obazd'n, und dazu hätten wir gern zwei Viertel vom Grünen Veltliner.«

Die Kellnerin nickte lächelnd und wandte sich ab, um die Bestellung weiterzugeben.

Karl meinte: »Ich vertrage keinen Wein, das ist keine gute Idee.«

»Wir ermitteln in einer Weinsache, da muss das sein.«

»Ist dieser Grüne Wasweißich eine regionale Spezialität?«

»Ach was«, lachte Barbara. »Wir sind im Steirischen Eck, die Österreicher schenken glaub ich gar keinen Baierwein aus.«

Karl wandte sich an die Kellnerin, die gerade zur Theke zurückkehrte und ihnen zwei kleine Krüge Weißwein nebst Gläsern hinstellte: »Sagen Sie, führen Sie nicht auch Weine aus Regensburg und Umgebung?«

Die Blondine setzte zu einer Antwort an, doch eine Frau, die mit ein paar anderen Gästen ebenfalls an der Theke saß, kam ihr zuvor: »Hier gibt's vor allem österreichische Weine. Die hiesigen lohnen sich nicht.«

»Das kannst du doch nicht sagen«, entrüstete sich ein Mann neben ihr. Er grinste Karl und Barbara an. »Sie ist zwar von hier, aber sie hält es mit dem Freiherrn von Kreittmayr, der einmal sagte:

Oh glückliches Land, wo der Essig von selber wächst.«

Ein anderer fiel ein: »Naja, das bezog sich aber auf den Baierwein von früher, der heutige ist schon längst nicht mehr so sauer.«

Karl nahm einen guten Schluck und fragte: »Kennen Sie denn Leute, die ganz besonders auf den hiesigen Wein stehen? Vielleicht den Salutaris?«

Allgemeines Kopfschütteln war die Antwort. Die Wirtin beugte sich zu Karl vor und raunte ihm zu: »Regensburg ist eine Bierstadt, Wein ist hier a bisserl was Exotisches. Erst recht der hiesige.«

Karl schaute einen Moment gedankenverloren ins Dekolleté der Blondine, dann leerte er sein Glas und fragte: »Sagen Sie, Frau ...«

»Birgit«, ergänzte sie. »Also, Frau Birgit«, setzte Karl wieder an. »Kennen Sie Leute, die den hiesigen Wein so sehr ablehnen, dass sie sogar vor Gewalt nicht zurückschrecken würden?«

»Na, so schlecht ist der Baierwein nun auch wieder nicht. Und wenn einer vom Trinken gewalttätig wird, kommts wohl eher vom Bier. Es ist gerade Bocksaison.«

Barbaras Telefon klingelte. Nach dem kurzen Gespräch berichtete sie: »Der Anton Altdorfer ist ertrunken, hatte aber keinen Tropfen Donauwasser in der Lunge. Dafür aber Spuren von Bierschaum und eine Menge Kneitinger Bock im Magen. Dasselbe Bier wie in sämtlichen Salutaris-Flaschen. Wahrscheinlich wurde der Mann in Bier ersäuft.«

»Ach du Scheiße«, raunte Karl.

»Genau. Wenn wir heute noch was erfahren, dann im Kneitinger. Das Ganze scheint mir ebenso ein Bier- wie ein Weinfall zu sein.«

»Aber erst wird gegessen!«

Wenig später hatte Karl sein Schnitzel und Barbara ihren zermatschten Käse auf Brot verspeist. Karl spürte bereits die Wirkung des Weins. Nachdem sie beide noch ein weiteres Viertel getrunken hatten, verließen sie das Weinlokal in Richtung Arnulfplatz.

Als sie in der Brauereigaststätte Kneitinger eintraten, schlenderten sie erstmal durch den Mittelgang und sahen sich um. Dann steuerte Barbara gezielt eine Stube an, in der eine Gruppe für die frühe

Abendstunde schon recht angeheitert und lautstark beim Bier saß. Sie nahmen am Nebentisch Platz. Barbara zog sofort die Aufmerksamkeit der Männer auf sich. Ein sehr groß gewachsener Kerl raunte ihr etwas zu, was Karl nicht verstehen konnte. Sie lachte und antwortete laut: »Na, i will nix vo so an zamm'gsuffann' Noigldridschla!«[4]

Der Riese lachte ebenfalls laut und rief seinen Kumpanen zu:

»Des gamsige Briddscher'l is fei recht!«[5]

»Was redet ihr da?«, fragte Karl, der kein Wort verstanden hatte. Barbara flüsterte ihm zu: »Der Kerl wollte mich anmachen, und ich habe ihm gesagt, dass ich keine Lust auf einen betrunkenen Molch habe, der die Reste aus den Bierkrügen anderer trinkt.«

»Du scheinst ja seinen linguistischen Code getroffen zu haben«, brummte Karl. Barbara grinste. »Stimmt, er mag mich.«

Und es dauerte auch nicht lange, bis der riesenhafte Kerl sich wieder Barbara zuwandte.

»Is des Grischber'l dei Dschammsdara?«[6]

Sie lachte wieder und antwortete: »Awo, des is a Glez'n aus Köln, der versteht koa Boarisch. Wenns'd heind no eizipfl'n wüllsd, red Hochdeutsch.«[7] Dann übersetzte sie Karl wieder: »Der Typ fragte mich, ob die halbe Portion neben mir, also du, mein Freund bist. Ich sagte ihm, du seist ein Verwandter aus Köln, und habe ihn gebeten, hochdeutsch zu sprechen. Als Belohnung stellte ich ihm einen anregenden Plausch mit mir in Aussicht.«

Und in der Tat entspann sich bald ein auch für Karl verständliches Gespräch. Man riet ihm, auf jeden Fall ein Bockbier zu trinken, zunächst jedoch mit dem Edelpils zu beginnen. Da er Durst hatte, war das helle, süffige Pils schnell geleert. Das darauffolgende Bock rann ihm ebenso schnell die Kehle. Die anderen schienen weit besser im Training zu sein und gaben ein Tempo vor, das Karl schnell einen Rausch einbrachte. Doch schien das Bockbier auch nicht spurlos an den Männern vorbeizugehen. Karl bekam trotz des in seinem Kopf aufsteigenden Biernebels mit, dass der riesenhafte Kerl Krakowiecz hieß und im Zwist mit einem anderen Zecher namens Hans Dollinger lag. Als er mitbekam, dass Dollinger Weinhändler war, wurde er hellhörig.

»Sagen Sie, ist das nicht seltsam, ein Weinhändler als Stammgast im Bierlokal?«

Dollinger lachte laut. »Ich bin z'allererscht amol Rengschburcher. Und da trinkt man natürlich immer ein gutes Kneitinger, und dann und wann auch mal 'nen Baierwein.«

»Auch mal nen Salotarisch – äh – Salutaris?«

Der Riese, der immer näher an Barbara herangerückt war, meinte: »Der Dollinger Hans handelt mit dem Zeug, aber trinken tut er's nicht. Oder, Hans?«

»Fotz'ld need[8], Krako«, brummte Dollinger.

Karl fragte weiter: »Sach mal, Herr Dollinger: Ich muss wissen, wie das mit dem Salutaris ist. Wer könnte das Zeug gegen Bier tauschen, und wer hätte was davon?«

Dollinger fragte: »Bist von der Schandamarie?«[9]

Karl kramte nach seinem Ausweis, ließ ihn jedoch auf den Boden fallen und suchte unter dem Tisch danach weiter. Barbara zeigte ihre Dienstmarke. »Gut geraten.«

Dollinger stand auf. »Mir g'langd's fia heind.«[10] Eilig verließ er den Tisch. Der riesenhafte Krakowiecz stand ebenfalls auf und folgte ihm. Im Eingang zur Bierstube blieben sie stehen und diskutierten heftig miteinander. Offenbar hatten sie ihren Zwist nicht klären können und führten ihn noch eine Weile weiter. Dann verließen beide das Lokal. Den anderen schien es nichts auszumachen für die beiden zahlen zu müssen. Jemand gab noch eine Runde aus. Karl kämpfte mit dem Rest des vorigen Bocks und mühte sich, in der letzten Runde nicht ganz den Anschluss zu verlieren. Barbara klopfte ihm auf die Schulter. »Das ist was andres als Kölsch, net wahr?«

Karl wollte etwas Intelligentes antworten, brachte jedoch nur ein »Nee – doch – schon« heraus. Mit einem letzten tapferen Schluck leerte er das Glas vollständig. Er gab Barbara seine Geldbörse, doch die hatte längst bezahlt.

Als sie auf den Arnulfplatz heraustraten, verlieh die laue Abendluft Karls Beinen etwas Elastisches.

»Wo haben wir geparkt?«

Barbara lachte. »Du wirst doch jetzt nicht fahren wollen?«

»Wieso? Ich bin die Polizei.«

»Nix da. Wir gehen zu mir. Ich wohne ein paar Minuten zu Fuß in Stadtamhof. Ein Spaziergang an der frischen Luft tut uns gut.«

»Na ich weiß nicht«, maulte Karl, ließ sich aber bereitwillig führen. Wie in Trance schwebte er durch die Ludwigstraße und über den Haidplatz. Als sie das goldene Kreuz passierten, erzählte Barbara ihm aus der bewegten Geschichte der Stadt, über Karl den Fünften, der hier mit der Regensburgerin Barbara einen unehelichen Sohn zeugte. Karl glitt behende über den Platz und verstand gar nicht, warum Barbara ihm immer wieder helfend unter die Arme griff und ihn zu stützen versuchte. »Oh du schöne Rabarbara«, murmelte er. »Ich bin doch Karl, dein Fünfter.«

»Klar bis du das, mein Erster Kriminalhauptkommissar«, hörte er sie wie durch einen Nebel flüstern.

»Geleite mich, du hehre Weinführerin, durch diese Bockbier-Rebenstadt. Bring mich nach Haus, wo immer das auch sein mag.«

Barbara antwortete nicht, packte ihn stattdessen noch etwas fester, besonders als er die Justitia umrunden wollte. Sie gelangten zum Rathaus, wo Karl den steinernen Wachsoldaten Schutz und Trutz zurief, sie sollten doch auch einmal etwas trinken. Auf dem Zieroldsplatz erblickte er dann die Statue eines Mannes in Pumphosen. »Das ist doch bestimmt mein Namensvetter Karl, den man auch den Fünften nannte.«

»Nicht ganz«, meinte Barbara. »Das ist Don Juan de Austria, sein Sohn, den er hier mit -«

»Ja, ich weiß!«, unterbrach Karl sie jauchzend. »Das ist unser Sohn, der Retter des Abendlandes! Lieber Junge, du siehst doch hier bestimmt 'ne Menge. Sage mir, wohin ist der Salitarisch, der – der Wein bloß hin?«

»Es ist nicht mehr weit«, meinte Barbara und zog Karl mit sich fort, bevor er sich losreißen und die Knie seines vermeintlichen Sohnes umfassen konnte. Bald gingen sie über die steinerne Brücke.

Karl spürte, wie es in seinem Magen rumorte. Etwas wollte heraus und wusste nicht wie. Er schaute über das Geländer auf den Fluss herunter und dachte noch, dass die Donau nicht halb so blau war wie er. Dann schwanden ihm die Sinne.

Das nächste, was Karl nach dem Abebben der Bewusstlosigkeit spürte, war ein böser Kopfschmerz, als habe man seinen Schädel in eine Schraubzwinge geklemmt. Und diese Zwinge musste seinem Gefühl nach eine Spannweite von mehreren Metern haben. Langsam öffnete er die Augen. Sein Kopf schrumpfte dabei auf normale Größe zusammen, der Schmerz jedoch leider nicht. Seine Zunge klebte am Gaumen und übermittelte Karl sehr unangenehme Geschmacksempfindungen.

»Kaffee«, jammerte er.

»Ist doch schon da.« Barbara nahm seine Hand und führte sie zu der Tasse, die neben ihm auf dem Nachttisch stand. Vorsichtig richtete Karl sich auf und nahm einen Schluck. Der Kaffee war zwar nicht mehr ganz heiß, aber er tat gut. Langsam wurde er wach.

»Haben wir letzte Nacht den Retter des Abendlandes gezeugt?«

»Wo denkst du hin? Wir waren beide fix und fertig, als du endlich im Bett lagst.«

»Gut«, seufzte Karl. »Ich hätte nämlich wenn ganz gerne etwas davon mitbekommen.«

Barbara grinste. »Schau' mer mal. Trink erst mal deinen Kaffee und nimm eine heiße und am besten auch eine kalte Dusche.«

Sie drückte Karl ein Badetuch in die Hand. »Ich mach Frühstück.«

Wenig später stand er wie empfohlen unter der Dusche und spürte, wie langsam das Leben in ihn zurückkehrte. Dann stand Barbara in der Tür. »Mach schnell, wir müssen weg. Wir haben eine zweite Leiche!«

Susanne Strasser hielt sich beide Hände vor das immer noch schreckensbleiche Gesicht. »So manches Mal hab ich mir schon vorgestellt, dass ich morgens einen Toten in der Fragstatt finde. Aber dass das mal wahr wird, hätte ich doch nie gedacht.«

Karl sah sich im Keller des alten Rathauses um. Er war noch nie in einer mittelalterlichen, mit Originalwerkzeugen ausgestatteten Folterkammer gewesen. Er betrachtete den Mann, der nackt auf der Streckbank lag. Der Tote war von riesenhaftem Wuchs. Über den spanischen Esel, auf dessen scharfer Holzkante man damals die Befragten hatte schmerzhaft reiten lassen, lagen die Kleider des Toten sorgfältig gefaltet. Die Papiere, die man darin gefunden hatte, wiesen ihn als Jan Krakowiecz aus. Krako hatte man ihn am gestrigen Abend im Kneitinger auch genannt, wie Karl sich vage erinnerte. Barbara legte der Museumsführerin eine Hand auf die Schulter. »Das war gewiss ein Schock, Frau Strasser«, sagte sie. »Können Sie uns dennoch ein paar Fragen beantworten?«

»Sicher«, antwortete diese. »Ich hab Zeit – meine Führungen sind erst einmal abgesagt.«

»Dann erzählen Sie bitte, wie Sie den Toten gefunden haben.«

Susanne Strasser nickte. »Um zehn ist die erste Führung. Der Keller mit der Fragstatt und den Kerkerlöchern kommt immer zum Schluss. Ich öffne die Tür, und da liegt er. Tot. Einer der Touristen, ich glaub der war Zahnarzt, ging hin und hat den Puls gefühlt. Dann habe ich die Polizei gerufen.«

»Der Raum war verschlossen?«

»Wir schließen immer alle Räume ab, wenn wir sie verlassen. Aber viele Personen haben einen Schlüssel. Alle Führer, aber auch Hausmeister und andere Stadtbedienstete. Normalerweise gehe ich vor der ersten Führung nochmal durch alle Räume. Heute morgen war ich dafür etwas zu spät dran.«

Karl wies auf die Leiche. »Kennen Sie den Mann?«

Die Museumsführerin schüttelte den Kopf. »Nie gesehen.«

Barbara lächelte der Frau zu. »Vielen Dank, Frau Strasser. Sie sollten jetzt nach oben gehen und sich von dem Schrecken erholen.«

Karl hob die Nase: »Sag mal, riechst du das auch?«

Barbara nickte. »Erst dachte ich, es wäre deine Fahne. Aber der ganze Raum riecht nach Wein, glaube ich.«

Ein Kollege der Spurensicherung meldete sich zu Wort. »Kann ich bestätigen. Der Körper des Toten ist völlig mit Rotwein benetzt, auch auf dem Boden haben wir eine Menge davon gefunden.«

»Salutaris«, murmelte Karl. Und dann sagte er lauter: »Bitte überprüfen Sie den Wein, vergleichen Sie ihn mit einer Probe Salutaris. Und ich brauche die Todesursache. Ist der Mann hier gefoltert worden?«

»Augenscheinlich nicht. Er ist zwar gefesselt, hat aber keinerlei sichtbare Verletzungen. Wir werden ihn jetzt abtransportieren, wenn Sie nichts dagegen haben.«

»Ganz und gar nicht«, antwortete Karl. Und wir knöpfen uns jetzt mal diesen Dollinger vor. Er ist vielleicht der letzte, mit dem dieser Krako gestern Abend zusammen war.«

Kurze Zeit später saßen sie mit Hans Dollinger in dessen Büro. Der Weinhändler tippte sich an die Stirn. »Das ist verrückt. Ich soll den Krako in der Fragstatt zu Tode gestreckt haben? Ihr spinnt!«

Karl grinste. »Das haben wir doch gar nicht behauptet. Tatsache ist aber, dass Sie gestern mit dem Krakowiecz gestritten haben und zusammen beim Kneitinger rausgingen. Das war das letzte Mal, dass man ihn lebend gesehen hat.«

»Und ich hab ihm 'Gute Nacht du Depp!' gesagt und bin nach Haus. Mehr war da nicht!«

»Und worum ging's bei dem Streit?«

»Er hat was von meiner Frau gewollt.«

»Und Ihre Frau kann sicher bestätigen, dass Sie gestern Abend aus dem Kneitinger direkt nach Hause sind.«

»Nein, die ist in Bach auf einem Weinfest.«

»Jaja, der Wein«, sinnierte Karl. »Wenn ich mich recht erinnere, haben Sie ein Quantum Salutaris im Keller, nicht wahr?«

»Nicht viel. Das meiste hat die Stadt.«

»Hatte, mein lieber Dollinger, hatte. Jetzt ist die Stadt des guten Tropfens jedoch verlustig gegangen. Erhöht das nicht den Wert Ihres Restpostens enorm?«

Dollinger tippte sich wieder an die Stirn. »Ich klau doch nicht der Stadt den Salutaris, damit meine paar Flaschen im Wert steigen. Was wollt ihr mir noch anhängen?«

»Gar nix«, grinste Barbara. »Aber apropos Anhänger: Sie haben einen der wenigen Spezialtransporter für große Weinbehälter. So einer wurde in der vorletzten Nacht beim Diebstahl beobachtet. Leider konnte der Zeuge das Fahrzeug nicht genau identifizieren, jedoch ...« »Jetzt reicht's!«, schnaubte Dollinger. »Entweder ihr habt was gegen mich in der Hand und verhaftet mich, oder ihr verschwindet aus meinem Haus!«

»Ruhig Blut, wir wollten ohnehin gerade gehen«, meinte Karl. Barbara setzte ihr bezauberndstes Lächeln auf. »Vielen Dank für Ihre Geduld und Kooperation, Herr Dollinger.«

Als sie im Wagen saßen und Barbara um die erste Ecke gebogen war, sagte Karl: »Halt mal bitte hier an.« Als sie eingeparkt hatte, meinte er: »Würde mich nicht wundern, wenn unser Zechkumpan gleich ausschwärmt und seinesgleichen aufsucht. Die Finte mit den nächtlichen Zeugen war übrigens gar nicht übel.«

»Das war kein Bluff«, grinste Barbara. »Ich hab's dir nur noch nicht erzählen können, weil du heute früh im Koma lagst und wir dann so eilig in die Fragstatt mussten.«

»Es sei dir verziehen«, meinte Karl. »Besonders, weil ich mal wieder recht hatte.« Er zeigte auf den Wagen, der in diesem Moment an ihnen vorbeischoss, mit einem sichtlich erregten Hans Dollinger am Steuer. »Bitte Verfolgung aufnehmen.«

Sie folgten dem Wagen einige Minuten durch Regensburg, dann klingelte das Telefon. Barbara nahm das Gespräch an, bedankte sich und legte wieder auf. »Die Gerichtsmedizin. Wir haben die Todesursache beim Krakowiecz: Herzversagen. Und er hatte neben Bier auch eine Menge Rotwein im Magen.«

»Der Salutaris ist ihm wohl zu arg ans Herz gegangen. Vielleicht hat er sich aber auch in der Fragstatt zu Tode gegruselt.«

Dollinger bog ab. »Bin gespannt, wo der hinfährt«, sagte Barbara und setzte den Blinker. »Zu seinen Komplizen natürlich. Scheint in meiner Wohngegend zu liegen.«

Als Dollinger sein Fahrzeug parkte und auf ein Haus zuging, ergänzte Karl: »Genauer gesagt, bei mir zuhaus!«

Sie beobachteten, wie der alte Josef Hartl den Dollinger begrüßte und mit ihm im Haus verschwand. Karl sprang aus dem Wagen, noch bevor Barbara einen Parkplatz gefunden hatte. Er öffnete die Haustür und stürmte hinein. Als Barbara in der Diele stand, sagte er atemlos: »Sie sind nicht hier und auch nicht oben. Sie müssen im Keller sein.« Er rannte die Treppe hinunter. Barbara folgte ihm auf dem Fuße. Sie enterten den Raum, in dem sie Licht sahen, und blickten in die reichlich verdutzten Gesichter von Josef Hartl und Hans Dollinger.

»Junge«, sagte der Alte.
»Papa«, sagte Karl.
»Kraizdaifi«[11], sagte Dollinger.
Alle starrten auf den metallenen Tank, der den Raum füllte.
»Papa, haben wir jetzt eine Ölheizung?«
»Ach, Junge«, sagte sein Vater leise. »Du weißt doch genau, was sich in diesem Tank befindet.«
»Allerdings«, knurrte Karl. »Der Salutaris. Nun sag mir, warum wegen diesem blöden Gesöff zwei Menschen sterben mussten.«
»Das wollte niemand, glaub mir«, sagte sein Vater zerknirscht. »Alles fing damit an, dass wir beim Stammtisch im Kneitinger saßen und ich meinte, anstelle des Salutaris sollte mir der Bürgermeister doch lieber eine Flasche Kneitinger Bock schenken. Aber das war natürlich nur ein Witz.«
»Stimmt«, fiel Dollinger ein. »Aber wir dachten eben, wir könnten dem Josef eine große Überraschung machen, wenn der Witz wahr würde. Und außerdem ist es doch ohnehin ein Scheiß mit dem Wein. Rengschburg ist Bierstadt und soll's auch bleiben. Und so haben wir den Salutaris gegen Bier getauscht. Eine Heidenarbeit war das, zu acht Männern die ganze Nacht. Aber wegschütten hab ich ihn halt auch nicht wollen.«
»Und der arme Anton Altdorfer?«, fragte Barbara.
»Das war der blöde Krakowiecz. Der Altdorfer hat uns überrascht. Konnte doch keiner ahnen, dass der so spät in der Nacht noch aufkreuzt. Und der Krako hat nix Besseres zu tun, als den Altdorfer ins Bierfaß zu stecken und erst wieder rauszuholen, als keine Blasen mehr kamen. Wo doch klar war, dass der Anton kein Bier nicht verträgt.«[12]
»Also, bitte!«, mahnte Karl.
»Aber wir haben den Krako dafür bestraft. Ich wollte ihn, nachdem wir aus dem Kneitinger raus waren, noch überreden sich zu stellen. Er hat's nicht einsehen wollen. Da haben wir ihn in die Fragstatt geschleppt, der Hias ist dort Hausmeister und hat die Schlüssel, wir haben den Krako ausgezogen und mit Salutaris übergossen auf die Streckbank gefesselt. Dann haben wir ihn dort alleingelassen. Am nächsten Morgen sollte er mit Schimpf und

Schande gefunden werden, aber um Himmels Willen nicht tot! Der war doch ein Baum von einem Kerl. Wir hätten nicht gedacht, dass dem das was ausmacht. Vielleicht war der Wein zuviel für ihn.«

»Und jetzt sitzt ihr Deppen hier mit einem Tank voll Salutaris«, brummte Karl. »Was mache ich nur mit euch, und mit dem Wein?«

Der alte Hartl und Hans Dollinger streckten beide ihre Hände in Erwartung der Handschellen aus. Barbara und Karl blickten sich an. Barbara schüttelte den Kopf. Daraufhin sagte Karl: »So muss ich also euer Richter und Henker sein. Euer Schicksal, ihr alten Biersäufer, sei an das des Salutaris gebunden. Ich verurteile euch, jeden Abend hier im Keller – natürlich Weinlieder singend – mindestens einen halben Liter vom Diebesgut zu trinken, bis der Tank leer ist. Und wir fangen gleich jetzt damit an. Papa, hast du überhaupt Weingläser im Haus?«

Der Alte schüttelte bedächtig den Kopf und seufzte:

»Wei, Mord und G'sang is s'Schlimmsde wos' git.«[13]

[1] *Der Krieg, die Weiber und der Drahtverhau sind das Schlimmste, was es gibt! (»Drahtverhau« meint in dieser Redensart ein undurchdringliches Geflecht oder unauflösbare Verwirrung)*

[2] *Sack Zement, Ausruf des Erstaunens/des Ärgers, rührt daher dass man auf einer oberpfälzischen Baustelle der Angeschmierte ist, wenn man die Zementsäcke schleppen muss.*

[3] *»Angedrückter«, bayerische Käsespezialität, besteht aus zerquetschtem Weichkäse, für Preussen ohne süddeutschen Migrationshintergrund fast nicht essbar.*

[4] *Nein, ich will nichts von einem versoffenen Resteschlürfer!*

[5] *Das scharfe Mädchen gefällt mir wohl! (die wörtliche Übersetzung ins Hochdeutsche geriete zu arg)*

[6] *Ist dieser Hänfling dein Liebhaber?*

[7] *Aber nein, das ist ein Bekannter aus Köln. Er versteht kein Bayerisch. Wenn du heute noch Sex haben willst, rede hochdeutsch. (ebenfalls etwas entschärft ...)*

[8] *Schwätze keinen Unsinn!*

[9] *Bist du Polizist?*

[10] *Mir reicht's für heute!*

[11] *Kreuzteufel! Ausruf der Verärgerung, besonders beliebt bei tiefgläubigen, gottesfürchtigen Bayern.*

[12] *Der Süddeutsche neigt zur doppelten Verneinung. Damit deutet er an, dass seine Ablehnung nahezu unumkehrbar ist, was man andernorts als die typische bayerische Sturheit fehldeutet.*

[13] *Wein, Mord und Gesang sind das Schlimmste, was es gibt!*

Mallorca

Ja, gut, Mallorca ist natürlich kein offizielles deutsches Weinanbaugebiet, aber emotional gehört es einfach mit dazu. So wie Schalke 04 2001 der »Meister der Herzen« wurde, ist Mallorca das »Deutsche Weinbaugebiet des Herzens«. Wir sind da ganz großzügig. Wir gemeinden einfach mal ein.

Schon zu Römerzeiten wurde auf Mallorca Weinbau betrieben. Zentrum des Weinbaus ist Binissalem – ein kleiner Ort mit rund 7.000 Einwohnern. Die Weinbaufläche beträgt insgesamt 1.200 Hektar. Der Boden weist Lehm und Kalk auf. Natürlich werden auf Mallorca die Rebsorten-Weltstars Cabernet Sauvignon, Merlot, Syrah und Moscatel angebaut. Spannender sind die nur auf Mallorca vorkommenden Trauben wie Prensal Blanco oder Manto Negro.

J. B. Cool und die Weindegustation

VON JÜRGEN ALBERTS

Es war die Zeit der Rücktritte: Bürgermeister und Minister! Deputierte und Präsidenten! Popen und Polypen! Jasager und Wichser! All die Herren der Macht – da konnte es nicht ausbleiben, dass man mich aufsuchte und fragte, ob ich nicht wieder einsteigen wolle ... in das schwierige Geschäft des *private eye*. Antizyklisch sozusagen, gegenläufig, alle zurücktreten, damit die Freiwilligen besser zu erkennen sind.

Nun ja, nach fast fünf Jahren Abstinenz vom harten Schnüffelgeschäft fällt es einem schon schwer, sich wieder in die Ebene der Mühen zu begeben – auch wenn es nach Mallorca gehen sollte.

»Theo«, rief ich, nachdem mein neuer Auftraggeber gegangen war. Um ehrlich zu sein, es war eine Auftraggeberin, deren betörender Duft viel zur Umstimmung meinerseits beigetragen hat.

Keine Reaktion.

Klar, Theo arbeitete jetzt als Küchenschabe bei Henner, einem Meisterkoch ohne Stern.

Als ich ihm am Telefon erzählte, dass ich wieder einsteigen wollte, bat er sich Bedenkzeit aus. 30 Sekunden.

Dann sagte er zu.

Der Auftrag war prima: Wir sollten herausfinden, was ein Weingut auf Mallorca mit dem Plan bezweckte, lilafarbenen Wein auf den Markt zu bringen.

Wein gibt es in allen Farben, weißen, roten, schwarzen, schwarz-weiß-roten, schon im Ersten Weltkrieg, umbenannt nach 45: schwarz-rot-goldenen. Grünen Veltliner, gelben Tokaier. Wie sagt der Ungar: Hauptsache, der Plattensee geht nicht unter.

Saufen, Ficken, Fressen – so stand es auf einigen Bierbäuchen, die sich neben uns am Ryanair-Schalter anstellten. Das Beste der Nation soll sich ja ganzjährig im 17. Bundesland versammeln. »Mallorca wir kommen!«, grölten sie. Ballermann und Fleischbeschau in einem. Ich war noch nie auf der Putzfraueninsel, die Saufbolde neben mir schienen dort zuhause zu sein. »Mehr Bier!« konnten sie bestimmt auf spanisch sagen.

Theo erzählte während des Fluges, dass er als kleiner Junge in Mallorca war. Im Traum. Muss sehr schön gewesen sein.

»Und du?«, fragte er.

»Wer? Ich?«

»Wer sonst?«

»Na denn!«

Dialoge, die im Himmel verfasst und von Dichtern wie Beckett und Pinter unters Theatervolk gebracht werden, waren schon immer unser Ding.

Es gab während des Fluges nur eine Turbulenz und die dauerte knapp eine Stunde. Danach kamen wir gut wieder runter.

»Hast du denn Ahnung vom Wein?«, fragte Theo.

»Wer? Ich?«

»Ja du!«

»Nein du, dachte ich. Schließlich arbeitest du seit Jahren in einem Restaurant. Du bist der Experte.«

Theo tat beleidigt, obwohl es ein Kompliment sein sollte.

Ich habe Ahnung von rotem Libanösel, schwarzem Afghanone und grünem Türküdara – meinen drei Lieblingssorten. Lilafarbenes Marihuana gibt es noch nicht. Sollte man aber drüber nachdenken.

Wie gut, dass die mallorquinischen Zöllner mir nicht in die Tasche gegriffen haben. Schengen, olé. Ich hatte meine täglichen

Rationen fein säuberlich eingeschweißt in der Brieftasche. Vorsicht ist die Mutter der kleinen Drogensünder.

Bei *you tube* (was nicht mit: *du U-Bahn du* übersetzt werden sollte) habe ich mir zur Vorbereitung auf Mallorca einen Film angesehen. Drei Minuten Schlaglöcher, schön mit Musik unterlegt, Camí can Rendet und Camí dels Horts. Zwei Straßen in der Nähe von Inca – die Strecke wollte ich auf jeden Fall besichtigen. Aber wir kamen nicht dazu, weil unsere Auftraggeberin schon mit Chauffeur und Limo auf dem Parkplatz auf uns wartete. *What a service!* Oder wie der Einheimische sagt: *¡Qué servicio!*

Unterwegs erzählte die Parfümierte von den Rebsorten Manto negro und Callet, Tempranillo und Cabernet (ich bat Theo, alle Namen zu notieren und umgehend auswendig zu lernen) und von weichem Abgang im Gaumen sowie einem Weingut, das trotz seines guten Namens nur billigen Urlaubswein produziere. Wein brauche den Geruch von Kräutern und Beerenfrüchten, und von Barrique-Fässern, die in den Wein noch ein paar Röstnoten und Vanille bringen. Peng, so hatte ich Wein noch nie gesehen.

Ich verputzte Vanille und Kräuter und Beerenfrüchte lieber solo. Röstnoten – keine Ahnung. Rostnoten kenne ich, mehr nicht.

Ich schaute Theo an.

Der mich.

Wir sie.

Immerhin hatte sie dieses Parfüm um sich herum, nachdem bestimmt noch nie ein Wein geschmeckt hat.

Der Schotte sagt in dieser Situation: *Never drink a foggy wine.* Na gut, wenn man vor lauter *mist* das Whiskyglas nicht mehr findet. Der Belgier fügt an: Hast du Sorgen, schütt' sie in Likör, gut umrühren und die Flasche mindestens zwei Jahre stehen lassen. Was den Schwaben zu dem Satz verleitet: Mir könnet elles ... außer Weinmachen.

Nun hatte ich viele Informationen, wusste aber immer noch nicht, wohin uns der Auftrag führte. Früher mochte ich das ja, als ich jung war, heute wird mir ein wenig blümerant. Ich musste mir ein stilles Örtchen suchen, um mir einen Joint reinzuziehen, eine Röme, wie mein Freund Sven sagt, um wieder bei Trost zu landen.

Prost?

Trost!

Röstnoten!?

Trostnoten!

Theo hatte nur Augen für die Landschaft. Bei einem deutschen Bundesland wirklich sehr ungewöhnlich, auch mir gefiel jeder Kilometer. Persönlich. Und nummeriert.

»Sie werden sich bei einer Weindegustation einschmuggeln. Die findet morgen Vormittag statt. Haben Sie einen sportlich-eleganten-teuren-nachwasaussehenden Anzug dabei?«

Theo nickte.

»Den werden Sie nicht brauchen.« Sie lachte wie Eichhörnchen lachen, wenn sie eine Haselnuss geknackt haben.

Ich hätte gerne gewusst, was das ist ... eine Weindegustation?

Dann sprach sie von dem Wein, den sie auf ihrem Weingut herstellte: *Ánima negra* – schwarze Seele, der Name gefiel mir gleich.

»Die Traubensorte Callet braucht wenig Wasser, aber unendlich viel Zuwendung.«

Ich übrigens auch, hätte ich gerne angefügt.

»Die Trauben reifen nie zur gleichen Zeit, sind an einem Stock überreif und grün zugleich und können deshalb nur in mehreren Durchgängen geerntet werden.«

Geht mir genauso, besonders wenn ich morgen versuche, meine Gliedmaßen unfallfrei aus dem Bett zu heben.

»Die EU hat viel Geld bezahlt, um die Callet verschwinden zu lassen.«, sagte sie und ich hätte ihr gerne mein Bedauern ausgesprochen. Wer in die Mühlen der EU gerät, wird feiner geschrotet als das Getreide in Wilhelm Buschs Max-und-Moritz-Geschichte.

»Tiefes Kirschrot, konzentrierte Frucht, Säure und Tannine perfekt balanciert. Großer Abgang mit einem Hauch von Bitterschokolade.«

Woher wusste die Frau das alles? Bitterschokolade, prima, einen ganzen Berg davon und dann ab ins Kino, sechs Filme hintereinander und dann der Zuckerschock.

Theo schrieb mit und nickte. Am liebsten hätte ich der Auftraggeberin die Wahrheit gesagt, dass ich absolut Null Ahnung von ihrem Fach habe und deswegen ... aber wer konnte diesem Parfüm widerstehen? Ich wollte mich gerne hinter ihrem rechten Ohrläppchen verstecken, denn von dort kam die olfaktorische Verlockung.

»Die haben diesen lilafarbenen Wein kreiert und alle Winzer auf der Insel spekulieren, was die beiden Lesben damit bezwecken.«

Oh, da hatte ich einen Ansatzpunkt für einen schnellen Ausstieg aus der Geschichte: Theo und ich gehörten nicht in diese Szene.

»Und warum gehen Sie nicht selbst zu dieser ... Weindegustation!« Das Wort hatte ich mir gemerkt. Toll, was?

»Auf Mallorca kennen sich alle Winzer. Wir sind Konkurrenten, ganz klar. Die Ferrers gegen die Cerdás gegen die Batles gegen die Pastors. Wenn ich da auftauche ... nicht auszudenken.«

»Aber wir sind Männer!«, entgegnete ich.

Theo nickte mal wieder. Was sollte diese alberne Dauerzustimmung? Lernt man so was in der heimischen Gastronomie?

»Morgen nicht mehr. Heute nacht werden Sie beide in attraktive Frauen umgemodelt!«

Na bravo! Gut gegeben! *What a shock!*

Theo fragte leise, ob ich etwas ungesundes Material dabei habe, auf diese Neuigkeiten müsse er erst mal ...

Diesmal nickte ich.

»Haben Sie denn auch schon Namen für uns?«, fragte ich ein wenig verzagt.

»Ja, sicher. Ganz klangvolle sogar.« Aber die wollte sie uns erst verraten, wenn wir in Frauenklamotten über ihren Laufsteg wackelten.

Mary Jane, wo bist du? Hilf uns!! Wir sind in eine Falle getreten und können unsere Füße nicht mehr zurück ziehen.

Lilafarbener Wein, zwei Lesben im Dreivierteltakt und zwei *Tootsies* aus der norddeutschen Tiefebene - das musste ein Desaster werden. Es kam schlimmer, viel schlimmer.

In so einer Situation hört man auf den Malediven immer nur den einen Satz: Abtauchen gilt nicht! Selbst wenn es sich um die ganze Inselgruppe handelt, die bald von der Klimaveränderung überspült werden soll. Der Bayer kennt es kürzer: Oazapft is!

Das Hotel in Colonia San Jordi hatte schweizerisches Flair, die Zimmer waren Löcher, überall diese Fähnchen mit dem weißen Kreuz auf rotem Grund. Wir hätten es umgekehrt gebraucht, nachdem wir uns den ersten Joint aus türkischen Plantagen gegeben hatten.

Theo war ganz verrückt nach dem Zeug.

»Du glaubst doch wohl nicht im Ernst, ich rasiere mir die Brusthaare weg, nur um diesen plem-plem Job zu machen?«

Ich steigerte mich hinein: »Selbst wenn ich die Hasenpfote aus der Unterhose nehme ... die kommen uns gleich auf die Schliche.«

Dann Theo wieder: »Wir brauchen Hunderte von Nebelkerzen, die uns einhüllen, oder den Mantel von Zwerg Alberich, der uns unsichtbar macht.«

Nebelkerzen, aha, das musste ich mir merken.

Die Kleider wurden gegen Mitternacht gebracht.

Theo in violett. Wie dieser Pope aus Kurpfalz.

Ich ganz nett. Im schlichten Schwarzen, hoch geschlossen wie die Schwester von Mutter Teresa.

Damit wären wir durchgekommen, aber ...

Theo tänzelte, bekifft wie er flog, vor dem Spiegel rum und gefiel sich von Minute zu Minute mehr. Nun war nur noch das Problem mit seiner Bassstimme zu lösen. Theos spricht so tief, dass selbst englische U Boote dorthin nicht tauchen können.

»Am besten, du hältst den Mund!«, schlug ich vor.

»Kann ich. Aber nie länger als ein, zwei Minuten.«

»Sonst nützt dir die ganze Verkleidung nix.«

Das sah mein Assistent ein und verlegte sich aufs Schweigen.

Wie lange?

Siehe oben.

»Denk doch mal an diese Mönche, die ein Leben lang schweigen. Karthäuser oder deren Tanten, die Clarissinnen, die können das auch. Und immer schön an die Gage denken oder den Teil, den du davon bekommst.«

Das machte Theo noch gesprächiger. Er war nämlich keineswegs mehr mit Peanuts einverstanden.

»So wie früher linkst du mich nicht mehr!«, rief er aus. Dann flog er aus dem Fenster hinaus in den bestirnten Himmel und war bis zum Morgengrauen nicht mehr ansprechbar.

Was tun, spricht Lenin, weil sein Kommunismus aber auch so gar keine Lösung mehr parat hat.

Nebelkerzen, das Wort war schon mal gefallen.

Aha, soso, da musste was zu finden sein.

Das Internet gab nix her, aber meine Plastiktütchen mit ungesundem Material.

Gegen sieben Uhr weckte ich Theo auf.

»Kannst du backen?«

»Na klar.«

»Auch *ensaimadas*?«

»Für wen hältst du mich?«

»Kannste oder kannste nicht?«

»Du meinst bestimmt dieses luftige Hefegebäck mit Schweineschmalz, das die Araber den Spaniern zum Frühstück geschenkt haben.«

Kannte sich wirklich aus, mein Theo.

»Gefüllt mit Engelshaar, Fäden aus der Mitte des Kürbis.«

Ich klatschte in die Hände. »Genau die meine ich!«

»Wie viele brauchen wir?«, fragte Theo, der im Nu eine Kochmütze aufsetzte. Schien ihn richtig zu erregen, die Vorstellung, in eine Küche auf Mallorca zu gehen und denen was vorzukochen

Ich flüsterte ihm ins Ohr – man weiß ja nie, ob die Schweizer ihre Gäste auf den Hotelzimmern abhören oder so – dass die *ensaimadas* mit einem kleinen Schuss zu backen seien.

Theo begriff sofort und strahlte.

Noch mehr, nachdem ich ihm den morgendlichen Joint gebaut und gereicht hatte.

»Majestät, Ihr Frühstück.«

Huch, juchzten wir da los.

Punkt elf wurden wir abgeholt zur Weindegustation. Das Wort ging mir schon flugs von der Lippe. (Nein, nicht der Jürgen, der andere!!)

Die beiden Schwestern von dem Weingut in Binissalem hatten sich die Haare gefärbt. Die eine blau, die andere rot. Da konnte man sie gut auseinander halten.

Auf den Tischen standen die Flaschen mit lilafarbenem Wein.

So, da war also der Wein der Begierde. Drum herum jede Menge Säufer, die darauf warteten abgefüllt zu werden.

Originalabfüllung.

Sie kennen doch das Wort, das schon manchen Trinker irritiert hat. Sie wollten einen Rausch und bekamen stattdessen original was vom Winzer. Was Kleines? Nein, was Großes?

Ich deliriere schon wieder.

Theo packte unauffällig unsere Teigware neben die Trockenbrotscheiben und Käsestücke, nicht gerade erbaulich als Weinbeigabe. Dann kamen die Ansprachen.

Die beiden Frauen in blau und rot hatten so eine Art Duett vorbereitet. Blau sprach von Weinen nur für Frauen. Rot vom Überraschungswein des Jahres. Und fügte hinzu: Auf die Farbe kommt es an.

Ich hörte derweil zwei Chemikern zu, die schon das Geheimnis gelüftet hatten, wieso der Wein dieses kräftige Lila besaß ... aber das verrate ich nur, wenn Sie weiterlesen, geschätzte Leserin (Bis zu diesem Abschnitt des Textes habe ich sowieso schon alle männlichen Leser verloren!).

Und siehe da!

Unser Gebäck war weg!

Nein, nicht unser Gepäck. Das wäre ja zu blöd gewesen. In manchem Hartschalenkoffer findet sich immer noch ein Brösel Libanösel, um den es dann echt schade wär'.

Mit einem Mal wurde die Gesellschaft lustig, was sage ich, luftig.

Noch keine Flasche geleert, geschweige denn ein Tröpfchen genascht und hier herrschte Stimmung wie auf dem Bremer Freimaakt.

Was gäbe ich jetzt dafür, zuhause im Regen zu wandeln und zu singen.

Irgendeiner kam auf die Idee, einen Zweizeilerwettbewerb auszurufen. Und ich sollte den Anfang machen.

O weh. Mit welcher Stimme bloß?

Ich begab mich in die Kopflage und reimte. Mir fiel nämlich ein echter Westerwelle ein, den ich stantepede verhunzte.

Wann immer ein Schiff dampft und segelt
Gibt's einen, der die Mannschaft vögelt.

Nun war kein Halten mehr. Im Nu wurden alle Flaschen geköpft, die lilafarbene Brühe literweise eingepfiffen und die beiden Frauen, die sich mit ihrem Lesbenwein auf einen schönen Nachmittag gefreut hatten, taumelten zwischen Kiff und Kaff.

Weindegustation? Wunderbar! Oder kam es von unseren ungesunden *ensaimadas*?

Der nächste Wettbewerb galt der Unterwäsche, von der wir reichlich zu sehen bekamen. Reizvoll, neckig, nackig, super String und Pling.

Als wir dann an der Reihe waren, schauten alle mit geröteten Augen auf unsere Slips, die auch nicht von schlechten Frauen waren. Da hatte unsere Auftraggeberin gut aufgepasst. Oder wusste sie, daß auch wir ablegen mussten?

Es roch nach Orgie.

Bis plötzlich ein Polizist auftauchte. Oder waren es zehn, fünfzig? Was sage ich, die gesammelte Polizei Mallorcas stand im Vorgarten ...

Nein, das ist nun Quatsch. Vor meinem inneren Auge zogen die gleich wieder ab. Marsch, marsch. Keine Polizei in dieser Geschichte.

Die Blaufrau kam ganz nah an mich heran.

Ob sie mich mal was fragen dürfe?

Na klar.

Fragen alles, Antworten selten.

Sie habe gesehen, dass wir dieses Wundergebäck als Gastgeschenk auf den Tisch des Hauses gelegt hätten ... ob es eine Möglichkeit gebe ... sei ja nur so eine Frage ... mal sehen, da könne man vielleicht ins Geschäft ... so eine ausgelassene Stimmung habe es auf der Insel seit dem Sturz von Franco nicht mehr gegeben.

»Lilafarbenes Haschisch?«, fragte ich.

Manchmal führt ja der direkte Weg zum sofortigen Exitus.

»Kriegen wir auch hin!«, kam die unverblümte Antwort.

Juchhe, wir waren im Geschäft.

Mallorca, als Erprobungsfeld für eine schöne, neue Drogenwelt.

Ganz in Lila, mit einem weißen Strauß ... (Roy, wach auf, wir brauchen deine Schlagernatur!)

Theo hatte sich inzwischen mit der Roten unter eine Hecke verzogen und tat das, was er am Liebsten machte. Er erzählte von seinen Backerfolgen und wie immer übertrieb er maßlos.

Einmal will er Werder Bremen zu einem 15 zu 1 Erfolg verholfen haben. Glatt gelogen.

Das war ich.

Oder er will die Schaffermahlzeit ins Wanken gebracht haben.

Stimmt.

Nun denn, *back in business*, kann ich nur sagen. Auch wenn die Parole von George Bush und seiner Familie lautet: *They never come back*. Hoffentlich kann ich da nur anfügen.

Ach so, der lilafarbene Wein: Ganz einfaches Rezept. Gehen Sie in die nächste Apotheke (Gehen Sie nicht über Los und ziehen Sie keine 4000 Mark ein!) und kaufen sich eine kleine Prise Kaliumpermanganat.

Eine winzige Brise, weniger als eine Messerspitze, reicht, um zehn Flaschen rosa zu färben. Das gibt eine Farbe, mit der sich mancher Kirchenfürst bis in alle Ewigkeit blamiert.

Dann laden Sie alle ihre Freundinnen ein, nicht nur die lesbischen, und feiern mal wirklich eine Sause.

Das kommt gut.

Glauben Sie mir.

Schmeckt ein bisschen nebbe-der-Kapp, wie der Frankfurter sagt. Aber wenn man genug intus hat ... den Trick kannte Jesus ja schon bei der Hochzeit von Kanaan.

Übrigens: Unsere Auftraggeberin haben wir nie wieder gesehen. War wohl zu geizig unsere Gage zu berappen.

Dafür backen wir jetzt *ensaimadas* mit Schuss.

In Binissalem.

Frei nach dem Motto: Wir arbeiten, wo andere Urlaub machen.

Stargarder Land

Kein Qualitäts- sondern nur ein Tafelweinbaugebiet – es ist das nördlichste Deutschlands. Das Stargarder Land liegt nämlich mitten in Mecklenburg-Vorpommern. Gerade einmal 3,7 Hektar sind hier mit Reben bestockt, aus denen Mecklenburger Landwein gekeltert wird. Die angebauten Rebsorten wie Regent, Phönix und Ortega sind vor allem für eins bekannt: dass sie raues, kühles Klima aushalten können. In Rattey stehen 3,5 Hektar, die der »Verein der Privatwinzer zu Rattey« betreut. 0,2 Hektar gibt es in Burg Stargard, und auch dort ist ein Winzerverein ansässig. Ein wirklich überschaubares Weinanbaugebiet also.

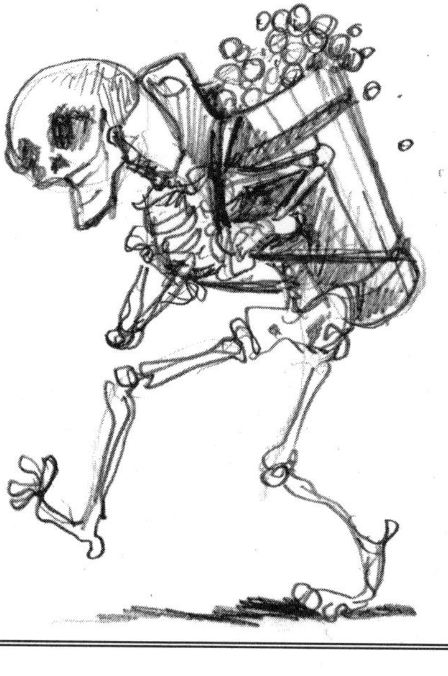

»... die so scheen had gebriggeld in meen Bauchnabel«

VON UWE VOEHL

Dr. Oetker lag tot in seinem Büro. Seit mindestens zwei Wochen. Aufgedunsen und bereits in leichte Verwesung übergehend. Ein fauliger Geruch hing in der Luft.

Meyer-Maddaus wurde übel. Zum Glück hatte er vor seinem Weihnachtsurlaub die Heizung ausgestellt.

Dann las er den Zettel, der neben Dr. Oetker lag:

Somit erscheinst du bald auch! deine Querruder schmirigen meiner Frau zu lassen!

Wenn er das verstümmelte Deutsch richtig verstand, handelte es sich um eine Drohung. Daher wehte also der Wind!

Meyer-Maddaus grinste. Dabei zeigte er seine glänzenden Zähne. Sie waren perlweiß und standen gerade wie eine Eins. Einmal im Monat ging er zum Zahnarzt und ließ sie sich weißen. Sein strahlendes Meister Proper-Lächeln war eines seiner Erfolgsrezepte. Glaubte er. Nein, er war überzeugt davon.

Er konnte nichts dafür, dass die Frauen auf ihn standen. Er schaute an sich hinab auf *Floris van Bommel*. Von den sportlichen Sneakern aus wanderte sein Blick weiter zu *Willy Bogner*, der sich mit sanftem Jeansgriff um seine Beine schmiegte, und blieb an *van Laak* hängen, der in Form eines Pullovers aus Seide und erlesenem Cashmere seinen Oberkörper schmückte. Er war nun mal ein Marken-Aficionado. Hing mit seinem Beruf zusammen. Nicht umsonst hatte er seine Werbeagentur zur größten in der Stadt gemacht. In jedem Ding eine Person sehen. In jeder Marke ihren Schöpfer. Das war sein Credo. Sein Erfolgsrezept. Es war viel einfacher, die Gegenstände zu beschreiben, wenn er sie personifizierte und sie mit Namen versah.

Mit einem angeekelten Gesichtsausdruck beförderte er die vergammelte Pizza von Dr. Oetker in den Mülleimer. Er verspürte fast so etwas wie Trauer dabei – so als hätte er den Unternehmer aus Puddingtown soeben tatsächlich in persona beerdigt.

Das Stück Papier entsorgte er gleich mit. War ohnehin 08/15: DIN-A4. Gewöhnlicher Computerausdruck. Und wahrscheinlich ohne irgendwelche Hinweise auf den Schmierfink.

Als Nächstes trudelte Rita ein. »Was ist das denn hier für ein Gestank?«, fragte sie.

»Ich hab nur vergessen, vor den Weihnachtsferien die Pizza zu entsorgen«, entschuldigte sich Meyer-Maddaus. »Es hilft nichts! Ihr müsst mit dem Duft leben.«

»Wenn es nur das wäre«, seufzte Rita. »Wir müssen heute unbedingt miteinander sprechen ...«

Meyer-Maddaus schaute theatralisch auf seine Nomos-Uhr. »Du, das ist heute unmöglich. Ich habe ein Briefing nach dem anderen. Außerdem ist in einer Woche diese Wein-Präsentation. Wenn wir den Auftrag an Land ziehen, klettern wir im Ranking unter die Top 100 ...«

Er strahlte sie an, zeigte einmal mehr seine blitzenden Zähne. Selbst eine Frau wie Rita musste sich doch davon blenden lassen!

Abgesehen von der fehlenden Zeit, hasste er die Zusammenkünfte mit Rita. Sie verkörperte in allen Dingen genau das Gegenteil dessen, was er präferierte. Wenn sie nicht anwesend war, nannte er sie die rote Rita oder kurz: Die Rote. Weil sie aus dem Osten kam. Sie legte grundsätzlich kein Make-up auf, verabscheute Parfüm, roch dafür ständig nach den von ihr bevorzugten Jasmin-Räucherstäbchen. Ihr hennagefärbtes Haar hätte man vor ein paar Jahren noch als »Out of Bed«-Frisur durchgehen lassen können – mittlerweile war es einfach out. Die teigige Haut ihres Gesichtes ließ auf ihren Körper schließen, obwohl man dieses massige Etwas nie zu Gesicht bekam. Entweder verhüllte sie sich in grob gestrickten Pullovern und Leggings oder weiten, wallenden Kleidern. Lieber nicht daran denken! Er hätte schon in verzweifelter Verfassung sein müssen, um sich vorzustellen, wie es unter ihrer Kleidung aussah. Wahrscheinlich leistete sie sich noch nicht mal einen C&A-BH!

Klar, dass sie ihn anhimmelte. Aber er hatte von Anfang an für klare Verhältnisse gesorgt. »Arbeit ist Arbeit, Pernod ist Pernod!«, hatte er ihr erklärt und versichert, aus Prinzip noch nie ein Verhältnis mit einer Mitarbeiterin angefangen zu haben.

War natürlich gelogen, aber er hatte es mit einem solch treuseligen Augenschlag unterstrichen, dass er Richard Gere dabei alle Ehre gemacht hätte.

Sie hatte es geglaubt.

Das Positivste an ihrem Erscheinungsbild waren die Marken-Schlappen – echte Birkenstocks –, in denen ihre unbestrumpften Füße steckten.

Wenn Kunden die Agentur besuchten, sorgte Meyer-Maddaus dafür, dass Rita in ihrem Büro und damit von der Bildfläche verschwand.

Es gab zwei Dinge, die ihn daran hinderten, sie zu feuern: Erstens besaß sie zwanzig Prozent der Anteile (die er ihr leichtsinnigerweise überschrieben hatte, als vor einem Jahr ein Auftraggeber pleite gegangen war und die Mitarbeiter nicht bezahlt werden konnten. Rita hatte mit dem ererbten Sparbuch ihrer Oma ausgeholfen), zweitens bewahrte sie als Einzige den Durchblick, was die von Meyer-Maddaus propagierte kreative Buchhaltung betraf.

Zugegeben, manchmal war Rita sogar *zu* gut.

»Es ist wichtig«, betonte Rita nun. »Wir können es nicht mehr länger hinausschieben.«

»Also schön, dann heute Abend. Bei René«, bestimmte er. Seine strahlend-weißen Zähne signalisierten ihr ein Lächeln.

Wenn schon, dann wollte er wenigstens das Unausweichliche mit dem Angenehmen verbinden. René war der beste Italiener der Stadt – eigentlich Halbspanier, aber seine türkische Frau zauberte einfach die besten Pasta-Kreationen.

Rita nickte und zog von dannen. Meyer-Maddaus atmete auf.

Doch der der anonyme Brief machte ihm noch Sorgen. Mehr als er sich selbst eingestehen wollte.

Er griff zum Telefon und tippte die Nummer seiner aktuellen Nr. 1 ein. Nach einer halben Minute hatte er Frau Doktor in der Leitung.

»Warum hast du dich zwei Wochen nicht einmal gemeldet?«, schmollte sie.

Er seufzte. Warum kapierten sie alle nicht, dass auch er einfach mal Urlaub brauchte? Und zwar ohne Frauen.

Trotzdem setzte er ein Lächeln auf. Sie konnte seine weißen Zähne zwar nicht sehen, aber er. Im Spiegel gegenüber. Ihm gefiel, was er sah. Schon als kleines Kind hatte er nicht an der Mutterbrust oder am Schnuller nuckeln wollen, sondern an einer Zahnbürste. Bis heute hatte er nicht eine Plombe.

»Ich hab' da so'ne komische anonyme Drohung erhalten, von wegen, ich soll die Querruder von irgendwelchen Frauen lassen. Dahinter steckt nicht zufällig dein Mann?«

Ein, zwei Sekunden Schweigen. »Glaub ich nicht, der hat selbst genug Affären. Aber könnten wir das nicht heute Abend bei René bereden? Ich habe Sehnsucht nach dir ...«

»Tut mir Leid, ein andermal«, wimmelte er sie ab. »Bin im Moment ziemlich beschäftigt.«

»Und wie heißt sie?«

Er musste grinsen. »Rita. Aber keine Sorge, es ist rein geschäftlich.«

»Wenn es sich um eure Rita handelt, glaube ich dir das sogar. Ich verstehe nicht, wie man sich als Frau derartig kleiden kann! Wenn sie wenigstens mal diese fürchterlichen Birkenstocks auszöge!«

»Nicht jeder hat deinen vorzüglichen Geschmack. Abgesehen davon kann sich nicht jeder Gucci und Co. leisten. Was aber die

Birkenstocks angeht, die trägt selbst Heidi Klum.«

Ihre Arroganz, die ihn sonst so angezogen hatte, ging ihm auf die Nerven. So auf die Nerven, dass er sogar Rita verteidigt hatte. »Wiedersehen, Frau Doktor!«, verabschiedete er sich kühl.

Er unterbrach die Verbindung und dachte nach. Ob sie den Brief verfasst hatte? Aber nein, dazu war sie nicht eifersüchtig genug.

Er schlug sein Louis Vuitton-Telefonregister auf und ging die Einträge durch. Die endgültig Verflossenen waren rot durchgestrichen. Diejenigen, die sich innerhalb des letzten Jahres verabschiedet hatten, hatte er mit Bleistift schraffiert – notfalls konnte man diesen wieder wegradieren. Es blieb nicht mehr als ein halbes Dutzend aktueller Gespielinnen.

Er rief sie der Reihe nach an, setzte sein unschlagbares Lächeln auf und musste sich zig-mal den Vorwurf anhören, dass er sich ohne Bescheid zu sagen verabschiedet hatte, und ebenso oft galt es, ein Rendezvous für den Abend auszuschlagen.

Den weiteren Tag über verbrachte er damit, weitere unnütze Telefonanrufe zu tätigen, nervös durch die Räume der Agentur zu schreiten und seinen Mitarbeitern auf die Nerven zu gehen.

Von ihnen hatte er seltsamerweise niemanden in Verdacht.

Olaf, sein Grafiker, war schwul, trug entsprechend Dolce & Gabbana, und soweit Meyer-Maddaus unterrichtet war, lebte er seit zwei Jahren mit einem Puertoricaner zusammen. Gut, die Sache mit Dr. Oetker traute er ihm zu – wie allen anderen auch – aber keinen Drohbrief. Er musste wieder an den Puertoricaner denken. Einmal hatte er ihn kurz kennen gelernt. Er hatte Olaf nach Feierabend abgeholt. Ein stämmiger, muskulöser Typ. Enrico! Sogar der Name fiel ihm jetzt wieder ein. Aber die Drohung würde nur Sinn machen, wenn der Junge glaubte, er, Meyer-Maddaus, hätte Olaf angebaggert. Außerdem hatte in dem Pamphlet ausdrücklich gestanden, er solle die Querruder von den *Frauen* lassen.

Verdammt, er war kein Detektiv oder Polizist! Schon als Kind hatte er lieber Micky Maus statt Sherlock Holmes gelesen. Statt zu deduzieren, drehten sich seine Gedanken im Kreise.

Außerdem war da noch der Auftrag mit dem verfluchten Wein aus dem Osten. Er hatte vorher nie davon gehört, dass in Mecklenburg-Vorpommern Wein angebaut wurde. Seine Leidenschaft für Weine blieb auf edle Südländer begrenzt. Das heißt, wenn schon, dann griff er am liebsten zum teuren Schampus. Am häufigsten stieß er mit der Witwe an, wobei er gerne mit dem passenden Trinkspruch prahlte: »Wie lieb und luftig perlt die Blase, der Witwe Cliquot in diesem Glase.«

Und jetzt dieser Landwein aus Meck-Pomm! Pah. Gut, er brauchte den Schotter, aber trinken würde er das Gesöff trotzdem nicht. Bisher hatte er nicht eine kreative Idee dazu. Woher auch? Er hatte sich noch kein bisschen mit der Materie beschäftigt.

Eine gute Gelegenheit, seinem Texter auf die Nerven zu gehen. Markwort trug wie immer einen viel zu engen schäbigen Quelle-Anzug. Darüber thronte sein glatzköpfiger Schädel. Alles an Markwort war grau. Dienstgrau. Hatte die fünfzig längst überschritten. Viel zu alt für die Werbung. Aber er war billig – und immer noch verdammt gut, wenn man ihn unter Druck setzte. Bekam hier sein Gnadenbrot.

Meyer-Maddaus erwischte ihn, wie er gerade seine fettigen Stullen verspeiste. Markwort zuckte zusammen. »Schon ein paar Ideen, was diesen Winzerverein betrifft?«, fragte ihn Meyer-Maddaus.

Markwort stotterte herum, suchte fahrig ein paar Zettel zusammen.

Hatte der etwa ein schlechtes Gewissen?

»Du hast nicht zufällig Dr. Oetker in meinem Büro verrotten lassen?«, fragte Meyer-Maddaus.

Markwort sah ihn derart begriffsstutzig an, dass Meyer-Maddaus ihn augenblicklich aus dem Kreis der Verdächtigen ausschloss.

»Ist schon gut«, wiegelte er ab. »Also, was ist jetzt mit dem Wein?«

Markwort las von seinen Zetteln. »Ich habe erst einmal recherchiert. Also, dieser Winzerverein der Privatwinzer zu Rattey wurde 1999 von sieben Gründungsmitgliedern gegründet. Sieben! Eine magische Zahl!«

Meyer-Maddaus seufzte: »Klasse Idee. Die sieben Zwerge von

Rattey. Und Schneewittchen als Weinkönigin. Mein Gott, Markwort! Meck-Pomm ist doch nicht das Erzgebirge!«

Er liebte es, wenn ihn seine Texter hassten.

Meyer-Maddaus ließ sich nicht beirren: »Im Jahre 2004 stimmte der Bundesrat einer Änderung der Weingesetzgebung zu, und das Stargarder Land wurde offizielles Weinanbaugebiet für Tafelwein und in das Verzeichnis der deutschen Weinanbaugebiete aufgenommen. Damit wurde der Weinanbau an den Standorten Rattey und Burg Stargard offiziell legitimiert. Der Wein wird unter der Bezeichnung Mecklenburger Landwein angeboten. Gegenwärtig hat der Verein übrigens fünfhundertdreißig Mitglieder. Ich stelle mir eine Anzeige mit sämtlichen fünfhundertdreißig Mitgliedern auf einem Foto vor, um die Bedeutung eines jeden Einzelnen entsprechend herauszustellen. Jeder Einzelne wird sich geschmeichelt fühlen. Die Winzer werden uns die Füße küssen!«

»Haben Sie den Wein schon einmal probiert?«

Markwort sah ihn empört an. »Nicht einen Tropfen! Sie wissen doch, dass ich Abstinenzler bin!«

Meyer-Maddaus ließ Markwort stehen. Unglaublich, dieser Mensch wäre besser Erbsenzähler als Texter geworden. Oder noch besser Politiker.

Als er an Ritas Büro vorbeikam, überlegte er, ob er noch einmal mit ihr sprechen sollte. Absagen wegen heute Abend.

Aber dann kam ihm eine Idee. Wenn sie es unbedingt darauf anlegte, seinetwegen. Die Ekelgrenze würde er sich vorher bei José mit einigen Tequilas möglichst hoch trinken.

Er nervte noch ein paar weitere Mitarbeiter, ohne so recht voranzukommen, bis endlich der Abend ins Land gezogen war.

Auf dem Weg ins Restaurant hielt er vor einem winzigen Getränkemarkt und klapperte die Regale nach diesem Meck-Pomm-Tropfen ab. Eigentlich ein ziemlich aussichtsloses Unterfangen – so tief im Westen.

Doch dann stutzte er. Sein berühmter Riecher hatte ihn mal wieder richtig geleitet. Als Erstes sah er Rotkäppchen-Sekt. Gut, den gab's inzwischen in jedem Supermarkt. Aber dann stieß er auf weitere Ossi-Produkte. Kaum zu glauben, er war auf eine Goldgrube gestoßen. Und es gab sogar den Mecklenburger Landwein.

»Eine gute Wahl«, flötete von hinten eine Stimme. Ein Verkäufer hatte sich unbemerkt heran geschoben. Meyer-Maddaus begutachtete ihn. Trug keine Markenkleidung. Hatten die in der DDR überhaupt Markenkleidung gehabt? Vielleicht Arbeitskittel mit der Bezeichnung ihre Kolchose. Oder schicke Polos mit VEB-Stickerei statt des LACOSTE-Krokodils. Und überhaupt: Hatten die nicht damals sämtliche Markenkleidung aus dem Westen gefaked? Oder war das die Türkei? Er hatte verdammt wenig Ahnung von »Drüben«.

»Der Mecklenburger Landwein ist einer meiner Favoriten«, sagte das Männchen mit ostdeutschem Akzent. Es trug eine Baskenmütze auf dem Schädel, wahrscheinlich hoffte es, so für ein wenig *savoir vivre* in dem schummrigen Laden zu sorgen. Meyer-Maddaus stellte ihn sich in einem Werbespot vor. Genau wie dieser Käsefritze aus Frankreich. Ja, das war schon eher was als Markworts fünfhundertdreißig Winzer auf einem Foto. Sachsen oder Meck-Pomm – war eh egal. Wenn man die Marke im Westen aufbauen wollte, durfte man auf Kleinigkeiten keine Rücksicht nehmen.

Das Männchen schien unter Meyer-Maddaus' Blick noch weiter in sich zusammenzuschrumpfen. Es hatte sehr schlechte Zähne. Das war Meyer-Maddaus sofort aufgefallen. Die konnte man weg retouchieren. Oder er würde ihn zu seinem Zahnarzt schicken, damit der ein paar Reparaturen anfertigte. Meyer-Maddaus schüttelte sich in Gedanken. So würden seine Zähne wahrscheinlich auch aussehen, wenn er nicht von klein auf Zahnpasta-Werbespots statt Kinderreime rezitiert hätte.

»Erzählen Sie mal ein bisschen!«, befahl Meyer-Maddaus, um von den Zähnen abzulenken.

»Über den Wein?«

Über was denn sonst, dein Scheiß Leben interessiert mich nicht die Bohne! dachte er, nickte aber freundlich.

»Der Mecklenburger Weißwein wird aus den Weinsorten Müller-Thurgau, Ortega, Phoenix und Huxelrebe produziert.«

»Huxelrebe?« Hatte er noch nie gehört. Passte wieder in diese Zwergen- und Schneewittchen-Szenerie. Von wegen die sieben

Zwerge von Rattrey. Vielleicht hatte Markwort diesmal ja doch den richtigen Riecher?

Wenn es Hurzelzwerge und Hutzelzwerge gab, warum dann keine Huxelzwerge? Der Huxelzwerg und die schöne Müllerin aus Thurgau. Oder Meyerin? Meyer-Maddaus war sehr eitel, was seinen Namen anging. Ortega hörte sich spanisch an. Don Quichote! Den kannten doch alle! Und Phoenix? Das war doch dieser fiese Vogel aus den Flammen! Schön, notfalls ließ sich daraus ein passender Spot drehen. Märchen und Fantasy, das war doch sowieso das große Ding im Moment. Warum musste nur er immer auf die besten Ideen kommen und nicht Markwort?

»Die Huxelrebe ist eine weiße Rebsorte, eine Neuzüchtung aus Gutedel und einer Hybride. Benannt wurde sie nach dem Winzer und Rebschulenbesitzer Fritz Huxel«, dozierte der Verkäufer. Er war in seinem Element, und Meyer-Maddaus ertappte sich dabei, dass er gar nicht hinhörte. »Einige Bestände wachsen sogar in England, in Rattey gibt es ungefähr einhundertfünfzig Rebstöcke dieser Traube.«

Meyer-Maddaus hatte unterdessen ein weiteres Regal erspäht. »Und der Rote?«

»Besteht aus der Rebsorte Regent, eine Neuzüchtung aus Silvaner, Müller-Thurgau und Chambourcin.«

Wieder hah! Mit Silva kannte er sich aus. Schließlich hatte er das Kleine Latinum. Silva bedeutete der Wald! Der Märchenwald, das passte doch! Und abermals die schöne Müllerin, den Thurgau würde er einfach mal beiseite schieben. Chambourcin? Das klang französisch! Und plötzlich kam ihm DIE Idee. Wie war das noch mit dem Abschiedsbrief der Französin und dem Weizenbier, das »so schön geprickelt hat in meinem Bauchnabel«?

Jau, das war der entscheidende Funke. Von wem war die Werbung noch mal? Ach egal, wenn es ihm schon nicht einfiel, würden die Kunden das auch nicht wissen. Er fasste alles in Gedanken noch einmal zusammen: Schneewittchen im Märchenwald, die sieben Zwerge, die irgendeinen Fusel aus ihrem Bauchnabel trinken und hoffen, es möge der richtige Wein sein, der ihren Bauchnabel kitzelt und sie somit zum Erwachen bringt. Natürlich war das

Quatsch, und nur mit einem Fluch einer bösen Fee zu erklären.

Nacheinander kommen also Don Quichote und ein paar andere Märchenfiguren vorbei und versuchen sich ebenfalls im Bauchnabelschlecken. Ist aber immer der Falsche. Bis schließlich der Prinz kommt! Nicht mit der Prinzenrolle, sondern mit einer Flasche Landwein aus Meck-Pomm! Das ist der Richtige – in jeder Hinsicht! Wow! Jetzt musste er nur noch diesen fliegenden Vogel unterbringen. Oder er vergaß ihn einfach. Sollte er doch in seiner Asche schmoren.

»Noch was zum Ortega: Der erreicht von allen in Rattey angebauten Weinen übrigens die höchsten Oechslewerte«, dozierte unterdessen das Verkäufermännchen und zwinkerte ihm bedeutungsvoll. zu »Wollen Sie mal probieren? Der Wein hat ein überaus feines Muskat-Pfirsich-Bouquet ...« Der Kleine geriet ins Schwärmen und atmete genießerisch durch die Nase.

»Später. Packen Sie mir ein paar Flaschen ein. Roten und weißen. Sechs von jedem.«

Besser zu viel als zu wenig. Man konnte ja nie wissen, welche Inspiration die edlen Landtropfen bei ihm noch auslösen würden.

Er zahlte, stieg in seinen Z4 und kam zehn Minuten zu spät zur Verabredung.

Rita erwartete ihn bereits. Mein Gott, hatte die sich in Schale geworfen. Meyer-Maddaus bekam Ekelpickel. In ihrem lilafarbenen Hosenanzug sah sie aus wie zwei Alice Schwarzers. Dann gefiel sie ihm doch schon besser in ihren selbst gestrickten Schlabberpullis.

Trotzdem lächelte er sie zur Begrüßung an. Er sah an ihr vorbei und bewunderte sein Spiegelbild in der Fensterscheibe. Die Zähne blitzten wie eh und je, trotzdem bedauerte er, seine Zahnbürste vergessen zu haben. Das gab ihm sonst so ein beruhigendes Gefühl. Sein augenblicklicher Favorit war die Oral-B Triumph 1000 mit Tiefenreinigung und separatem, drahtlosem SmartGuide mit zwölf Ersatzbürstenköpfen für jede nur mögliche Putzvariante. Darauf war er besonders stolz. Für unterwegs tat es normalerweise ein simples Handgerät wie die Oral-B Interdental Compact mit beweglichem Bürstenkopf. Und natürlich Zahnseide. Gut, dass er die nicht vergessen hatte!

Er nahm Platz. »Tut mir leid, musste noch in Sachen Mecklenburger Landwein recherchieren. Hast du schon bestellt?«

Rita schüttelte den Kopf. Merkwürdig, dass sie ihn nicht so anhimmelte wie sonst. Irgendetwas schien sie tatsächlich auf dem Herzen zu haben.

Und dann kam sie recht unverblümt zur Sache: »Während deines Urlaubes habe ich Inventur gemacht. Es sieht alles andere als rosig aus. Wir schreiben seit einem Jahr nur noch Miese. Seit sechs Monaten haben wir keinen neuen Kunden akquirieren können, dafür sind drei abgesprungen.«

Meyer-Maddaus winkte ab. »Das waren kleine Fische. Wenn wir erst den Auftrag der Stargarder Winzergemeinde kriegen …«

»Die Bank wird nicht mehr so lange warten. Wir haben eine Frist von zwei Wochen, uns zu erklären.«

»Das regel ich schon. Du weißt doch, dieser Kleff von der Dresdner ist mein alter Tenniskumpel.«

»Sie haben ihn vor Weihnachten entlassen. Unkorrekte Geschäfte.«

Meyer-Maddaus wurde blass. Aber noch ließ er sich die Butter nicht vom Brot nehmen. »Dann feuern wir eben ein paar Leute«, schlug er vor. »Markwort steht sowieso ganz oben auf meiner Liste.«

»Ich habe mit allen gesprochen. Sie haben sich solidarisch damit einverstanden erklärt, auf den Großteil ihres Gehalts zu verzichten, bis wir aus dem Gröbsten raus sind.«

Der Kellner kam, wollte die Bestellung aufnehmen. Meyer-Maddaus war der Appetit vergangen. Er schickte den Burschen fort.

Rita lächelte. »Ich sehe, du hast verstanden. Eigentlich können wir uns keine Geschäftsessen mehr leisten. Da ist nämlich noch eine Sache …«

Meyer-Maddaus spürte, wie er unter seinem Anzug zu schwitzen begann.

»Es ginge uns nicht halb so schlecht, wenn nicht jemand ständig beträchtliches Kapital heimlich aus der Firma ziehen würde. Jemand mit Bankvollmacht.«

»Was willst du damit andeuten?«, fragte er vorsichtig. Er braucht jetzt unbedingt einen Jim Beam. Doppelstöckig. Mit viel Eis.

Gut, ab und zu hatte er was abgezweigt. Die ganzen Frauen, die er sich leistete, ließen sich nun mal nicht an der Pommesbude abspeisen.

»Da kommen nur wir zwei in Betracht. Und da ich es nicht war …« Sie ließ den Satz unvollendet im Raum stehen.

»Warum hast du mir das nicht vorher gesagt?«

»Du wolltest mir nie zuhören. Jetzt ist es zu spät.«

Er sah sie zweifelnd an, wollte nicht verstehen. »Was heißt zu spät?«

»Ich habe alles zusammengestellt und werde die Unterlagen morgen unserer Hausbank übergeben. Letzter Termin.«

Das ging ihm alles zu schnell. »Moment, du willst damit sagen, du teilst denen mit, dass bei uns gepfuscht worden ist?«

»Nicht gepfuscht. Sondern manipuliert. Ich maße mir kein Urteil an. Warum du es getan hast, wirst du am besten wissen. In aller Freundschaft: Vielleicht solltest du selbst mal mit der Bank sprechen.« Sie wirkte zerknirscht. Anscheinend machte es ihr keinen Spaß, ihn derart unter Druck zu setzen.

Sie erhob sich. »Zahlen brauchen wir ja zum Glück nicht!«

»Halt!« Er packte ihren Arm. »Das war ja ein grandioser Auftritt, Rita. Aber jetzt reicht's mir, echt! Das alles ist einfach absurd! Ich bin mir keiner Schuld bewusst. Vielleicht zeigst du mir zunächst mal die Unterlagen, bevor du sie zur Bank trägst. Schließlich gehört immer noch mir die Firma!«

Wenigstens zu achtzig Prozent, setzte er in Gedanken hinzu. Er wusste nicht, ob er zornig oder einfach deprimiert sein sollte. Es war alles zu viel für einen Tag.

»Wenn du möchtest, zeige ich dir gleich morgen früh …«

»Zu spät! Ich will mir heute noch ein Bild von der Lage verschaffen.« Zu lange, viel zu lange hatte er die Dinge schleifen lassen. Es wurde Zeit, dass er das Zepter wieder in die Hand nahm.

Sie sah ihn skeptisch an. Automatisch wandte er seinen Frauen-Verführungsblick an. Die Kunst dabei war, wie ein junger Welpe dreinzuschauen und gleichzeitig seine Zähne vorzuzeigen. Nein, so einer konnte doch nicht beißen. Den musste man einfach streicheln.

Bei Rita wirkte die Masche zu seinem Erstaunen nicht. Wenigstens nicht auf Anhieb. Ihr Gesicht blieb verschlossen. Aber schließlich willigte sie ein.

»Also gut. Ich gebe dir eine letzte Chance. Aber wehe, du bluffst.«

Als sie die Firma betraten, erwartete sie eine weitere Leiche. Die Flotte Biene lag aufgeschlitzt auf seinem sündhaft teuren Ligne Roset-Schreibtisch. Der Langnese-Honig hatte sich zäh über die Eichentischplatte ergossen. Darin klebten diverse Zettel, Faber Castells und das i-Phone. Was aber augenblicklich Meyer-Maddaus' Aufmerksamkeit erregte, war ein weiteres DIN A4-Blatt mit einer anonymen Computer-Botschaft:

Lässt keinen Zweck! Sie schwein nur eine Sprache verstehen!

»Was hat das denn zu bedeuten?«, fragte Rita.

Meyer-Maddaus beschloss, ihr reinen Wein einzuschenken. »Das ist schon die zweite Warnung heute. Irgendjemand glaubt, dass ich seine Frau anbaggere.«

»Wer auch immer dahinter steckt, er muss einen Schlüssel fürs Büro haben.«

»War auch mein erster Gedanke. Aber den kann er sich auch beschafft haben.«

»Gehen wir in mein Büro«, schlug Rita vor.

Meyer-Maddaus nickte.

»Was schleppst du eigentlich da die ganze Zeit mit dir herum?«, fragte sie.

Erst jetzt bemerkt Meyer-Maddaus, dass er tatsächlich die zwei Kartons Mecklenburger Landwein unterm Arm trug. »Wie du siehst, bin ich immer im Dienst. Das sind die Produkte unseres zukünftigen Kunden. Ich habe auch schon eine grandiose Idee, wie wir die Werbung aufziehen ...«

In groben Zügen erzählte er ihr von seiner Märchenwald-Idee.

Sie blieb skeptisch. »Ist das nicht alles irgendwoher geklaut?«

»Geklaut?«, fragte er entrüstet. »Es handelt sich um kreative Schübe auf höchstem Niveau!«

»Ja, aber es gibt doch schon den Rotkäppchen-Sekt. Und dann kommst du mit deinem Schneewittchen?«

»Schweeweißchen. Und Rosenrot!«

»Und diese Bauchnabel-Arie kommt mir auch nicht ganz unbekannt vor.«

»Mir auch nicht. Aber mir fällt absolut nicht ein, von wem die war.«

»Mir auch nicht.«

»Auf jeden Fall hat sie was. Die Idee ist sexy.«

»Sexy, aber geklaut.«

»Von wegen!« Jetzt ging es um die Ehre. Um seine Ehre! »Stell dir das mal auf Sächsisch vor!«

»Wieso auf Sächsisch? Der Wein kommt doch aus Meck-Pomm?«

»Sächsisch ist nun mal die Sprache, mit der jeder Westdeutsche den Ossi verbindet. Es muss Sächsisch sein!«, beharrte er.

Rita lachte plötzlich. Er hatte sie noch nie lachen gesehen. Niemals, seitdem sie sich kannten.

Noch nicht einmal, als er damals eines Morgens, als sie ins Büro gekommen war, nackt vor ihr gestanden hatte. Eine neue Kundin für Kondome hatte noch in der gleichen Nacht den Crashtest ihres ureigenen Produkts machen wollen. Auf dem Schreibtisch!

Nun, den Test hatte er erfolgreich bestanden, aber irgendwie vergessen, dass Rita ja schon frühmorgens mit der Arbeit anfing.

Wie gesagt, sie hatte nicht gelacht.

Auch nicht, als er entschuldigend gesagt hatte, sein Schlafanzug sei noch in der Wäsche.

Und jetzt – jetzt lachte sie. Ihre Wangen bebten dabei wie Wackelpudding.

Okay, vielleicht ging ja doch noch etwas. Er würde sich ganz schön überwinden müssen, um die Nummer durchzustehen, aber letztlich war seinem Charme noch jede erlegen. Vielleicht vergaß sie nach dieser Nummer die Nummer mit der Bank!

Und hinterher, wenn sie ihm erst mal hörig war, würde er sie abservieren. Eiskalt. So ein Biest! Ihm zu drohen, der Bank alles offenzulegen.

»Das eine oder andere Glas Wein wirst du heute Abend bestimmt gut brauchen können«, sagte Rita. Sie klang schon etwas weniger sarkastisch. Fast schon besorgt. Besorgt um ihn. »Setz dich. Ich hole mal schnell die Ordner.«

Meyer-Maddaus nahm vor Ritas Schreibtisch Platz. Im Gegensatz zu ihrer bunten Erscheinung war ihr Büro geradezu geleckt. Er hatte es selten von innen gesehen, weil er ihr meistens aus dem Weg gegangen war.

Was trödelte sie so lange herum? Sie hatte die Ordner doch sicher parat liegen ...

Er holte eine Flasche von dem Roten aus dem Karton und suchte nach einem passenden Glas. Er fand nur eins für Wasser, aber das musste reichen. Er war nicht wählerisch. War ja nur Landwein. Wenngleich ziemlich teurer. Aber zur Not trank er den auch aus der Flasche.

Am besten gleich auf ex. Die Nummer mit Rita würde ihm einiges abverlangen. Da konnte der ein oder andere Schluck mehr nicht schaden.

Er schüttete das Glas randvoll, führte es grinsend an die Lippen - und sah plötzlich schwarz.

Ein unglaublicher Schmerz breitete sich in seinem Hinterkopf aus.

Er sackte nach vorne und fiel auf den Teppich.

Als er wieder zu sich kam, fand er sich an Armen und Beinen gefesselt auf dem Stuhl sitzend wieder.

Vor ihm thronte Rita. Aber sie hatte sich verändert. Bekleidet war sie mit einem Hauch, ach was, einem Nichts von Négligé. Wo hatte sie das nur so plötzlich her? Der transparente Gazestoff umschmeichelte ihre zwei Tonnen Fleisch wie ein Sauerstoffzelt ein Neugeborenes. Wahrscheinlich hatte sie es selbst genäht.

Aber da war noch etwas, das Meyer-Maddaus Sorgen bereitete: Darunter war sie völlig nackt.

Zunächst verstand er die Welt nicht mehr.

Erst als sie ihm ein Taschentuch als Knebel in den Mund schob, so dass er würgen musste, begriff er allmählich.

»Tut mir Leid, Partner. Du bist zwar blöd, allerdings nicht blöd genug, dass selbst du nicht bald darauf gekommen wärst, dass auch ich die Firma angezapft habe. Und zwar viel mehr als du. Ich gehöre einer Artenschutz-Aktivistengruppe an, die eine Menge Geld braucht.«

Er bäumte sich auf.

»Der Bank erzähl ich eine nette Geschichte«, fuhr sie fort. »Von wegen, dass du ja jetzt nichts mehr unterschlagen kannst. Mit denen komme ich schon ins Reine. Niemand wird Verdacht schöpfen, mein Lieber. Ich werde dich verschwinden lassen. Bei deinen Weibergeschichten werden alle glauben, dass irgendein gehörnter Ehemann sich rächen wollte. Ja, die Drohungen habe ich geschrieben: Nett, nicht wahr? Das Programm nennt sich Babelfish – damit habe ich ein wenig herumexperimentiert, damit es sich ein wenig exotischer anhört. Und nun wollen wir mal kosten, was du da Schönes eingekauft hast …«

Sie trank direkt aus der Flasche. »Mörderisch lecker der Tropfen. Deine Idee mit den Huxelzwergen und dem Bauchnabel-Gesüppele werde ich übrigens umsetzen.«

Er würgte, rang nach Luft und lief blau an, so dass sie ihn wenigstens von dem Knebel befreite.

»Du?«, stieß er hervor. »Du klaust meine Ideen?«

»Klar, ich werde die Agentur übernehmen. Und Karl-Heinz - Markwort - mache ich zum Geschäftsführer.«

»Markwort? Diese Pfeife?«

»Manche Dinge beherrscht er recht gut«, lächelte Rita. »Gut, auf Dauer ist er ein wenig pedantisch. Aber dafür hole ich mir schon ab und zu die Abwechslung ins Haus. So wie heute. Du hast mich ja immer links liegen lassen! Dabei hätte ich alles für dich getan.«

»Es ist noch nicht zu spät! Ich habe immer etwas,- äh, Großes für dich empfunden!«

»So groß, dass du es lieber mit anderen geteilt hast, du Arschloch! Nein, du hast meine Gefühle lange genug mit Füßen getreten, als dass da noch welche für dich übrig wären. Heute Abend will ich nur Rache: Du wirst mir zu Willen sein!«

Allmählich begriff Meyer-Maddaus. Sie wollte ihn nicht nur verschwinden lassen. Vorher sollte er noch den Prinzen für sie spielen.

»Ich habe mich extra für dich rasiert«, säuselte sie. »Am ganzen Körper.«

Er fragte sich, ob er es überleben würde, von diesen Massen begraben zu werden. Oder ob sie ihn auf andere Art und Weise ins Jenseits befördern wollte.

»Du sagst ja gar nichts. Hat mein Anblick dir die Sprache verschlagen?«

Er nickte – möglichst devot, um sie nicht auf die Palme zu bringen.

Bisher hatte er seinen Blick nur bis zu ihrem Bauch schweifen lassen. Den Anblick dessen, was darüber baumelte und schwabbelte, glaubte er nur unter einem starken Beruhigungsmittel aushalten zu können.

»Fürwahr«, fuhr sie fort, »deine Phantasie hat mich ganz schön angemacht. Wollen doch mal gucken, wie schön dein Mecklenburger Landwein in meinem Bauchnabel so prickelt.«

»Oh, es perlt bereits auf meiner Zunge!«, heuchelte Meyer-Maddaus. Vielleicht konnte er ja doch noch was reißen.

»Das hoffe ich, denn du wirst sie brauchen.«

Langsam kam sie näher. Sie torkelte leicht. Schien nicht viel zu vertragen. Dann vergewisserte sie sich, dass seine Fessel noch saß.

»So, mein Lieber, heute gibt die Mami dir mal frei. Du musst nicht texten. Entspann dich und sieh es als meinen persönlichen Abschiedsgruß für dich an. Vielleicht ist dir ja danach wenigstens bewusst, was du verpasst hast!«

Sie meinte es offensichtlich ernst!

»Rita, lass uns doch reden!«

»Wann hast du jemals mit mir reden wollen? Ich war doch immer Luft für dich! Bestenfalls ein Stück Fleisch in einem grauen Pullover. Dabei habe ich dich angehimmelt. Nur Karl-Heinz hat mich verstanden.«

Gott sei Dank! Zu gern hätte Meyer-Maddaus seinem Texter dafür noch nachträglich einen Orden verabreicht. Trotzdem war es kein angenehmer Gedanke, dass sie und Markwort es regelmäßig in den Agenturräumen miteinander trieben. Wahrscheinlich lag das Négligé stets parat in der Schreibtischschublade.

Sie rülpste leicht. Säuerlicher Weinatem stieg ihm in die Nase.

Aber das Schlimmste stand noch bevor! Ohne Vorwarnung riss sie sich das Nichts von Nachthemd vom Leibe. Geblendet von so viel Pracht riss Meyer-Maddaus den Kopf zur Seite.

»Schau gefälligst hin, wenn Rita-Baby ihre Geschenke für dich auspackt!«, drohte sie.

Er gehorchte – und fiel abermals in Ohnmacht.

Als Meyer-Maddaus erwachte, glaubte er zu ersticken. Er schluckte. Dann registrierte er, dass seine Wärterin neben ihm auf dem Boden saß und ihm den Mecklenburger einflößte. Direkt aus der Flasche.

»Dass mein Anblick dich gleich umwirft, ist ja rührend«, säuselte sie. Mittlerweile war sie ziemlich angesäuselt. In seiner Ohnmacht musste sie regelrecht gesoffen haben. Er zählte zwei leere Flaschen Mecklenburger Landwein, die auf dem Boden lagen. »Aber ein paar Tropfen werden dich schon wieder auf die Beine bringen. Und *ihn* auch!«

»Ihn?« Meyer-Maddaus schaute und gewahrte voller Entsetzen, dass er ebenfalls nackt war. Sie musste ihn während seines Blackouts entkleidet haben!

Er war sich mittlerweile gar nicht mehr so sicher, ob er sie wirklich noch herumkriegen würde. Geschweige es überhaupt wollte.

»Na, du wirst doch wohl deinen Mann stehen!«, präzisierte sie ihren Wunsch. »Komm, wir fangen mal ganz langsam an!«

Ihm schwante Fürchterliches, während sie sich auf den Rücken drehte und sterbender Schwan spielte. Sodann ließ sie den guten Mecklenburger auf ihren Bauch rinnen. Das meiste perlte wieder herunter, aber in ihrem gut handtellergroßen Bauchnabel sammelte sich ein kleiner Teich. Sie reckte sich wohlig und gurrte: »Lieber Harald, gannsd du mir nich etwas von dir schenggen? Vielleichd den gleenen silbernen Gorgenzieher und eene Flasche von den Schneeweißchn- und Rosnrod-Wein, die so scheen gebriggeld had in meen Bauchnabel?"

Ihm wurde schlecht. Wie hatte er sich nur so einen Mist ausdenken können! Kein Wunder, dass die Agentur vor die Hunde ging.

Die Erkenntnis kam zu spät. Wie immer im Leben.

Sie hatte die Augen geschlossen und hauchte ein verlangendes: »Gomm!«

Selbst wenn er blind und taub gewesen und eine doppelte Dosis Viagra geschluckt hätte: Dieses »Gomm« hätte jegliche Standfestigkeit zum Erschüttern gebracht. Es sollte wohl lasziv klingen, hörte sich aber in seinen Ohren an wie »Fass!«

Er ballte die gefesselten Fäuste. Zu blöd, dass er ihr damit nicht den Hals zudrücken konnte.

Sie hatte tatsächlich hingebungsvoll die Augen geschlossen und atmete erregt. Jetzt hätte er ihr den Hals schön umdrehen können. Aber natürlich wusste sie, dass er wehrlos war.

»Gomm!«, wiederholte sie.

Fass!

Und plötzlich fiel ihm ein, dass er doch nicht ganz wehrlos war. Er hatte ja doch noch eine Waffe. Eine allerletzte.

Alles in seinem Leben ergab plötzlich Sinn. Das Meister Proper-Lächeln. Seine Zahnbürstensammlung. Die wöchentliche Prozedur beim Zahnarzt. Sein Faible für weiße, gesunde Zähne von Kindesbeinen an. Seine hingebungsvollen Affairen mit Oral-B, blend-a-med, signal, colgate fluor S, Dr. Best und all die anderen …

Damit er noch morgen kraftvoll in den Apfel beißen konnte.

Nun, es mussten ja nicht immer Äpfel sein …

Sylt

Weinberge gibt es auf Sylt natürlich nicht, ist ja flaches Land. Einen Weingarten dagegen schon. 2009 angelegt, am Ortsrand der Gemeinde Keitum. In Sichtweite des Watts. Vorher grasten Pferde hier. Das Rheingauer Weingut Balthasar Ress rechnet 2012 mit der ersten Weinlese. »55° Nord« soll der Wein heißen – das ist der Breitengrad von Sylt.

Der Grund ist natürlich nicht, dass Sylt großartiges, unentdecktes Rebland ist, sondern dass es hier einen Markt gibt, einen besonders finanzkräftigen noch dazu. Dieser könnte unter anderem Patenschaften für Rebstöcke erwerben. 1.600 gibt es insgesamt, neben Müller-Thurgau vor allem die robuste Rebsorte Solaris. Die hält auch steife Brisen aus. Und reift schnell. Im Gegensatz zu edleren Sorten wie Riesling oder Spätburgunder. Aber der Klimawandel spielt dem Sylter Weinbau in die Hände. Wer weiß, was hier in einigen Jahrzehnten gedeiht?

Natürlich nur, wenn Sylt dann nicht längst unter dem Meeresspiegel liegt ...

Solaris auf Sylt

Von Jürgen Ehlers

Laute Stimmen. Peter Kleinhorst wusste nicht, ob er davon aufgewacht war oder von den höllischen Kopfschmerzen. Das erste was er sah, als er die Augen öffnete, waren zwei schlecht geputzte Stiefel, die viel zu dicht vor seinem Gesicht standen. Kleinhorst überlegte, ob er liegenbleiben sollte und warten, bis es ihm besser ging. Er entschied sich dagegen.

»Der hier wird wach!«, sagte jemand.

Kleinhorst betrachtete seine Hände. Er hatte in etwas Feuchtes gefasst. Wein, dachte er. Sie hatten sich betrunken, das wusste er noch. Aber die Flüssigkeit war zu dunkel für Rotwein, und sie klebte an den Fingern. Und an dem Stuhlbein, das da am Boden lag.

»Kommen Sie«, sagte jemand. Die Stiefel bewegten sich. Der Mann half ihm auf die Füße.

»Danke«, murmelte Kleinhorst. Er befand sich in einer Scheune, soviel stand fest. Strohballen lagen am Boden verstreut. Und ein umgestürzter Maischebottich. Wieso? Richtig, das Weinfest! Die Strohballen hatten als Sitzgelegenheit gedient, und der Bottich … in dem hatten sie die Weintrauben zerstampft. Die Maische war jetzt herausgelaufen, und neben dem Bottich lag ein nackter Mann. Wieso war er nackt? Ach ja, der Weinkönig. Aber warum lag er am Boden? Und wieso deckte ihn jemand mit einer Plane zu?

»Herzinfarkt«, sagte der Mann neben ihm.

»Herzinfarkt?«

»Ja. Das Ganze war offenbar zu viel für ihn. Nackt mit dem jungen Mädchen im Maischebottich, die Hitze, die ungewohnte körperliche Anstrengung …«

Herzinfarkt, dachte Kleinhorst. Das war kein guter Anfang für den Weinanbau auf Sylt. Das würde Arno bestimmt nicht gefallen. Wo war überhaupt Arno?

»Damit haben wir kein Problem«, sagte der Mann. »Sowas kommt häufiger vor. Viele unserer Gäste sind ja schon etwas älter. Und wenn die im Urlaub so richtig aus sich herausgehen, dann macht das Herz nicht mehr mit. Aber was mir Kummer bereitet, ist das da!« Er wies auf etwas, das hinter Peter Kleinhorst am Boden lag. Kleinhorst drehte sich um. Zu schnell. Alles begann sich zu drehen. Da lag noch ein Stuhlbein. Und das, was da neben dem Stuhlbein am Boden lag, das war Arno. Er lag in einer riesigen Blutlache, und er war tot.

»Oh.« Kleinhorst griff sich an den Kopf.

»Ach ja«, sagte der Mann mit den Stiefeln. »Ich glaube, ich habe mich noch gar nicht vorgestellt. Brodersen. Kriminalpolizei Westerland. Ich hätte da ein paar Fragen …«

»Was denn für Fragen?« Kleinhorst war noch nicht völlig im Film.

»Herr Kleinhorst, wir hier an der Küste, wir reden nicht lange rum. Machen wir's kurz, das ist meine Devise. Sie haben den Winzer erschlagen. Warum?«

Kleinhorst schüttelte den Kopf. Fast hätte er laut gelacht. Das wäre schlecht gewesen. Und fast hätte er gesagt: Der Winzer war ein Arsch. Aber das wäre auch schlecht gewesen. Sehr schlecht sogar.

Der Polizist seufzte. »Dann also die langsame Tour. Sie heißen Peter Kleinhorst?«

»Das wissen Sie doch schon.« Offenbar hatte der Polizist seine Brieftasche gefunden und den Ausweis.

»Wir wissen alles schon, Herr Kleinhorst, aber wir möchten es gern noch einmal von Ihnen hören.«

Natürlich war es falsch gewesen, nach Sylt zu kommen. Was aus Arno geworden war, das wusste er schließlich ohnehin schon aus der Presse. Der Besitzer von Deutschlands nördlichstem Weingut. Noch 300 Meter nördlicher als Balthasar Ress, und doppelt so groß. Dennoch war es eine ziemlich kleine Fläche. Arno war schon immer ein Luftikus gewesen. Und bis jetzt gut damit gefahren. Das Schwein. Fett war er geworden, der Arno. Und kein Zweifel, diesmal hatte er sich übernommen.

»Das rechnet sich doch nicht«, hatte Kleinhorst gesagt, als sein ehemaliger Klassenkamerad ihm sein Weingut vorgeführt hatte.

»Doch, das rechnet sich. Wir haben ja für jede einzelne Pflanze einen Paten. Für 279 Euro kannst du der Pate eines Weinstocks werden. Du bekommst ein wunderschönes Zertifikat und eine Flasche Wein jedes Jahr. Und bei 2. 000 Pflanzen sind das schon mal 560.000 Euro an Einnahmen, bevor die erste Beere geerntet wird.«

»Nicht schlecht für den Anfang«, musste Kleinhorst zugeben. »Aber was sagt Sylt dazu?«

»Sylt jubelt. Die Insel hat nichts als Vorteile! Du solltest mal mit meinem Event Manager sprechen. Zum Beispiel die Weinlese. Bei uns werden die Trauben noch in traditioneller Weise gepresst. Mit den Füßen. Und damit die Touristen auch etwas davon haben, sind nicht nur die Füße nackt. Zehn ausgewählte Ehrenjungfrauen werden die Trauben bearbeiten. Und der Weinkönig ...«

»Was denn für ein Weinkönig?«

»Das ist meine Idee, das gibt es nur hier auf Sylt. Der Weinkönig darf mit den Jungfrauen im Wein plantschen. Der Titel ist natürlich käuflich. Er wird jedes Jahr neu vergeben, auf einer amerikanischen Versteigerung. Im Kurhaus machen wir das. Ich hab den Saal schon reservieren lassen.«

Kleinhorst konnte sich nicht vorstellen, dass die Sylter sich darauf einlassen würden.

Der Weinbauer lachte. »Du kennst die Sylter nicht. Was Geld einbringt, ist hier immer willkommen. Für Geld machen sie alles. - Du solltest es dir wirklich angucken. Am Sonnabend veranstalten wir einen ersten Probedurchlauf.«

»Ich kann mir nicht vorstellen, dass die feinen Herrschaften von Sylt ...«

Arno lachte. »Du kannst dir vieles nicht vorstellen, mein Lieber! Die Veranstaltung ist ausverkauft! Mag der Wein auch importiert sein, aber die Jungfrauen, die sind jedenfalls echt. Alle 300 Karten sind vergeben. - Aber für dich werden wir schon noch einen Platz finden.«

»Und der Wein, den du anbaust, der heißt also Solaris?«

»Die Rebsorte, ja. Riesling wäre natürlich bekannter, aber der wächst hier nicht. Noch nicht. Wenn die Klimaerwärmung weiter voranschreitet, werden wir natürlich umstellen.«

»Solaris ...« sagte Kleinhorst.

»Ja, du denkst natürlich an das Buch von diesem Polen, diesem ...«

»Stanislaw Lem«, warf Kleinhorst ein.

»Ja, genau. Das ist auch beabsichtigt. Damit werben wir. In dem Buch geht es ja schließlich darum, dass den Menschen irgendwo auf einem fernen Planeten all ihre geheimsten Wünsche erfüllt werden.«

»Das ist eine etwas vereinfachte Zusammenfassung«, sagte Kleinhorst.

»In der Werbung muss man schon ein bisschen vereinfachen, damit die Leute das auch begreifen.«

»Wenn ich mich recht entsinne«, hakte Kleinhorst nach, »sind die Forscher, denen dies auf Solaris passiert, aber gar nicht besonders glücklich damit.«

»Ja, das wissen wir natürlich. Wir als Intellektuelle. Es ist ein zweifelhaftes Glück, wenn einem alle Wünsche erfüllt werden. Der Hauptgewinn im Lotto – jeder will ihn haben. Aber fast alle, die ihn gekriegt haben, sind damit nicht froh geworden. Das tut der Attraktivität des Lottos aber keinen Abbruch. Und darum geht es schließlich. Sylt ist attraktiv, aber es soll noch attraktiver werden. Hier gibt es den Wein, der einem die geheimsten Wünsche offenbart und dies ist die Insel, auf der man sie sich erfüllt.«

»Was wenn sie unerfüllbar sind?« Kleinhorst wünschte sich Linda. Aber die konnte er wohl nur bekommen, wenn Arno tot war.

»Unerfüllbare Wünsche? Daran glaube ich nicht. Ich habe mir bisher immer alle Wünsche erfüllt. Die meisten Wünsche sind doch so leicht zu befriedigen. Was haben diese Solarisforscher sich denn schon groß vorgestellt? Eine barfüßige Negerin zum Beispiel. Ich bitte dich! Es wird doch wohl möglich sein, hier auf Sylt eine barfüßige Negerin aufzutreiben.«

»Eine Schwarze«, warf Kleinhorst ein.

Kleinhorst hörte nicht mehr zu. Die Erfüllung der geheimsten Wünsche - für Arno hatten sie sich erfüllt. Seine eigenen Wünsche dagegen ... Kleinhorst dachte an Linda. Vor allem wegen Linda war er nach Sylt gekommen. Nur wegen des Geldes hatte sie diesen Kerl geheiratet. Wusste Arno das nicht? Wußte er gar nicht, dass sie in Wirklichkeit ihn, Peter Kleinhorst, liebte?

Das Verhör zog sich in die Länge. Der Ort des Geschehens hatte sich nach Westerland in die Polizei-Zentralstation im Kirchenweg verlagert. Kleinhorst hatte einen Kaffee bekommen und auch ein Fischbrötchen. Seine Hände hatte er waschen dürfen. Das Blut war weg; dafür stanken seine Finger jetzt nach Fisch. Das Schwindelgefühl war gewichen, der Kopfschmerz hatte nachgelassen. Allerdings hatte er inzwischen durch vorsichtiges Abtasten festgestellt, dass er eine große Beule hatte. Offenbar rührten die Kopfschmerzen nicht allein von einem gewaltigen Kater her, sondern jemand hatte ihm kräftig auf den Schädel geschlagen. Aber warum? Und wer hatte Arno umgebracht? Er konnte sich an nichts erinnern.

Der Polizist ging offenbar davon aus, dass er, Kleinhorst, der Täter war. Aber das war völlig unmöglich. Es musste jemand anderes gewesen sein. Der Streit mit dem Naturschützer fiel ihm ein.

Der Winzer und er waren am Strand entlang gegangen, von Westerland aus in Richtung Süden. Kleinhorst hatte gesehen, dass die Dünen wieder ein Stück weit abgebrochen waren, und dass eine neue Sandvorspülung von Nöten sein würde. Er hatte nicht auf die anderen Spaziergänger geachtet, die ihnen entgegen kamen. Es war ein sonniger Herbsttag, es war Wochenende, und viele Menschen hatten die Gelegenheit genutzt, einen Tag an der See zu verbringen. Lauter fröhliche Urlauber.

Der Mann, der ihnen jetzt entgegenkam, war kein fröhlicher Urlauber. Ein großer, stämmiger Kerl mit einem roten Vollbart. Kleinhorst wollte ihm ausweichen, aber der Mann versperrte ihm und dem Winzer den Weg.

»Was gibt's, Onno?«, fragte Arno unwillig.

»Das weißt du ganz genau. Wein gehört einfach nicht auf die Insel. Wir bemühen uns, den Nationalpark von exotischen Pflanzen und Tieren frei zu halten, und du - du kommst mit diesem Wein daher, als ob das alles für dich nicht gilt!«

»Der Weinberg liegt nicht im Nationalpark«, stellte der Winzer fest.

»Ich rede nicht von dem jetzigen Weinberg. Ich rede von deinen weiteren Ausbauplänen. Das kann nichts werden, das sage ich dir klipp und klar. Nur über meine Leiche. Wir hier auf der Insel, wir haben allen Unbilden getrotzt, der dänischen Besetzung, dem Amtmann von Tondern …«

»Ihr von der Insel, wenn ich das schon höre!« Auch der Winzer war

jetzt erbost. »Ihr müsst den Realitäten ins Auge sehen. Sylt ist keine Insel, sondern seit 1927 durch den Hindenburgdamm mit dem Festland verbunden und durch Landgewinnung an beiden Seiten des Dammes immer stärker mit dem Festland zusammengewachsen. Sylt ist genauso wenig eine Insel wie Italien. Allenfalls als Halbinsel könnte man es noch bezeichnen.«

»Sylt ist und bleibt eine Insel!« rief der Mann zornig.

»Das ist alles Vergangenheit. Genau wie dein Pidder Lyng und dein Amtmann von Tondern. Und wovon Sylt heute lebt, das ist jedenfalls nicht die Natur. Das war früher, zu Zeiten Pidder Lyngs, und da haben die Sylter gehungert. Nein, heute lebt Sylt vom Geld, das aus dem Fremdenverkehr kommt. Viel Geld, und ich sorge dafür, dass es noch mehr wird.«

»Das werden wir zu verhindern wissen!«

»Das war eine Drohung«, sagte Kleinhorst. »Eine ganz unverhüllte Drohung.«

Brodersen war unbeeindruckt. »Und Sie glauben, dass Onno Frerks - der Mann, den sie uns da beschrieben haben, das kann eigentlich nur Onno Frerks gewesen sein - dass dieser Mann den Winzer am Ende erschlagen hat?«

»Das weiß ich nicht. Aber soviel kann ich jedenfalls sagen, der Mann ist da gewesen, bei dem Weinfest, daran erinnere ich mich genau. Und er hat nicht mitgeboten bei der amerikanischen Versteigerung.«

»Tja«, sagte der Polizist. Er machte eine Pause. Kleinhorst blickte hinüber zu dem Uniformierten, der das Protokoll schrieb. Wort für Wort. Jetzt hatte er tatsächlich ‚Tja' auf dem Block notiert.

»Wollen Sie den Mann nicht festnehmen? Nein? Warum nicht? Haben Sie ihn wenigstens schon vernommen? Für den Burschen sollten Sie sich mal interessieren!«

»Tja«, wiederholte der Polizist. Dann sah er Peter Kleinhorst direkt ins Gesicht: »Ich interessiere mich aber nun mal mehr für Sie. Und im Augenblick interessiert mich vor allem Ihr persönliches Verhältnis zu dem verstorbenen Winzer.«

»Mein - persönliches Verhältnis?«

»Tja.«

»Ich bin Journalist. Ich habe von dem Weinanbau auf Sylt

gehört, und unsere Zeitung wollte einen Bericht darüber bringen. Also habe ich mit dem Winzer Kontakt aufgenommen und bin nach Sylt gefahren, um mich vor Ort über die Einzelheiten zu informieren ...«

»Ja, ja, das haben Sie schon gesagt. Und da schickt die Rheinische Post extra einen Reporter?«

»Nicht jeder Rheinländer arbeitet bei der Rheinischen Post.«

»Egal. Deshalb fahren Sie also extra bis in den entlegensten Winkel der Republik, wo Sie doch alle entscheidenden Informationen auch dem Internet entnehmen können.«

»Ich wollte die Recherche mit einem Kurzurlaub verbinden.«

»Und mit einem Besuch bei einem alten Freund?«

»Dass der Winzer mein Klassenkamerad war, habe ich erst festgestellt, als ich schon hier auf der Insel war«, behauptete Peter Kleinhorst.

»Weil der Name Hasso von Birkenhain so häufig vorkommt?«

»Nein. Weil er falsch ist. Von Birkenhain ist doch nur sein Künstlername. Er heißt in Wirklichkeit Arno Pütz.«

»Und Sie haben nicht gewusst, dass dieser Arno Pütz der Sylter Winzer ist?«

»Nein.«

»Herr Kleinhorst, das nehme ich Ihnen nicht ab. Im Internet ist ein wunderbares Foto von Hasso von Birkenhain zu sehen ...«

»Ich habe nicht ins Internet geguckt.« Kleinhorst wusste, dass er rot geworden war. Diese Behauptung würde ihm der Kommissar, oder was immer er sein mochte, vermutlich nicht abnehmen.

Tatsächlich schüttelte der Beamte den Kopf. »Und den Brief«, sagte er, »den haben Sie vermutlich auch nicht gelesen? Warten Sie, ich habe hier die Kopie.« Er blätterte in seiner Akte. »Ah, hier! Lieber Peter, steht hier, was für eine Freude, dich nach so vielen Jahren endlich einmal wieder zu sehen! Natürlich bist du in meinem Weingut in Keitum herzlich willkommen ...«

Natürlich hatte er den Brief gelesen. »Ich habe Kopfschmerzen«, sagte Kleinhorst.

»Brauchen Sie ein Aspirin?«, fragte der Kommissar. »Oder vielleicht einen der Haschisch-Kekse, die Ihr Freund von Birkenhain auf dem Weinfest so großzügig an die Anwesenden verteilt hat?«

»Haschisch-Kekse?« Deshalb hatte er sich also so großartig gefühlt. Vermutlich hatte er nur deshalb bei der amerikanischen Versteigerung der Jungfrauen einige hundert Euro zu viel eingesetzt und sich nichts draus gemacht, dass er sie am Ende nicht bekommen hatte.

»Reden wir nicht um die Sache herum«, sagte der Kommissar. »Sie waren neidisch auf ihren Klassenkameraden. Er hatte Erfolg mit seinem Unternehmen, während Sie als freier Journalist mühsam umher hetzen müssen, um das Geld für Ihren Lebensunterhalt aufzubringen. Und auf diesem Weinfest sind Alkohol und Drogen dazu gekommen, und da sind Sie einfach ausgerastet. Und die Linda hat gesagt ...«

»Die Linda?« Klar, dass sie die auch vernommen hatten. Er hatte sie in den ersten Tagen auf Sylt nur aus der Ferne zu sehen bekommen. Sie hatte ihm zugelächelt. Zumindest glaubte er das. Es ließ sich nicht länger leugnen, dass er eine Brille brauchte.

»Linda von Birkenhain. Die Frau des verstorbenen Winzers. Die hat gesagt, dass der Erfolg ihres Unternehmens natürlich auch viel Neid hervorgerufen habe. Auch bei Ihnen, Herr Kleinhorst. Und dass ...«

»Viel Neid!«, warf Kleinhorst ein. »Ja, das kann ich bestätigen. Auf dem Weinfest, da waren auch einige der Landwirte aus Ost-Sylt anwesend, und die haben ganz schön gemurrt, weil sie wussten, wie auf dem Weingut mit Geld um sich geworfen wurde.«

»Geld spielt keine Rolle«, hatte Arno gesagt. »Die Banken haben sich überaus großzügig gezeigt. Und dazu kommen ja noch die Mittel aus dem Regionalfonds der EU. Schließlich zählt der Kreis Nordfriesland zu den strukturschwachen Räumen. Wir konnten großzügig investieren. Weinbau schafft Arbeitsplätze.«

Kleinhorst sah das anders. »Du hast keine Chance«, sagte er. »Die Fläche deines Weinbergs ist ja lächerlich klein. 0,6 ha - ich bitte dich! In Deutschland wird auf über 100.000 Hektar Wein angebaut. Weltweit sind es knapp acht Millionen Hektar. Mit deinen 2.000 Rebstöcken kannst du nicht genug produzieren, um rentabel zu arbeiten. Auf die Dauer zieht die

Masche mit den Paten nicht. Und auf der Insel gibt es einfach nicht genug freie Flächen, um den Anbau im erforderlichen Maß auszubauen.«

Arno schüttelte den Kopf. »Sylt ist größer als du denkst! Was du jetzt hier siehst, das ist ja erst der Anfang. Was wir anstreben, ist eine Ausdehnung der Anbauflächen in Richtung Watt.«

»Da ist nicht viel Platz«, bemerkte Kleinhorst.

Der Winzer widersprach: »Wir wollen nicht nur bis ans Ufer, wir denken schon weiter. Wir wollen direkt in das Watt hinein.«

»Wein wächst nicht in Salzwasser«, stellte Kleinhorst fest.

»Das weiß ich. Aber Sylt hat – wie jede größere Insel – eine Süßwasserlinse. Darauf bin ich gekommen, als ich am Rand der Dünen spazieren gegangen bin. Bei Niedrigwasser. So wie heute. Hier. Siehst du diese kleine Quelle am Fuß der Dünen? Probier mal! Das Wasser, das hier aus dem Boden kommt, das ist reines Süßwasser. Das läuft nun ungenutzt ins Meer. Welch eine Verschwendung!«

»Diese Süßwasserlinse, die erstreckt sich aber doch wohl kaum über die Insel hinaus.«

»Noch nicht! Aber das wird sich ändern. Das Verhalten von Grundwasser kann man beeinflussen, indem man gezielt Förderbrunnen ansetzt. Ich habe das von der TU Aachen berechnen lassen. Es funktioniert.«

»Aber das ist doch sehr aufwändig.«

»Der Aufwand lohnt sich! Zum einen ist Grund und Boden auf der Insel irrsinnig teuer, im Watt aber völlig wertlos.«

»Aber er steht unter Naturschutz.«

»Macht nichts. Das lässt sich alles regeln. Wozu gibt es Ausgleichsmaßnahmen? Aber was den Standort so besonders attraktiv macht, das sind die Austern!«

»Austern?«

»Ja. Wein und Austern – das gehört doch zusammen. Auf Sylt sind schon immer Austern gezüchtet worden. Und die Austern, das kennst du vielleicht aus Frankreich, die wachsen an Pfählen im Watt. Also werden sie auch an Weinstöcken wachsen.«

»Dein Wein wird salzig schmecken!«

»Ja, natürlich, das ist ja gerade der Clou: Was den Wein von Sylt attraktiv macht, das ist das Salz.«

»Unsinn!«

»Doch, natürlich! Es ist im Grunde dasselbe wie bei der Hallig-Butter. Die bekommt ihren besonderen Geschmack auch dadurch, dass die Kühe mit dem Gras der Halligwiesen jede Menge Salz aufnehmen. Beim Wein ist das nicht anders. Eine gute Flasche Wein ist natürlich nie schlecht. Aber sie gewinnt ungemein, wenn du gleich nach dem Öffnen einen Teelöffel Salz hinzu gibst. Und das kannst du dir sparen, wenn du den Wein auf Sylt anbaust; da ist das Salz dann schon von der Natur her integriert, und geschmacklich ist das einfach unschlagbar. Schon die alten Römer haben die Qualität ihres Weines durch Salz verbessert.«

Am Abend des Weinfestes sah Peter Kleinhorst Linda zum ersten Mal aus der Nähe. Sie hatte sich kaum verändert. Linda hatte das Fest vorbereitet. Perfekt wie immer. Aber natürlich fehlten im letzten Moment doch noch ein paar entscheidende Teile. Arno und Peter wurden zum Stühletragen eingeteilt.

»Ich denke, alle sitzen auf Stroh?«, fragte Arno. »So war das doch abgemacht.«

»Die Jungfrauen nicht«, sagte Linda. »Und der König auch nicht. Das Stroh piekt so, wenn man mit dem nackten Hintern drauf sitzt.«

Die Stühle standen auf dem Spitzboden. Alte, plüschige Möbel, bestimmt von den Großeltern geerbt, aber für diesen Zweck gerade richtig.

»An den Beinen anfassen! Sonst fallen die Polster heraus!«, kommandierte sie.

Die beiden Männer brachten die Stühle in den Festsaal. Die Maischebottiche standen schon bereit. Mit importierten Trauben. Arnos Rebstöcke waren ja noch nicht so weit. Und die Probefeier fand auch nicht im Kurhaus statt. Einer der Bauern hatte Arno seine Scheune zur Verfügung gestellt. Kleinhorst sah zu, wie die Gäste hereinströmten. Tatsächlich waren am Ende alle Sitzplätze besetzt.

»Meine Damen und Herren, das Geld, das Sie hier ausgeben, dient einem guten Zweck. Die Hälfte der Einnahmen fließt nämlich in meine Stiftung ‚Trutz, blanke Hans!'. Das Geld wird dafür ausgegeben, dass die Sylter endlich den Küstenschutz bekommen, den sie haben wollen. Die Insel hat es verdient, anstelle des ewig flüchtigen Sandes eine dauerhafte Lösung zu erhalten …«

An dieser Stelle setzte donnernder Applaus ein. »Was meint er damit?«, fragte Kleinhorst seinen Nachbarn.

»Beton«, raunte der zurück.

Weitere Einzelheiten konnte Kleinhorst nicht erfragen, denn erneut brandete Beifall auf. Die Weinjungfrauen kamen in den Saal. Arno hatte Heizstrahler aufgestellt, aber dennoch sahen die Mädchen aus, als ob sie frören. Beim Stampfen in den Holzbottichen würde ihnen wahrscheinlich warm werden. Aber noch war es nicht soweit.

Arno hielt eine kleine Rede, in der er voller Stolz auf die bisherigen Erfolge des Sylter Weinbaus hinwies, die sich bei genauerer Betrachtung in erster Linie darin äußerten, dass die meisten Weinstöcke inzwischen zahlungskräftige Paten gefunden hatten. Er schloss mit den Worten: »Meine Damen und Herren, wir werden die Anbaufläche weiter ausdehnen. Verlassen Sie sich drauf. Wir gehen ins Watt und in den Offshore-Bereich. Wir stehen für den Einsatz erneuerbarer Energien. Wir wollen die Akzeptanz der Windparks dadurch vergrößern, dass man zwischen den Windrädern schwimmende Weinberge verankert. Als Rastplatz für die armen, verwirrten Zugvögel. Und gleichzeitig den günstigen Strom nutzen. Direkt vom Erzeuger. Mit Höhensonnen von den Windrädern herunter die schwimmenden Weinberge erwärmen. Und beleuchten. Ich kann Ihnen versprechen, das gibt eine Attraktion, gegen die das Alpenglühen gar nichts ist.«

In dem Augenblick war Kleinhorst endgültig klar, dass sein Klassenkamerad größenwahnsinnig geworden war. Weinberge auf Sylt - das konnte nur in den Untergang führen. Linda tat ihm leid.

Er hatte mehr Wein getrunken, als ihm guttat. Auch bei den Keksen hatte er reichlich zugelangt, und als schließlich der Vorstandsvorsitzende irgendeiner Hamburger Bank den Titel des Weinkönigs ersteigert hatte, war Kleinhorst schon ziemlich weggetreten. Wie durch Watte hörte er nur noch die Proklamation von König Dirk I. zum Weinkönig von Keitum.

Auch der Winzer schien nicht mehr allzu nüchtern zu sein. Eine Weile sah er an einen Pfeiler gelehnt zu, wie der Weinkönig angefeuert vom Publikum aber nicht ohne Mühe von einem Bottich in den anderen kletterte. Dazu sang der Keitumer Shantychor vertraute Weisen von Küsten und Weinbergen. Schließlich kam Arno zu Kleinhorst herüber gewankt. »Das ist das Leben!«, lallte er. »Das ist das Leben!«

Und dann? Mehr wusste Kleinhorst nicht. Hatte er wirklich noch »Du Arsch!« gesagt? Hatte er wirklich zugeschlagen? In dem Augenblick jedenfalls war der Maischebottich umgekippt, und der Weinkönig hatte sich nicht mehr erhoben.

»Also noch einmal von vorn«, sagte Brodersen.

Kleinhorst raufte sich die Haare. Das war jetzt der dritte Durchgang. Und wenn die Kollegen aus Kiel kamen, die ja wahrscheinlich irgendwann den Fall übernehmen würden, dann würde er am Ende alles zum vierten Mal erzählen.

»Ich heiße Peter Kleinhorst, bin am ...«

Da klopfte es.

Brodersen riss die Tür auf. »Muss das jetzt sein? Ich habe doch gesagt: keine Störung!« Er war ärgerlich.

»Es ist aber wichtig. Die Linda ...«

»Was ist mit der Linda?«

»Sie hat ein Geständnis abgelegt.«

»Die Linda?« Kleinhorst konnte es nicht glauben.

Der Polizist nickte. »Ein volles Geständnis. Sie wollte beide Männer loswerden. Den Winzer-Macho und auch den Journalisten, der ihr immer noch nachstieg, obwohl sie doch nun schon seit Jahren verheiratet war. In dem Chaos am Ende des Weinfestes hat sie beide unbemerkt niedergeschlagen. Es sollte aussehen, als seien die Männer irgendwie in Streit geraten und mit den Stuhlbeinen übereinander hergefallen.«

Gut vorbereitet, dachte Kleinhorst. Deshalb hatten Arno und er die Stühle tragen müssen. Und deshalb hatte Linda also beim Fest solche niedlichen weißen Handschuhe getragen.

»Tja«, sagte Brodersen. Das war nun zwar keine richtige Entschuldigung. Aber Kleinhorst war das egal. Er konnte gehen; das war die Hauptsache.

Da war er nun also wieder auf freiem Fuß. Er saß in seinem Hotel in Keitum. ‚Solaris', dachte er. Und: ‚Hier werden Ihre Wünsche erfüllt'. Was hatte er sich gewünscht? Dass Arno tot sei? Er hatte es bekommen. Genützt hatte es ihm nichts. Und der Linda auch nicht. Aber der Wein in seinem Glas war auch kein Solaris, sondern nur irgendein billiger Chilene.

Den traf also keine Schuld.

Werderaner Wachtelberg

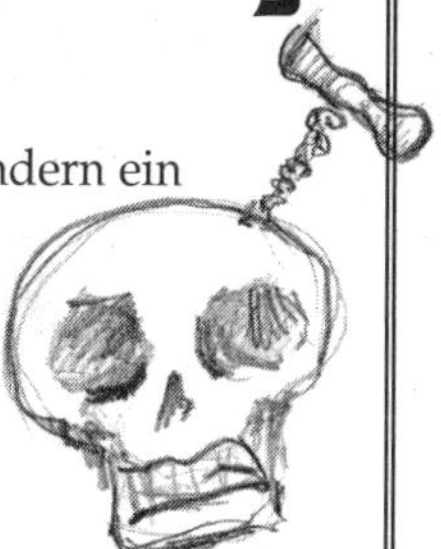

Kein Weinbaugebiet im klassischen Sinne, sondern ein Weinberg. Und was für einer! Stolze 6,2 Hektar groß auf 52° 23' nördlicher Breite mit – und das ist eine echte Besonderheit – leicht erwärmbarem Sandboden. Die nördlichste für Qualitätswein zugelassene Lage Europas.

Offiziell gehört sie zum Anbaugebiet Saale-Unstrut – was für einen Weinberg nahe Potsdam natürlich völliger Blödsinn ist. Das heißt, so ganz auch wieder nicht. Denn die Weine werden im größten Weingut Saale-Unstruts, dem Landesweingut Kloster Pforta, gekeltert und ausgebaut.

Der Werderaner Wachtelberg hat eine lange Weinbau-Geschichte. Der Weinbau kam durch Zisterziensermönche hierher, zu deren Kloster das Land um 1317 gehörte. Zur Blüte kam der Weinbau in Werder dann unter dem Großen Kurfürsten Friedrich Wilhelm. Mitte des 18. Jahrhunderts lebten zwar nur 192 Einwohner in der Stadt, doch davon waren 30 Weinmeister, die über 100 Hektar bewirtschafteten. Doch aufgrund der Konkurrenz durch Südweine, Ernteausfälle durch schlechtes Wetter, schlecht ausgebildete Winzer und demzufolge schlechte Weine ging der Weinbau nach und nach zugrunde.

Etliche Jahrzehnte lag der Weinberg brach, bevor 1984 beschlossen wurde, wieder Rebstöcke anzupflanzen – Müller-Thurgau aus Sachsen und Ungarn. Heute finden sich auch andere Rebsorten wie Regent, Dornfelder und sogar Sauvignon Blanc im Weinberg. Ob sie dort glücklich werden ist eine andere Frage: Am Wachtelberg sind Rebstöcke stark frostgefährdet, denn die Winter können hart sein. Doch der »Verein zur Förderung des historischen Weinbaus im Raum Werder (Havel) e.V.« und »Weinbau Dr. Lindicke« kümmern sich um die fröstelnden Rebstöcke.

Wachtelberg und Porree

Von Hagen Range

»Hören Sie nur, die Tiere.«
»Ja, sie sind auf der Jagd. Ein Tier bringt das andere um.«
»Man spürt die Angst, die in manchem Schrei liegt.
Oder bilde ich mir das alles nur ein?«

Hallo, und herzlich willkommen in meinem Leben. Entschuldigen Sie bitte, dass der Fernseher läuft. Er ist im Augenblick meine einzige Gesellschaft, denn ich habe mich seit einer Woche zu Hause verbarrikadiert. Draußen tobt der Mob, der Spaßmob! Glauben Sie mir, es gibt nur eins was schlimmer ist als ewig schlecht gelaunte Deutsche – das sind gut gelaunte Deutsche. Es driftet dann schnell in alkoholisierte Polonaisen-Peinlichkeit ab. Garniert mit Sprenklern frischen Mageninhalts.

Wir schreiben das erste Wochenende im Mai und ich wohne in Werder an der Havel. Ja, die Obst-Stadt. Jedes Jahr feiern wir hier die »Baumblüte«, zwei Wochenenden lang. Und wo viel Obst, da auch viel Gärung. Klingt wie ein Zitat aus dem Film *Die Feuerzangenbowle* mit Heinz Rühmann, soll aber nur erklären, mit was das Baumblütenfest seine Gäste anzieht, wie ein frischer Hundehaufen die Fliegen. Es sind die Obst-Weine. Sie werden in Strömen ausgeschenkt und die in die Stadt einfallende Amüsier-Armada spült sie in sich hinein, wie ein riesiger Wal das Plankton samt Jona und Pinocchio. Süße klebrige Weine, denen man den Alk nicht sofort anschmeckt und wenn dann noch die Sonne scheint, sammeln die Sanitäter morgens um zehn Uhr schon die ersten jugendlichen Weinleichen ein. Na dann Prost!

Wenn sie doch wenigstens anständigen Wein trinken würden. Werder hatte wohl früher über zweihundert Weinberge. Heute kennt man eigentlich nur noch den *Wachtelberg*. Ich mag den trockenen Müller-Thurgau, ist eigentlich zu allem trinkbar. Meine Mutter, die leider nicht weit von mir wohnt, schenkt mir ab und zu ein paar Flaschen. Der *Werderaner Wachtelberg* ist angeblich die weltweit nördlichste für Qualitätsweinbau zugelassene Reblage. Ich verstehe zu wenig davon, um ihnen sagen zu können, ob das stimmt. Glauben wir es mal. Gut fand ich immer den Spruch der Studenten von Frankfurt an der Oder aus dem 16. Jahrhundert: »Märkischer Erde Weinerträge, gehen durch die Kehle wie 'ne Säge«.

Die haben den natürlich damals schön intellektuell in Latein serviert, aber letzten Endes waren sie wie heute das gemeine Volk auch nur aus einem Zweck hier – sich die Birne zuzuknallen. Eine gewachsene Tradition sozusagen.

Und sie wächst weiter. Ich habe das Gefühl, dass es von Jahr zu Jahr mehr Menschen werden, die hier dem Hobby des Trinkens frönen. Seit der Wende 1990 scheint aus der Freude am Feiern ein Wille zum Spaß geworden zu sein. In diesem Jahr haben wir auch einen ganz irre coolen Baumblüten-Song. Irgendein schäbiger Kirmes-Mucken-Beat. Schlecht gesungen, aber textlich wenigstens ehrlich, denn irgendwo in diesem Lied heißt es Werder sei laut, *voll* und bunt. Musikalisch aufbereiteter Hirntod, mit 5000 Watt in den Schädel gepresst. Und jetzt alle!

Organisierter Fröhlichkeitszwang mit Konsumverpflichtung. Und wer nicht mitmacht, ist die *Spaßbremse*. Ich bin so eine.

Zum Glück wohne ich etwas abseits in der Kesselgrundstraße. Trotzdem kein Grund raus zu gehen. Auch wenn ich die heiteren Massen nicht treffe, es reicht mir zu wissen, dass sie da sind. Ich gehe ja auch sonst kaum auf die Straße. Höchstens mal runter zur

»Döner-Macht-Schöner-Bude« am Netto-Parkplatz. Das reicht mir, zu viele Menschen müssen nicht sein.

Würden Sie jetzt gerade, in diesem Augenblick versuchen auf die kleine Insel zu kommen, auf der sich unsere Altstadt befindet, wären Sie sofort auf meiner Seite. Wenn der Feierpulk Sie nicht vorher zerquetscht. Das Baumblüten-Epizentrum.

Wissen Sie, wann unsere Altstadt-Insel am schönsten ist? Im Herbst, wenn gegen Abend kaum Leute unterwegs sind und dicker feuchter Nebel von der Havel aufsteigt. Dann gehe ich schon mal durch die gepflasterten verwinkelten Gässchen zwischen Fischerstraße und Mühlenberg. Werder ist nämlich *Kreuzspinnenland*. Es gibt wahnsinnig viele davon. Und in dieser Zeit spinnen sie fast alles ein. Alle schmiedeeisernen Straßenlaternen, deren trübes warmes Licht das Dunkel der hereinbrechenden Nebelnacht durchdringt, sind dann von den Netzen der Blutsauger eingeschnürt. Dann fühle ich mich in das London des 19. Jahrhunderts zurückversetzt. In viktorianische Zeiten, die in den alten Horrorfilmen der dreißiger und vierziger Jahre beschworen wurden. Jederzeit könnte Graf Dracula oder ein anderes Monster um die Ecke kommen und mich anfallen. Das ist mein Werder. Nicht die Baumblüte. Deshalb sitze ich auch hier, in meiner durch Rollos fast komplett verdunkelten und, wie ich zugeben muss, etwas unaufgeräumten Wohnung, und ziehe mir eine DVD nach der anderen rein.

Ich sehe gerade zum geschätzt einhundertundfünfzigsten mal meinen Lieblingsfilm. *Der Schrecken vom Amazonas* oder *Creature From The Black Lagoon* wie er im Original heißt. Ein Klassiker des Monster-Films.

Ja, ich stehe auf Gummimonster. Heute werden diese Filme oft abwertend B-Filme oder gar Trash genannt, aber das tun eigentlich nur Leute, die sich nicht auskennen, keine Ahnung haben, ignorant sind oder einfach nur völlig bescheuert. Suchen Sie sich etwas aus.

Denn die Regie von Jack Arnold ist hier absolut auf den Punkt. Nicht umsonst war er der SciFi-Experte der Universal-Studios in den fünfziger Jahren. Die Darsteller spielen auf einem sehr guten Niveau und sogar das Monster ist in diesem Fall alles andere als *billig*.

Natürlich gibt es in diesem Genre auch einige echt schlimme

Streifen. Wenn etwas so gut läuft wie Monster-Filme in dieser Zeit, wollen immer ein paar Jungs einen schnellen Dollar machen. Wer je das schlecht sitzende Latex-Kostüm aus *It – The Terror From Beyond Space* gesehen hat, bei dem aus der viel zu großen Mund-Öffnung der Monster-Maske das komplette Kinn des schwitzenden Schauspielers heraushängt, welches später einfach als Zunge verkauft wurde, weiß wovon ich spreche. Oder schauen Sie sich doch mal *The Giant Claw* von 1957 an. Versprochen wird Ihnen »Panik vom Broadway bis Bombay«. Doch dann sehen Sie einen tapsigen dickfüßigen Truthahn mit dürrem Giraffenhals und Tischtennisballaugen, der an sichtbaren Drähten hängend wie eine Figur der Augsburger Puppenkiste ins Bild schwebt. Die Mittags-Burritos des Praktikanten dürften teurer gewesen sein, als das ganze Monster. Oh, es klingelt an der Tür.

Wer kann das schon sein? Mutter. Sie will mich bestimmt in die Stadt einladen, damit ich mal unter Menschen komme und vielleicht ein nettes Mädchen kennen lerne. Was kann schöner sein als mütterliche Fürsorge? Vielleicht ein Bein im Mähdrescher zu verlieren? Wer weiß. Ich mach einfach nicht auf, vielleicht hat sie ja ihren Schlüssel vergessen? Ach, egal. Sesam öffne dich. Sie weiß ohnehin, dass ich da bin. Ich bin ja immer da.

»Entschuldigen Sie bitte, mein Name ist Roger Willoughby. Ich hätte da mal eine Frage.«

Mutter hatte sich sehr verändert. Sie war jetzt offensichtlich klein, dick, trug eine breite schwarze Brille und hatte sich einen Schnäuzer stehen lassen.

»Roger Willoughby? Kennen wir uns?«

»Ich denke nicht. Es ist mir etwas peinlich Herr Freund, aber dürfte ich eventuell Ihre Toilette benutzen?«

»Ehrlich gesagt ist es mir nicht so recht. Folgen Sie doch bitte den Menschenmassen in Richtung Innenstadt, dort finden Sie bestimmt ein Toilettenhäuschen. Oder machen Sie es wie die meisten dieser Herrschaften und hauen Sie es einfach in die Botanik. Nur keine Skrupel, das gehört hier zum guten Ton.«

»Leider ist mein Blasenstand bereits etwas dringlich und Menschenmassen sind mir absolut zuwider.«

Huch, ein Seelenverwandter! Das war selten in dieser tristen Welt. Warum sollte ich Herrn Willoughby nicht etwas Linderung verschaffen?

»Treten Sie ein. Mi Schüssel es su Schüssel. Sie sprechen ein super akzentfreies Deutsch, Herr Willoughby.«

»Oh, danke. Den Namen habe ich von meinem Vater, aber ich bin bei meiner deutschen Mutter aufgewachsen.« Er tritt schwungvoll ein. Es muss wohl sehr nötig sein.

»Hier entlang, rechts rum und schon stehen Sie im Bad. Und bitte nicht hinsetzen! Auf der Klobrille ist ein Kontaktgift, dass Frauen willenlos und gefügig macht, wenn ich sie nachts abschleppe.«

»Ähm ... ist gut. Danke.«

»Das war nur ein Witz. Gehen Sie schon.« Der Ärmste scheint etwas verwirrt. Hoffentlich läuft's gleich bei ihm. Einige kennen das, wenn der Kopf nicht frei ist, macht der Muskel dicht. Sie *können* nicht in öffentlichen Urinalen, brauchen kleine abgeschlossene Räume – sogenannte Binnen-Schiffer.

Aber bei meinem Gast scheint es geklappt zu haben. Spülung. Händewaschen. Türschloss. Ich stehe immer noch im Flur vor dem Bad. Ist das unhöflich zu warten bis er fertig ist? Schließlich ist er ja ein Fremder. Das ist wie bei Handwerkern im Haus, stellt man sich neben sie und guckt ihnen auf die Hände, ist das irgendwie blöd. Und geht man nach nebenan, hat man keine ruhige Minute. Sollte ich ihm was zu trinken anbieten? Da ist er wieder.

»Ich habe gehört, welchen Film Sie da gerade schauen, Herr Freund. Das ist *Der Schrecken vom Amazonas*.«

Wie jetzt? Nur über die Dialoge erkannt? Herr Willoughby scheint ein Fan zu sein. Heureka und Hallelujah! Das läuft doch auf ein schönes Schwätzchen raus.

»Was denn, direkt erkannt? Alle Achtung! Ich heiße übrigens Karl. Wollen Sie noch einen Schluck trinken? Setzen Sie sich doch.«

»Gerne Karl. Ich bin der Roger.«

Kleines Händeschütteln und ab in die Küche. »Was willst du denn? Cola, Wasser, Bier? Ich hätte auch noch Wein da. Setz dich doch schon ins Wohnzimmer.«

»Was ist das denn für Wein?«

»Werderaner Wachtelberg. Die örtliche Spezialität sozusagen.«

»Ne, jetzt noch nicht. Später vielleicht.«

Roger wirkt etwas verloren im verdunkelten Ambiente meiner Wohnung. Ich öffne wohl besser mal die Rollos.

»Was heißt später?«

»Ähm ... ich muss ja noch fahren. Trinke dann was, wenn ich angekommen bin. Hast du mal bei dem Film in Minute zwanzig oben links in die Bildecke gesehen? Wenn sie auf dem Amazonas in ein Gebiet schippern, das noch nie zuvor ein Mensch betreten hat und ...«

»... man den Telegraphenmasten im Hintergrund sieht?« Endlich mal jemand, mit dem ich richtig fachsimpeln kann. »War Jack Arnold bis an sein Lebensende peinlich.« Oh Gott, habe ich gerade wie ein pubertierendes Mädchen gegiggelt, dass vom geilsten Typen aus der Oberstufe angesprochen wird? Pass bloß auf Karl. Mach jetzt nichts kaputt.

»Wie bist du denn zu den alten Schwarz-Weiß-Schinken gekommen? Willst du nicht deinen Mantel schnell ausziehen?«

»Der Mantel? Ach, den lass ich besser an, Karl. Bleib ja nicht lange.«

Schau dich ruhig um, Roger! Alles in der Wohnung ist vom Feinsten – vom Film-Freak-Feinsten.

»Wow, du hast ja echt einen ganzen Haufen Filmplakate und Star-Fotos an den Wänden. Wo hast du denn die ganzen Figuren und Fan-Devotionalien her? Ist das wirklich das Mutantenwesen aus *Metaluna IV antwortet nicht*? Mit dem riesigen rausgequollenen Gehirn und den Zangenhänden?«

»Ja genau, nimm's ruhig mal aus dem Regal.« Würde ich sonst niemandem erlauben, aber Roger.

»Tja, wie bin ich zu diesen Filmen gekommen? Eigentlich hat mich mein Vater angefixt. Der hat mir als Kind schon immer fantastische Geschichten erzählt und vorgelesen. Außerdem kamen früher die alten Jack Arnold-Streifen abends im dritten Programm und ich durfte dafür länger aufbleiben.«

»Du durftest die sehen?«

»Klar. Aber nur wenn mein Vater neben mir saß und wir hinterher darüber geredet haben. Ganz pädagogisch halt.«

Was hätte ich für so einen Vater gegeben. Ich durfte höchstens mal bei Fußballspielen länger wach bleiben. Zum Bier holen.

»Heute werden die ja als Trash verschrien. Dabei gibt es echte Perlen unter diesen Filmen, wie *Die Dämonischen*.«

»Das Ding aus einer anderen Welt«.

»Der Tag an dem die Erde still stand.«

»Oder *Alarm im Weltall* mit dem ganz jungen Leslie Nielsen ...«

»... nach Shakespeares *Der Sturm*. Das waren tolle Geschichten, mit starken Darstellern und innovativen Ideen von richtig guten Regisseuren.«

Hat hier irgendjemand unsere Gehirne gleichgeschaltet? Ich bin begeistert. Karl ist der Zwilling, den meine Eltern mir niemals gegönnt haben.

»Die wussten zwar, dass sie nicht das furchteinflößendste Monster-Kostüm der Welt zur Verfügung hatten, haben aber einen anständigen Spannungsaufbau erzeugt, mit Licht und Kamera. Da wurde die Arbeit am Film noch ernst genommen. Aber die Zeiten sind vorbei, Roger.«

»Stimmt. Heute wird sich einfach auf schlechte Effekte von Computer-Heinis mit der Phantasiebegabung eines Taschenkrebses verlassen.«

»Dazu noch eine möglichst knapp bekleidete Hauptdarstellerin, deren aufgeblasene Moppen fast ständig aus dem zwei Nummern zu kleinen Mieder zu platzen drohen und fertig!«

»Natürlich übersteigt die Körbchengröße bei weitem das Talent der möchte gern Scream-Queen.«

Der Kerl ist brillant. Ich muss ihm unbedingt meine Neuerwerbung zeigen, die ich erst seit drei Tagen mein eigen nenne. Auf zum Wohnzimmerschrank, den Schrein geöffnet und mein selbstgebautes Glasvitrinchen bestaunen lassen.

»Roger, komm mal hier rüber. Das ist mein ganzer Stolz. Hat mich 750 Tacken gekostet.«

»Mach keinen Scheiß! Das ist doch das Biest aus *Ausgeburt der Hölle* von 1956. Den Film kennen die meisten nicht mal, geschweige denn dieses Monster.«

»Hab ich online bei einer Firma in Köln bestellt. Das ist das Original, von Paul Blaisdell persönlich designt. Ich hab's mir auch größer vorgestellt. Ist tatsächlich nur eine 25 Zentimeter große Handpuppe. Irre oder?«

»Sieht aus wie ein kleiner Flughund mit Fühlern. Aber hieß es nicht immer, dass die original Wachspuppe im Kühlschrank vom Science-Fiction Papst Forrest J. Ackerman vor sich hin gammelt?«

»Dachte ich auch. Aber ich hab ein Echtheitszertifikat von Forrest persönlich unterschrieben. Geil, oder?«

»Dann wird es jetzt wohl wirklich Zeit, dass ich mal meinen Mantel ausziehe.«

Irgendwie sagt er das etwas komisch. Als wäre es eine große Ankündigung. Jetzt steht er da wie Clint Eastwood und knöpft genüsslich den Mantel auf. Was zur Hölle hat er denn da alles drunter? Einen Gürtel mit jeder Menge Utensilien. Säge, Spritze, Messer ... Karl ist gar nicht dick. Ein Baseballschläger? Wie hat er den denn die ganze Zeit da drunter versteckt?

»Ähm, Roger? Was wird's?«

»Ähm, Karl. Dein Ende.«

Irgendwie nahmen die Sympathiewerte von Roger gerade dramatisch ab. Ich ahnte schon, dass es einen Haken geben würde. Er war einfach zu perfekt als neuer Freund.

»Hör zu Roger, wenn du die Figur willst, nimm sie dir. Und auch die anderen, die hier rumstehen. Hau damit ab und gut is'.«

»Die blöde Figur ist mir scheißegal. Glaubst du, ich komme hier zufällig so gut ausgerüstet an? Ich habe dich ausgesucht, um dich zu töten. Dein Leben bis zum Schluss auszukosten.«

»Ich bitte dich Roger ... soll das etwa heißen ... du bist gar kein Fan?«

»Nein, aber du und deshalb bist du mir auch auf den Leim gegangen. Ich habe dir diese Figur verkauft. Um zu erfahren, wo du wohnst. Das mache ich immer so.«

»Moment, ist die Figur etwa nicht echt?«

»Doch, das schon. Ich hab sie mal von Ackerman geschenkt bekommen.«

»Gott sei dank!«

»Ihr Freaks seid doch alle gleich! Euer Tod schert euch nicht, Hauptsache das bescheuerte Püppchen ist echt.«

»Und deshalb bringst du alle um, die so sind wie ich?«

»Was? Nein. Aber dieser Ackerman hat mir nun mal keinen Steiff-Teddy geschenkt mit dem ich Leute ködern kann. Und das wunderbare an Film-Deppen wie dir ist, ihr seid oft total vereinsamt, ohne jegliche Kontakte nach draußen. Ihr habt keine Freunde. Typen wie dich vermisst niemand. Frühestens in einem halben Jahr, wenn auf der nächsten SciFi-Convention der Vollspacken mit dem *Knightrider*-T-Shirt fragt: »Hey, wollte Karl nicht auch kommen?«. Darauf sagt der Typ mit den Pickeln und der Brille: »Weiß nicht Mann, keine Ahnung.« Dann sagt der langhaarige im *Porn-Star*-Shirt, der nackte Frauen nur aus dem Internet kennt: »Echt krass, da drüben sitzt der Typ, der bei *Robbi, Tobbi und das Fliewatüüt* zweiter Beleuchter war.«, und schon hat dich die Welt vergessen.«

»Gar nicht wahr. Ich hab Freunde!«

»Nenn' mir zwei.«

»Mist!«

»So, Schluss jetzt.«

»Halt! Welchen Plan verfolgst du. Ich meine, was willst du damit beweisen?«

»Herrgott noch mal! Nichts, ich will nichts beweisen. Jedes mal dieselbe Frage von euch Idioten. Ihr seid doch alle Verschwörungstheoretiker. Aber ich muss dich enttäuschen, du bist kein Teil eines irren Planes die Weltherrschaft zu übernehmen. Ich lege mich auch nicht mit den besten Kriminologen der Welt an, um ihnen zu zeigen, dass ich ein ihnen weit überlegenes Genie bin. Scheiße noch eins, ich bringe halt gerne Leute um. That's it!«

»Hat halt jeder seine kleine Schrulle.«

Sein Baseballschläger trifft meinen Kopf. Ein dumpfes Geräusch brummt durch meinen Schädel, es wird dunkel und ich verliere das Bewusstsein. Nach nur einem Schlag. Respekt, er ist wirklich ein Profi.

Ich weiß nicht, wie lange ich weg war. Aber jetzt realisiere ich, dass ich mit Klebeband an meinen Küchenstuhl gefesselt bin. Überhaupt befinden wir uns nun also in der Küche. Auf dem Boden, direkt unter mir, ist ein großes weißes Tuch ausgebreitet. Mein Bettlaken. Es ist voller Blutflecken. Gut, dass Mutter noch gewaschen hat.

Ich kann mich kein bisschen rühren und irgendwie fühle ich mich wie in einem Dämmerzustand. Wahrscheinlich denke ich das alles gerade sehr, sehr langsam. Ich versuche es mal mit Sprechen. »Roger Willoughby, jetzt weiß ich es wieder. Das ist der Name von Rock Hudson in *Ein Goldfisch an der Leine*.«

»Da ist er ja wieder, der Karl. Ja, eine wahrhaft große Komödie. Und Willoughby gibt vor jemand zu sein, der er nicht ist. Genau wie ich. Außerdem wirft er seinen Köder aus und angelt seine Opfer. Kommt dir bekannt vor, oder?«

Leider kann ich ihn nicht sehen. Er steht hinter mir am Herd. Ich höre Schüsseln klappern und Löffel in Töpfen schaben. Irgendwie stinkt es hier nach Kohl oder so was.

»Wie billig ist das denn Roger, oder wie du wirklich heißt?«

»Rock Hudson ist nicht billig. Er war der Beste.«

»Ich sag dir mal was, du stehst auf den Star anspruchsloser Sonntag-Nachmittag-Filmchen für Softies, die sich gern an ihre Mami kuscheln.«

»Rock Hudson war ein Frauenschwarm.«

»Ein *schwuler* Frauenschwarm.«

»Halt besser den Mund, du fängst jetzt eh an zu lallen.«

Tatsächlich, meine Zunge fühlt sich an wie eine Seegurke, die in meinem Mund herumschwappt. Was hat er mir eingeflößt?

Habe ich eigentlich schon erwähnt, dass ich peinlicherweise gerade unbekleidet bin? Um nicht zu sagen splitterfasernackt. Egal was dieses Rock Hudson-Double vor hat, eine Ausstrahlung im Kinder-Kanal scheint nicht erwünscht. Hier geht es in Richtung FSK 18 und härter.

»So mein lieber Karl. Das Essen ist gleich fertig. Jetzt hole ich mir noch dein Fläschchen Wachtelberg und schon gibt's Kartoffel-Gratin und gefüllten Porree mit einem schönen Steak à la Karl. Ich hoffe, du bist nicht so zäh wie deine alten Gummi-Monster.«

»Porree? Du willst mich mit Porree essen? Das ist ja wohl das Häkeldeckchen unter den Gemüsen. Outer geht es ja nicht. Ich weigere mich!«

Manchmal überschätzt man einfach seine Position. Mein Dinner-Gast lacht.

»Du bist echt lustig, Karl. Ich habe dir übrigens drei Spritzen injiziert. Eine damit du keine Schmerzen verspürst und nicht in Ohnmacht fällst, wenn ich gleich ein schönes Stück Fleisch aus dir rausschneide. Ich möchte, dass du registrierst, wie ich dich verspeise. Die zweite enthielt ein Gift, dass dich in etwa, na sagen wir jetzt noch 15 bis 20 Minuten, langsam entschlafen lässt. Und die dritte einfach nur so, weil's Spaß gemacht hat.«

»Vergiftest du dich dann nicht selbst?«

»Karl, ich bin zwar etwas durchgeknallt, aber nicht blöd. Alles abgecheckt. Muskelfleisch nicht betroffen.«

So selbstzufrieden wie er gerade konnte nicht einmal Helmut Kohl in seinen besten Zeiten grinsen.

»Wenn du doch kein Fan bist, wieso machst du dir dann die ganze Mühe mit uns Science-Fiction-Fans?«

»Niemand fragt die Spinne, warum sie ihr Netz webt. Die Jagd ist ein Sport, für den man Ausrüstung benötigt. Und schließlich liebe ich ja Filme, nur nicht euren Quatsch.«

»Könntest du deine ganze kriminelle Energie nicht sinnvoller nutzen?«

»Wie denn? Mich zum Wohle der Menschheit in Diktatoren-Paläste einschleichen und Despoten töten? Könnte man vielleicht einen Film draus machen.«

»Ich freue mich schon auf die Nordkorea Episode: *Kill Il.*«

»Du hältst dich tapfer, angesichts deiner Lage.«

»Wieso habe ich eigentlich bei der Art zu morden noch nie etwas von dir gelesen?«

»Ich denke mir jedes Mal etwas anderes aus. Keine Struktur, keine Verbindung, kein Täterprofil. Immer schön kreativ bleiben. Wie ein guter Drehbuchautor.«

»Kreativ? Kannibalismus hat es ja wohl in der Filmgeschichte schon mehrfach gegeben. Was ist denn zum Beispiel mit *Delicatessen* von Jeunet und Caro? Essen da die Mieter nicht immer den frisch eingestellten Hausmeister? Du bist ein mieser Kopierer!«

»Sie hatten keinen Porree dazu. Außerdem ist es nur *geklaut,* wenn man sich bei einem bedient. Zitiert man viele, heißt das Recherche.«

»Diese miese Einstellung hat das Mainstream-Hollywood schon seit Jahren. Die stehlen jedes gute Drehbuch aus Europa und Asien.«

»Siehst du, und ich habe schon viele gute Drehbücher in der Schublade, die nur darauf warten verfilmt zu werden.«

»Und wie viele davon hast du verkauft? Lass mich raten: die Welt lechzt nach deinen Ideen.«

»Du gehst mir ganz schön auf die ...«

Es klingelt an der Tür. Und zwar Sturm. Jetzt hört man den Schlüssel im Schloss.

Der falsche Roger springt in Panik aus dem Küchenfenster und ergreift die Flucht in Richtung Straße. Mutter steht in der Tür. Hätte nie gedacht mich mal über ihr unangekündigtes Erscheinen zu freuen.

»Junge, was ist denn hier los. Da ist jemand durch dein Fenster gesprungen. Wer war das denn?«

Mutter schließt das Küchenfenster. Ordnung muss sein. Draußen höre ich jetzt quietschende Reifen.

»Das war Roger.«

»Der ist aber unhöflich. Woher kennst du denn solche Gestalten schon wieder?«

»Über's Internet.«

»Sag mal Junge, hast du am helllichten Tage getrunken? Du lallst so komisch. Alles klar, ich sehe schon den guten Wachtelberg auf dem Tisch. Kann es sein, dass du hier völlig nackt rumsitzt? Zieh dir sofort etwas an.«

Mutter wendet jetzt pseudo-schamhaft ihre Augen ab und hält eine Hand als Scheuklappe in meine Richtung. Ich bin ihr ausnahmsweise einmal dankbar.

»Wie denn? Ich klebe auf diesem Stuhl fest.«

»Wie so oft. Könntest ruhig etwas Sport machen. Du hast ein richtiges Bäuchlein bekommen. Und wieso ist ein anderer Kerl bei dir, wenn du nichts an hast? Karl, hast du mir irgendwas zu sagen? Du kannst doch mit deiner Mama über alles reden.«

»Gut. Roger wollte mich essen. Mit Porree, stell dir das vor!«

»Der ist ja auch gesund. Was heißt hier, der wollte dich essen?«

»Roger hat mir Gift injiziert und wollte mich mit Porree und Kartoffel-Gratin essen.«

»Oh mein Gott! Junge, bist du so ein Perverser?«

»Was? Wieso ich?«

»Na, so einer, der sich in diesem Internet einen anderen Perversen sucht und die sich dann gegenseitig aufessen. Kennt man doch, Rothenberger oder so war das doch. Hach Gott, hach Gott.«

»Nein Mutter, Anneliese Rothenberger hat damit nichts zu tun. Du meinst Armin Meiwes und den Film *Rotenburg*.«

»Karl, sag mir das jetzt gerade heraus – hast du deine Genitalien noch? Ich mag gar nicht hinschauen.«

»Was? Mutter! Könntest du mich bitte hier losmachen und dann schnellstens einen Krankenwagen rufen? Das Gift wirkt langsam aber sicher.«

Mein Lallen nimmt ein immer größeres Ausmaß an.

»Ich fasse hier nichts an, bevor ich nicht weiß, ob du deine Genitalien noch hast? Der Rotenburg hat die doch damals auch gebraten.«

»Meiwes, Mutter. Meiwes. Ich weiß nicht wie lange ich das hier noch überlebe, also bitte, geh um Himmels Willen zum Telefon. Und ja, ich habe meine Genitalien noch. Das war ein Überfall und kein Kannibalen-Rendezvous.«

Langsam schwinden ernsthaft meine Sinne. Und irgendwie wird alles dumpfer und dunkler. Ich sterbe wohl gerade.

»Was sollen bloß die Leute von mir denken? So was fällt doch immer auf die Familie zurück. Mein Karl ein perverser Selbstverstümmler.«

»Danke für das Vertrauen Mutter. Ruf einen Krankenwagen!«

»Erst mal muss ich hier aufräumen. Deine Wohnung sieht vielleicht aus. So kann man ja keinen hier reinlassen. Die Leute vom Krankenhaus sind bestimmt auch aus Werder und dann ist das in Null Komma Nichts rund in der Nachbarschaft. Was machst du nur für Sachen Junge? Ich könnte im Boden ...«

Die Welt um mich wird immer verschwommener. Ich kann keinen Muskel mehr bewegen und die Seegurke in meinem Mund versagt endgültig ihren Dienst. Ich sterbe gerade. Tatsächlich. Und zwar genau auf die Art und Weise, die ich seit meiner Pubertät albtraumhaft als vorherbestimmt angesehen hatte.

Meine Mutter würde mich einfach tot quatschen.

Die große deutsche Wein-Cuvée

(Alle Regionen in einer Geschichte)

Die Plörre

VON RALF KRAMP

Er kannte sich aus. Er witterte es, wenn ein Wein korkte, noch bevor er die Flasche öffnete, er erkannte einen guten Tropfen, wenn er das gläserne Behältnis nur in der Hand wog und er spürte es, wenn Plörre abgefüllt worden war, noch bevor er das Etikett betrachtete.

Man wurde nicht Sommelier des Jahres, wenn man sich täuschen ließ.

Das galt auch für Menschen. Auch da hatte er den Kennerblick, beherrschte jeden Handgriff, auch da täuschte ihn kein Etikett. Wenn Plörre drin war, spürte er das.

Udo Anfort betrachtete sein Spiegelbild und strich sich mit dem angefeuchteten Mittelfinger die buschigen Augenbrauen glatt.

Er wusste, dass sie ihn am liebsten jedes Jahr zum Sommelier des Jahres küren würden, aber das verbot sich von selbst. Das gedämpfte Licht des leeren Lokals glättete seine harten Gesichtszüge und ließ kleine Lichtblitze in seinen schwarzen Pupillen aufglimmen.

Sanfter Jazz kroch aus den Lautsprechern. Die rauchige Stimme einer Frau. Sicher eine Schwarze, eine mit vollen Lippen und langen Wimpern. Ihre gehauchten Worte und hin und wieder das dumpfe Brummen eines vorbeifahrenden Autos waren die einzigen Geräusche. Es war beinahe zwölf, alle anderen waren bereits gegangen. Der Raum roch nach Menschen, die nicht mehr da waren. Er war sehr sensibel für Gerüche. Sensibel für überhaupt alles, er hatte sehr feine Antennen. Udo Anfort wandte sich zur Seite, betrachtete seinen Körper im Profil, rückte sich den Kragen zurecht.

Dann hörte er das leise Klopfen, und sein Mund krümmte sich zu etwas, das ein Lächeln hätte sein können. »Aha, die Plörre«, murmelte er.

Sie stand draußen vor dem Küchenausgang. Er erkannte ihren zierlichen Körper, der in etwas orangefarbenem steckte, durch die Milchglasscheibe.

Natürlich hatte sie ihre Chance erkannt. Ihre einzige. Während er betont langsam in seiner Hosentasche nach dem Schlüssel suchte, dachte er an das knappe Telefonat zurück, das er vor einer halben Stunde mit ihr geführt hatte. Eigentlich hatte es sich gar nicht um ein richtiges Telefonat gehandelt. Er hatte sich auf ihr zaghaftes »Hallo« nur mit den Worten »Ich denke, ich könnte gleich nach Feierabend noch einmal mit Ihnen darüber reden«, gesagt. Nicht viel mehr. Sie hatte versucht, eine Frage zu stellen, hatte nach einem kurzen Moment des Schweigens gestammelt: »Nach Feierabend? Heute Abend? Aber was …«, und er hatte barsch erwidert: »Überlegen Sie es sich. Entweder Sie sind in einer halben Stunde hier, oder das war's.« Dann hatte er die Verbindung unterbrochen.

Und jetzt stand sie vor ihm. Eine unförmige Wollmütze auf dem blassen kleinen Kopf, der aussah wie der eines Sperlings. Sie sah zu ihm auf, und er verspürte fast so etwas wie einen Anflug von Mitleid.

In dieser Frau, in dieser Flasche schwamm Plörre. Von Anfang an hatte er das gewusst, von dem Tag an, an dem sie bei ihm vorgesprochen hatte, um einen Ausbildungsplatz zu bekommen. Was immer er ihr auch hätte beibringen können, was auch immer er von seinem umfassenden Wissen in ihren kleinen Vogelkopf hätte eintrichtern können, es wäre versickert, vertrocknet, verloren gewesen.

»Kommen Sie rein.« Er kehrte ihr gleich den Rücken zu, um nicht länger den Anblick der rotgeheulten Augen ertragen zu müssen und schritt voran ins Restaurant. Wenn er diese jämmerliche kleine Gestalt noch länger vor sich kauern sah, wie sie ihre Hände rang und ängstlich die Lippen nach innen stülpte, dann würde es ihm womöglich noch vergehen. Und dazu war er in viel zu guter Stimmung. Er wollte ein bisschen Spaß.

Am frühen Abend war ihr das mit der Silvaner Beerenauslese des Würzburger Juliusspitals passiert. Den Korken in einer solchen Flasche abzubrechen …

Er hatte mit der flachen Hand ausgeholt. Mehr nicht. Das war so gut wie eine Ohrfeige. Da hatte sie gleich gewusst, dass es vorbei war. Dass sie sich völlig umsonst seinen Schikanen der letzten Wochen unterworfen hatte. Sein gefasstes, aber dennoch nachdrückliches »Raus!« hatte ihren Traumjob für immer beendet.

Andere vor ihr waren dann auf die Knie gefallen, hatten seine Hände berührt, sich die Haare gerauft, aber sie hatte sich nur umgewandt, und an ihren zuckenden Schultern hatte er erkannt, dass sie flennte.

Er gab ihnen immer knappe sechs Stunden, bevor er sie anrief. Für gewöhnlich flackerte für sie während einer solch knappen Zeitspanne immer noch ein kleines Flämmchen der Hoffnung. Sie glaubten, sie könnten ihn umstimmen, wenn sie ihm zu Willen waren.

Er hatte einen Spätburgunder Barrique vom badischen Weingut Knab aus Endingen am Kaiserstuhl dekantiert. Er liebte deutsche Weine, dafür war das »Schildheimer Gasthaus« weit über die Grenzen der Region berühmt.

Wortlos deutete er mit der ausgestreckten Linken in die von Bruchstein eingefasste Nische neben dem Kamin. Es war der Tisch, an dem sich die Gäste des Sternelokals am geborgensten fühlten. Vielleicht, weil man hier nahezu unbeobachtet sitzen konnte. Für einen Moment hatte er erwogen, ein Kaminfeuer zu entzünden, aber diesen Gedanken wieder verworfen. Es sollte keine lange Geschichte werden. So eine Attraktion war sie nicht.

»Legen Sie doch Ihren Mantel ab«, sagte er betont beiläufig, während er den Wein einschenkte. »Und Ihre Mütze natürlich.«

Irritiert setzte sie sich, legte die Hand an einen Zipfel ihres

Schals, zögerte einen Augenblick und zog ihn dann langsam hinunter.

Der blutrote Wein schaukelte behäbig im Glas hin und her. Er legte zwei Finger auf den Fuß und schob es über die Tischdecke zu ihr hin. Ihre Mütze glitt beinahe wie von selbst von ihrem kurz geschnittenen dunkelblonden Haar, und die Finger ihrer Rechten öffneten langsam und unentschlossen die großen roten Kunststoffknöpfe ihres Mantels. Darunter trug sie ein T-Shirt mit einem Aufdruck, der ein Tier darstellen sollte. Ein Pferd … ein Lama … Sie war schlank, fast mager. Mal was anderes …

Ob sie ahnte, was er wirklich von ihr wollte? Er betrachtete sie aus der Höhe und fand, dass sie jetzt, wo sie sich ihrer geschmacklosen Winterkleidung entledigt hatte, schon nicht mehr ganz so erbärmlich wirkte. Vielleicht könnte es doch noch richtig unterhaltsam werden ... nein, doch eher nicht.

Manche hatten es gleich kapiert, hatten sich gar nicht erst geziert, sondern gleich mitgespielt, aber die hier … Plörre. Etwas, was man aus einer trüben Tasse trank.

»Wissen Sie, Elfi …«

»Evi.« Ihre Stimme klang zaghaft und unsicher.

»Evi, meinetwegen. Sie wollen Sommelière werden. Sie wissen, dass es etwas Besonderes darstellt, von mir ausgebildet zu werden?«

Statt einer Antwort nickte sie. Er musste das Licht noch mehr dämpfen. Dieser unterwürfige Vogelblick verdarb ihm alles!

»Glauben Sie, Sie hätten wirklich das Zeug dazu? Sommelière, das ist nicht dasselbe wie Metzgereifachverkäuferin oder Fußpflegerin oder so etwas.«

Sie wusste ganz offensichtlich nicht, was sie tun sollte, den Kopf schütteln oder nicken.

»Eine Ausbildung wie diese erfordert Vertrauen, Elf … Evi.« Sein linker Zeigefinger strich ihr über die Schläfe. Er beobachtete, wie ihre Hände sich umeinander krampften.

»Wir werden noch einmal neu anfangen, Sie und ich. Wir trinken jetzt einen Schluck dieses wunderbaren Weins, und dann …« Sein Finger strich ihren Hals entlang, ertastete die nervöse Bewegung ihres Adamsapfels, erreichte ihr Dekolleté.

»Wir gewöhnen uns aneinander.« Mit spielerischer Sicherheit gesellten sich die anderen Finger seiner Hand auf dem Weg unter den Rand ihres Shirts dazu, glitten abwärts, krochen unter den Saum ihres Büstenhalters, und endlich, endlich schloss sie ihre Augen. Es lief gut. Während er ihre kleine, rechte Brust umfasste, hob er das Glas an den Mund und ließ das göttliche Getränk über seine Zunge fließen.

Als er das Glas auf dem Tischtuch abstellte, fasste er fester zu. Wenn es bis hierhin ohne Protest gelungen war, war es immer ein Kinderspiel.

Als er im nächsten Moment ganz unverhofft eine Bewegung hinter seiner rechten Schulter wahrnahm, konnte er kaum reagieren, so überrascht war er. Etwas wurde vor seinen Mund und seine Nase gepresst. Es gelang ihm nicht mehr, die Hand von ihrer Brust zu lösen, er roch Äther, er sah, wie die Bruchsteine sich gegeneinander verschoben, das Licht ging aus …

Die schwarze Sängerin war nicht mehr zu hören. Es war totenstill. Er nahm zwei Augenpaare wahr, die auf ihn gerichtet waren. Neugierig, unverhohlen starrend, als sei er eine bislang unentdeckte Spezies.

Ein Mann und eine Frau, beide vielleicht Ende vierzig. Sie hatten sich gegenüber von ihm positioniert. Hinter ihnen erkannte er die Bruchsteinwand. Langsam wandte er den Kopf nach rechts und dann nach links. Von der Kleinen war nichts zu sehen. Er saß jetzt an ihrem Platz.

»Evi ist ins Bett«, sagte die Frau. »Hat ja'n Hammertag gehabt. Muss sich mal richtig auspennen.«

»Onkel Kurt un Tant Rita«, sagte der Mann. Es klang rau und knirschend, aber mit einem heiteren Unterton. Dann fingerte er mit dem kleinen Finger zwischen den Zähnen herum und saugte dabei zwitschernd die Luft ein. »Also der Onkel un die Tant vom Evi.«

Udo Anfort wollte etwas entgegnen, aber die Zunge klebte ihm am Gaumen. Er brachte nur ein Lallen hervor und räusperte sich schwerfällig. Was war geschehen?

Als er sich mit den Händen übers Gesicht streichen wollte, spürte er, dass er seine Hände nicht heben konnte. Mühsam neigte er den Kopf zur Seite, um nachzusehen, was ihn behinderte.

»Kabelbinder«, erklärte Onkel Kurt ungefragt und kratzte sich am stoppeligen Kinn.

»Kurt is Elektriker.«

»Hab ich immer dabei. Irjendwo is ja immer wat lose. Mit Kabelbinder kriegste alles ant Halten.«

Um Anfort herum wurde es heller. Die Konturen der Restauranteinrichtung und der beiden Gestalten wurden schärfer.

»Evi is so stolz, dat sie hier lernen darf. Sie sacht, Sie wären der beste Sommüliehr …«, sagte die Tante begeistert.

»Sommilähr«, korrigierte ihr Mann sie. »Der beste Sommilähr, sacht sie, wären Sie. Wenn die bei uns in der Familie Wein aufmacht, also der vom Netto oder Lidl, dann zeicht die immer, wat se hier jelernt hat.« Der Mann ließ den Blick über die Restauranteinrichtung gleiten und nickte anerkennend. »Voll der Nobelschuppen. Die Evi, die hat immer jesacht, dat se wat janz Besonderes werden will.«

»Un jetz hat se et jeschafft.« Tante Rita zeigte ein beseeltes Lächeln. Auf ihrem rechten Schneidezahn glitzerte ein Brilli. Sie deutete auf den Tisch. »Hier, guckense mal.«

Erst jetzt entdeckte Anfort die vier vor ihm aufgereihten Flaschen. Sie waren leer. Er konnte die Etiketten nicht erkennen, aber er vermutete …

»Stargarder Land, Werderaner Wachtelberg, Sylt, und Baierwein«, sagte Tante Rita kichernd. »Evi sacht, die wären lecker. Verstehmer natürlich nix von. Aber Kurt zeicht Ihnen mal unser Familienrezept.« Wie aus dem Nichts hatte sie eine große gläserne Salatschüssel hervorgeholt, in der eine blassgoldene Flüssigkeit schwappte. Sie tunkte kurz den Finger hinein, an dem ein langer, pardiesapfelroter Fingernagel klebte und lutschte ihn geräuschvoll ab. »Dat auf Sylt Wein wächst …« Sie holte eine fünfte Flasche hervor. »Und auf Malle. Nie jehört.« Kurt nahm ihr den Rotwein aus der Hand, prüfte das Etikett, murmelte »Grann Winnja Sonn Kaules. Richtich ausjesprochen?« Dann setzte er ihn an die Lippen und nahm ein paar kräftige Schlucke. Danach stieß er einen unterdrückten Rülpser aus und sagte mit Kennermiene: »Nich verkehrt … nich verkehrt.«

Jetzt wurde eine Dose sichtbar, deren metallener Deckel von Tante Rita aufgespreizt wurde. Buntes, gewürfeltes Obst pladderte in die mit Wein gefüllte Schüssel. Und Onkel Kurt präsentierte stolz einen Flachmann. »Strohrum. Hat ordentlich Umdrehungen.« Glucksend floss der Inhalt ebenfalls hinein.

Rita rieb sich die Hände. »Der Knaller auf jeder Fete. Un am leckersten sin die Möppchen.«

Als verstehe Anfort ihre Sprache nicht, erklärte sie: »Dat Obst.«

»Genug«, japste Anfort und wunderte sich über seinen eigenen krächzenden Tonfall. »Es reicht … Machen Sie mich sofort … los, oder ich …« Er wand sich hin und her und spürte, dass die Kabelbinder ihm ins Fleisch schnitten.

»Nu mal langsam«, sagte Onkel Kurt freundlich. »Wir wollen uns doch bei Ihnen mit nem juten Tröpfchen erkenntlich zeigen. Dat Evi hat uns verraten, wat Ihnen schmeckt … Jeht alles auf uns.«

Ohne Vorwarnung hatte er eine Kelle hervorgeholt, zog sie einmal durch die Schüssel und schwenkte sie zu Anforts Mund, den dieser gerade geöffnet hatte, um eine Drohung auszustoßen. Der süße Schwall floss ihm in den Rachen, troff ihm in den Hemdkragen, schoss ihm die Nase hinauf. Ein Stückchen Mandarine blieb unter seinem linken Auge kleben. Er röchelte wie ein Gestrandeter und schrie: »Aufhören!«

»Aufhören!«, rief nun auch jemand neben ihm, den Anfort bislang nicht wahrgenommen hatte. Aus den Augenwinkeln heraus erkannte er eine kleine, kugelige Gestalt im Blaumann. Über dem faltigen Gesicht hatte der Mann einen beigefarbenen Cordhut in den Nacken geschoben. Er schwenkte zwei weitere Flaschen. »Kurt, du Doof. Bowle kannste beim Grillen machen. Hier im feinen Restorang jibbet Wein pur.« Er wackelte auf den Tisch zu und knallte die Flaschen auf den Tisch.

»Dat is Oppa Heinrich«, erklärte Rita mit zuckersüßem Lächeln. »Also der Oppa vom Evi.«

Udo Anfort erkannte mit von Bowle verschleiertem Blick, worum es sich bei den Flaschen handelte. Karsdorfer Hohe Gräte Traminer Spätlese von Lützkendorf und Pillnitzer Königlicher Weinberg Kerner von Klaus Zimmerling. Das durfte doch alles nicht wahr sein!

»Der Keller?«, schrie er. »Sie waren doch nicht etwa in … Wer hat Ihnen erlaubt …« Er erstarrte vor Schreck, als er mitansehen musste, wie die knotigen Finger des Alten die Kapseln von den Flaschenhälsen fummelten. »Kurt, jimmir mal den Schraubenzieher.«

Onkel Kurt präsentierte stolz das Werkzeug, das er offenbar ebenfalls immer mit sich führte. »Irjendwo is ja immer wat locker.«

Und in Windeseile hatte der Alte mit ein paar rüden Stichen des Schraubenziehers die Korken ins Innere der Flaschen gedrückt. In das Glas, das Rita auf den Tisch stellte, tanzte jetzt ein Strahl edelster Flüssigkeit, völlig verdorben durch Korkbrocken unterschiedlicher Größe. Als der Alte es ihm an den Mund führte, presste Anfort die Lippen fest zusammen. Aber zwei der schwieligen Finger kniffen ihm die Nase zu, und als er nach Luft schnappte, bröckelte der verdorbene Wein in seine Kehle. Gerade als er ausspucken wollte, drückten die Finger wieder zu, und er schluckte instinktiv den verdorbenen Wein hinunter.

»Un der andere auch noch!« Dieselbe Prozedur erfolgte mit der Bopparder Hamm Riesling Spätlese von Weingart.

»Ihr Verrückten!«, schrie Anfort gurgelnd und ruckelte hin und her.

Jetzt erschienen weitere Gestalten im Hintergrund.

»Omma Grete, biste auch schon da?«, jubelte Rita. Die Menschen fielen sich um den Hals. Jeder von ihnen trug mehrere Flaschen mit sich.

»Evi seine Omma. Und dat da, dat is meine Schwester«, sagte Kurt stolz. »Die Mama vom Evi.«

Anfort erkannte vage die spindeldürre Frau in einem türkisfarbenen Jogginganzug, deren Lidschatten alle Farben des Regenbogens widerspiegelte. An einem der ersten Arbeitstage hatte er Evi in der Ferne aus ihrem Auto steigen sehen, einem rostigen Datsun mit gehäkeltem Klopapierpüppchen auf der Rückbank. Sie reichte ihm eine knochige Hand und begann dann schrill zu kichern. »Ach, ich Dusselchen. Sie können mir ja gar nich …«

Stolz präsentierte sie eine Flasche Silvaner Spätlese trocken »Asphodill« von Fürst Löwenstein. »Evi sacht immer, et wär janz wichtich, dat der die richtije Temperatur hat.«

»Wie lang hattsten drin?«, fragte Kurt interessiert.

»Anderthalb Minütchen.«

»Wodrin?«, hauchte Anfort ungläubig.

»Mikrowelle. Hinten in der Küche.«

Er schnappte nach Luft. Ein erhitzter Asphodill! Das war eine Todsünde! Der Wein wuchs stolz auf einer der eindrucksvollsten Steillagen Europas und endete schmachvoll als Fünf-Minuten-Terrine!

Ehe er seiner Empörung Luft machen konnte, hatte Oppa Heinrich wieder die Nasenklammer angesetzt, und die urinwarme Brühe rann ihm in den Hals.

»Hilfe«, japste er. »Hilfe!«

»Ihr seid plemplem«, polterte ein kahlrasierter Stiernacken im Netzshirt. »Dat is Weißwein, der muss kalt sein, Ihr Spacken!«

Evis Mutter schob sich an die Seite des Muskelpakets. »Dat is Erol, der is quasi der Vater vom Evi. Also der richtije Vater is … na ja irjendwo anders.« Mit gespreizten Fingern symbolisierte sie Gitterstäbe.

Erol entkorkte nahezu fachmännisch einen Heppenheimer Centgericht Riesling Eiswein aus dem Staatsweingut Domaine Bergstraße, wobei er eine feierliche Miene aufsetzte und erklärte: »Die Evi, dat is die Einzije von uns, die nen richtich feinen Beruf lernt. Dat Mädchen is wat besonders, wissense. Die hat en Glück, Mannomann.«

»In sonnem feinen Restorang!«, jubelte Omma Grete und zeigte ihre Goldzähne.

Zu Anforts Entsetzen ließ Erol vier Eiswürfel in ein Weinglas klimpern, erst dann goss er den Wein dazu.

Diesmal entwand sich Anfort Oppa Heinrichs Klammergriff und versuchte hektisch, in die Finger des Alten zu beißen. Aber der handwerklich geschickte Kurt schwenkte plötzlich den bunten

Schal, den Evi offenbar auf dem Tisch hatte liegenlassen und rief triumphierend: »Ich weiß wat!« Und dann fixierte er Anforts Kopf, indem er ihm den Schal unter der Nase um den Kopf schlang und ihn mit den Enden an den beiden hinteren Stuhlbeinen festknotete. Wenn Udo Anfort sich nicht selbst das Genick brechen wollte, musste er wohl oder übel den Mund halboffen stehen lassen. In seinem Nacken knirschte es beängstigend, seine Augen tränten. Das Stückchen Mandarine glitt für einen kurzen Augenblick auf seinen linken Augapfel, bevor es zu Boden fiel.

»Mögen Sie eijentlich Cocktails?«, fragte eine heisere Stimme. Rita stellte den pickligen Mann mit der dickglasigen Brille, der sich über ihn beugte, als Evis Vetter Norbert vor. »Probieren Se mal.« Es war süß und klebrig, es schäumte ihm durch die Mundhöhle. Es war Cola mit … einem Spätburgunder »Wildenstein« Barrique von Bernhard Huber! Selbst durch die zuckrige Brühe schmeckte er noch den zarten Hilferuf des großen Tropfens.

»Oder Glühwein?«, fragte eine blasse, aknenarbige, zigfach gepiercte junge Frau mit leichenwagenschwarz umrahmten Augen und schwenkte eine Flasche Rotwein vor seinen Augen. Nicht der Fellbacher Lämmler Lemberger!, dachte er. Bitte nicht der gute Württemberger vom Aldinger!

Es war natürlich der Lemberger. Die Frau entfernte sich mit laut klackernden Absätzen. Anfort ahnte, dass sie mit der kostbaren Flasche die Küche aufsuchte. »Aaaoooouuurrgghhhh!«, röchelte er.

Oppa Heinrich präsentierte eine weitere Flasche. Eine Doppelmagnum aus dem Weingut Emrich-Schönleber. »Wat is dat denn? Ne Familienflasche? Is dat dann billijer? Mon … zinger Ha … lenberg Ries … ling R«, las er stockend vom Etikett ab. »Mir is ja immer viel zu wenig Schmackes in Wein. Ich mach immer den Oppa Heini-Mix. Pass ma auf!« Zuerst träufelte er den Inhalt eines Magenbitterfläschens und dann ein paar Schlucke Riesling in Anforts Mund. »Ordentlich mixen! Sonst schmeckt et nich!«

Aus Anforts halboffenem Mund tanzte eine bräunliche Fontäne in die Höhe.

»Guck ma, wie'n Springbrunnen!«, jubelte Evis Mama und klatschte begeistert in die Hände.

»Lecker, wa? Schmeckt mir aber immer nur mit Monzinger Dingensberg!«, rief Oppa Heinrich heiter, und alle brüllten laut auf vor Lachen.

Irgendjemand hatte den CD-Player wieder eingeschaltet, aber offenbar dem eigenen Musikgeschmack den Vorzug gegeben. Roland Kaiser schmetterte laut durchs Lokal: »Sieben Fässer Wein können uns nicht gefährlich sein …«

Ein entferntes Klackern von klobigen Absätzen kündigte wenige Momente später das Nahen des Glühweins an. Das schwarzweiße Metallgesicht trug feierlich einen Topf vor sich her und intonierte einen imaginären Fanfarenstoß. Es roch tatsächlich nach Zimt und Nelken.

Anfort quollen die Tränen aus den Augenwinkeln. Wer so etwas mit einem Lemberger machte, der gehörte auf den elektrischen Stuhl!

Er hatte in Gedanken die übelste aller Verwünschungen, die ihm für diesen Abschaum von einer Proletenfamilie einfallen wollte, noch nicht ausformuliert, als ihm bereits das Höllenfeuer in den Mund waberte. Der Vierzig-Euro-Glühwein war unbarmherzig heiß. Er hatte das Gefühl, seine Zunge werfe Blasen und müsse zerplatzen.

Wieder gab er einen unartikulierten Laut von sich. Diesmal vor körperlichem Schmerz.

»Bisschen heiß, wie?«, fragte Onkel Kurt und stopfte zwei Eiswürfel hinterher.

»Wird sofort jelöscht!«, rief Erol und entkorkte eine Flasche Spätburgunder »Hommage« von Friedrich Becker.

Und Heino sang dazu mit Inbrunst: »Rote Rosen, rote Lippen, roter Weeeiiin …«

Udo Anfort hatte keine Kraft mehr. Sie hatten seinen Willen gebrochen. Ohne ein weiteres Zeichen des Protests ließ er all das geschehen, was geschehen musste.

Sie flößten ihm selbstgemachten Rosé aus der Mallorquiner Cuvée und der Kiedricher Gräfenberg Riesling Beerenauslese Goldkapsel von Robert Weil ein.

Sie süßten den Riesling trocken »G-Max« vom Weingut Keller mit Kandiszucker.

Sie träufelten ihm eine verwegene Mischung aus Maggi und einem Maximin Grünhäuser Herrenberg Riesling in den Mund.

Sie brachten ihm die Tequila-Variante mit Zitrone, Salz und einem kräftigen Schluck Walporzheimer Gärkammer Spätburgunder vom Weingut Adeneuer bei.

Sie löffelten ihm eine Weincreme zwischen die geschundenen Lippen, die Omma Grete vor seinen brennenden Augen aus einem Becher Fertigpudding und einem Glas Scharzhofberger Riesling Trockenbeerenauslese von Egon Müller angerührt hatte.

Udo Jürgens sang voller Sehnsucht: »Griiiieeechischer Weeeiiin …«

Die Stimmung war gut. Alles jubelte beseelt, tanzte, übergoss sich gegenseitig mit Rot- und Weißwein.

Und plötzlich brach die Musik ab.

Und alles erstarrte.

Die Silhouette einer zierlichen Gestalt, die Anfort nur im äußersten Winkel seines Gesichtsfelds wahrnehmen konnte, stand in der Tür zur Küche. Vermutlich war sie durch den Hintereingang hineingekommen, genau wie all die anderen.

Langsam kam Evi auf ihn zu, mit unsicheren Schritten, mit fragend schief gelegtem Kopf. Es machte den Anschein, als versuchte sie die bizarre Situation zu erfassen, sich zusammenzureimen, was geschehen war.

Schließlich blieb sie vor ihm stehen. Er musste die Augäpfel so weit nach oben rollen, dass es schmerzte. Ihr Gesicht spiegelte Ratlosigkeit wieder, und es sah mit einem Mal gar nicht mehr wie das eines mickrigen Sperlings aus. Es schwebte weit über ihm, entrückt, ihre Augenbrauen krochen aufeinander zu.

»Ich habe meinen Schal vergessen«, sagte sie leise.

Dann sah er, wie sie eine Flasche vom Tisch nahm. Sie präsentierte ihm mit einer eleganten Bewegung das Etikett. Wehlener Sonnenuhr Riesling Auslese Goldkapsel von Johann Josef Prüm.

Dann stellte sie die Flasche wieder auf den Tisch, nahm ein Kellnermesser, schnitt mit geübten Griffen die Kapsel durch, setzte den Korkenzieher an, schraubte ihn kraftvoll und mühelos hinein und zog mit sicherem Nachgreifen den Korken aus dem Hals, ohne dass die Flasche sich auch nur im Mindesten bewegt hätte.

Ein sanftes Quietschen und ein leises Ploppen waren die einzigen Geräusche, die zu hören waren.

Nun trug sie die gläserne Kostbarkeit von der Mosel zu ihm hinüber, zeigte ihm kurz den Korken, warf einen langen und intensiven Blick in die Runde ihrer Verwandten, und als diese auffordernd nickten und begannen, rhythmisch im Takt zu klatschen, da setzte sie ihm schließlich den Flaschenhals an die Lippen, und der köstliche unverfälschte Geschmack des königlichen Weines umschmeichelte seinen Gaumen, und er spürte, wie Dankbarkeit in ihm aufstieg. Dankbarkeit wegen dieser noblen, gnädigen Geste. Sie vergalt ihm die Pein und die Schmerzen der letzten Stunde mit flüssigem Gold.

Er hätte ihr gerne ein Lob ausgesprochen, hätte ihr bescheinigt, dass sie die Flasche vorbildlich entkorkt, ihn nach allen Regeln der Sommelierskunst bedient, ihn stolz gemacht hatte. Stolz darauf, dass er ihr alles beibringen durfte, was er an Wissen in sich trug. Aber der Wein floss weiter, ließ ihn nicht zu Wort kommen.

Und die Flasche richtete sich unter dem Jubel der Familie steil auf, der Wein quoll ihm zu den Mundwinkeln hinaus und strömte durch seine Nase.

Und als die Flasche schließlich senkrecht stand, da schob sie ihm die wulstige Öffnung beinahe zärtlich zwischen die Zähne, und als ihre Mutter schrill kreischte »Prost, Prost, Kamerad!«, da richtete sich die kleine junge Frau mit stolz geschwellter Brust auf, holte weit mit der rechten, geballten Faust aus, zielte auf den Flaschenboden und schlug zu, so fest sie konnte.

Ein allerletzter Gedanke durchzuckte Udo Anforts Gehirn, bevor sein Herz für immer aufhörte zu schlagen: Wie hatte diese dusselige Kuh ihm nur von links einschenken können?

Die Autoren

Jürgen Alberts, geboren 1946, lebt in Bremen, hat mehr als sechzig J. B. Cool-Geschichten geschrieben, die in verschiedenen Sammlungen und Anthologien abgedruckt wurden. Für seinen Roman »Der lange Schlaf des J. B. Cool« bekam er 1997 den Marlowe. Nach fast fünf Jahren Pause ist dies nun wieder die erste J. B. Cool-Story. Zuletzt hat er veröffentlicht: »Goethe und das Taubstummenorchester. Zwei Gaunerromane zum Preis von einem« (KBV). Mehr unter: www.juergen-alberts.de

Guido M. Breuer lebt und arbeitet seit seiner Geburt (in dem enorm ergiebigen Jahrgang 1967) in der Nordeifel. Dort, wo seit der Römerzeit bis in die Warmperioden des Mittelalters ein sehr schmackhafter Essig angebaut wurde, ermittelt auch sein Lieblings-Protagonist Opa Bertold aus der »Seniorenresidenz Burgblick«. Als echter Eifeler ist er eher Biertrinker, was auch bei seinen regelmäßigen Besuchen in der Oberpfalz überlebenswichtig ist, da die dortigen Weine einer Übermacht sehr guter Biere gegenüber stehen. Er greift aber in besinnlichen Stunden sehr gerne zu voluminös-brombeerigen Roten.

Oliver Buslau wuchs in der Rhein-Mosel-Stadt Koblenz auf und verbrachte damit seine Jugend in gleich mehreren Weinanbaugebieten gleichzeitig. Während seines Studiums der Musikwissenschaft zog es ihn nach Köln und Wien. Heute lebt er in Bergisch Gladbach bei Köln, wo er das Bergische Land mit seiner Krimiserie um den Wuppertaler Privatdetektiv Remigius Rott zu einer literarischen Region machte. Nach Bad Kreuznach zog es Buslau, der auch die Zeitschrift »TextArt – Magazin für Kreatives Schreiben« herausgibt, bereits mehrmals als Schreiblehrer. Sein Lieblingswein heißt Kölsch.

Carola Clasen ist im Rheinland geboren und diesem treu geblieben, aber ein guter Wein darf für sie auch mal aus dem Umland kommen, besonders gern wenn es sich um einen Riesling von der Hessischen Bergstraße handelt. Carola Clasen lebt in Hürth bei Köln und schreibt seit 1998 Kriminalromane und Kurzgeschichten vor allem im KBV Verlag. Zuletzt erschien von ihr »Spiel mir das Lied vom Wind«.

Ina Coelen, 58er Jahrgang. Am weinarmen Niederrhein aufgewachsen und erst beim Grafik-Design Studium mit Wein in Berührung und auf den Geschmack gekommen. Bevorzugt blutroten Wein, am liebsten vom Rhein und mit originellem Etikett. Schreibt seit 1999 Kriminalgeschichten, ist Herausgeberin von über einem Dutzend Krimianthologien und hat vier Kriminalromane und verschiedene Hörspiele herausgebracht. Organisiert seit 2001 die »Krefelder Krimi-Tage«. www.coelen-krimi.de

Ralf H. Dorweiler lebt seit 37 Jahren immer am Rhein. Geboren in der Nähe der Loreley, trieb er sich in seiner Jugend schon gerne auf Weinfesten herum. Nach einem universitären Zwischenhalt, der eher von Kölsch als von Wein geprägt war, zog er nach Südbaden. Dort arbeitet er als Redakteur für eine badische Tageszeitung und hat schnell gelernt, badische Weine vielen hochgelobten anderen Tropfen vorzuziehen. Mit seinen bislang fünf erschienenen Kriminalromanen um Testdieb Rainer Maria Schlaicher und seinen Basset Dr. Watson, ist er von den Badenern bereits regelrecht adoptiert worden.

Jürgen Ehlers, geboren 1948 in Hamburg. Er arbeitet im Geologischen Landesamt Hamburg und befasst sich mit Fragen der Eiszeit- und Küstenforschung. Außerdem schreibt er Kurzkrimis, von denen über 40 in Deutschland, England, Bulgarien und den USA veröffentlicht worden sind. Zum Jahr der Geowissenschaften 2002 hat er zusammen mit Jürgen Alberts eine Anthologie mit Geo-Krimis mit dem Titel »Mord und Steinschlag« herausgegeben. Seine Kurzgeschichte »Weltspartag in Hamminkeln« wurde 2006 mit dem Friedrich Glauser-Preis für den besten deutschen Kurzkrimi ausgezeichnet.

Angela Eßer wurde kurz nach einem Jahrhundertjahrgang mit idealen Wachstumsbedingungen (warmer Sommer mit einer hohen Anzahl von Sonnenstunden) geboren, wenn auch in einer völlig weinlosen Region Deutschlands. Ihren Mann lernte sie in Würzburg kennen, und seitdem hat sie auch eine Liebe zu fränkischen Weinen entdeckt. Neben der Organisation von Krimifestivals gibt sie Krimi-Kochkurse und ist Herausgeberin von Krimianthologien, wie z.B. »Wein & Leichen«. www.angelaesser.de

Markus Guthmann wurde 1964 in der Pfalz geboren. Der erste Schülerzeitungsartikel über die APO fiel der Zensur zum Opfer. Seitdem betätigte er sich immer wieder journalistisch, bis er schließlich den Weg zur Kriminalliteratur fand und seither erfolgreiche Weinstraßenkrimis verfasst. Er arbeitet im Management eines internationalen Konzerns und lebt mit Familie und Hund an der Deutschen Weinstraße, der pfälzischen Toskana. Wenn einmal seine Lieblingsweine Chenin Blanc und Grauer Burgunder nicht verfügbar sind, dann tut es auch die eine oder andere trockene Rieslingschorle, natürlich nur aus dem Pfälzer Dubbeglas.

Kathrin Heinrichs wurde 1970 im Land der tausend Berge und Biere geboren. Dort, im Sauerland, spielen auch ihre Krimis um Hauptfigur Vincent Jakobs. Kathrin Heinrichs trinkt dennoch lieber Wein. Ihre Liebe zum Saarwein entdeckte sie auf einer Fahrradtour am Ufer der Saar entlang. Ihre Liebe zum Millionärsquiz entdeckte sie in Ermangelung eines besseren Fernsehprogramms. Kathrin Heinrichs schreibt nicht nur Kriminalromane, sondern auch Satiren, Theaterstücke und Kabarettprogramme. Mehr über sie unter www.kathrin-heinrichs.de

Andreas Izquierdo, 1968 in Euskirchen als Sohn eines deutschen Ingenieurs und einer spanischen Krankenschwester geboren; aufgewachsen in Iversheim (Nord-Eifel), nach dem Abitur (1987) nach Köln gezogen, um dort mit wenig Fleiß und noch weniger Erfolg zu studieren. Dann volontiert bei einem kleinen Sportverlag; 1993 angefangen Krimis zu schreiben und später Drehbücher fürs Fernsehen. www.izquierdo.de

H. P. Karr lebt im Ruhrgebiet. Er veröffentlichte rund ein Dutzend Thriller, darunter – gemeinsam mit Walter Wehner – die »Gonzo«-Romane, von denen »Rattensommer« 1996 als bester Krimi des Jahres mit dem Friedrich Glauser-Preis ausgezeichnet wurden. Im Jahr 2000 erhielt das Autorenteam den Literaturpreis Ruhrgebiet. Zuletzt schrieb H. P. Karr gemeinsam mit anderen Krimiautoren den Hotelroman »Hotel Terminus« (2005) und gibt seit 2002 die Begleitanthologien zu Europas größtem Krimifestival, dem »Mord am Hellweg« heraus. Zuletzt erschien von ihm bei KBV: »Endstation Ostsee« und »Hängen im Schacht – Das Mordsbrevier fürs Mordrevier«. www.hpkarr.de

F. G. Klimmek, eher ein Freund des Getreides (Bier und Single Malt Whisky) als der Trauben, macht gerne eine Ausnahme beim Urlaub in Brauneberg an der Mosel mit auserlesenen Spätlesen und späten Auslesen; denn bei ihm muss die Sonne auch im Winter noch im Glase funkeln. Bekannt wurde er durch seine Karl-Heinz-Schmitt-Romane sowie seine Krimis um den Fischdetektiv Aalbert bei KBV.

Ralf Kramp trinkt richtig gerne Wein. Er kennt sich nicht besonders gut aus mit diesem edlen Getränk, aber es schmeckt ihm. Geboren wurde er am 1963 in Euskirchen, heute lebt er in der Eifel als Autor und Karikaturist. Für sein Debüt »Tief unterm Laub« erhielt er 1996 Eifel-Literatur-Förderpreis. Seither erschie-

nen zahlreiche Kriminalromane, Kurzgeschichtenbände und Kinderkrimis. Unter dem Titel »Blutspur« veranstaltet er Krimiwochenenden in der Eifel, bei denen hartgesottene Krimifans ihr angelesenes »Fachwissen« endlich bei einer Mördersuche in die Tat umsetzen können. Im Jahr 2002 erhielt er den Kulturpreis des Kreises Euskirchen, 2010 die »Herzogenrather Handschelle«.
Seit 2007 leitet er mit seiner Frau Monika im »Kriminalhaus« in Hillesheim Deutschlands erstes Krimi-Café und das »Deutsche Krimi-Archiv« mit etwa 30.000 Büchern.

Susanne Kronenberg, gebürtige Niedersächsin, mag Wein schon immer lieber als Lüttje Lage. An ihrer Wahlheimat im hessischen Taunus schätzt sie die Nähe zum Rheingau mit dem von ihr bevorzugten Riesling. Nach einer Reihe von Jugend- und Fachbüchern erschienen sechs Kriminalromane, in denen Privatdetektivin Norma Tann unter anderem während der Rheingauer Weinwoche und im Rheingau ermittelt.

Tatjana Kruse, Jahrgangsgewächs aus süddeutscher Hanglage mit Migrationshintergrund (Vater Schweizer, Mutter Friesin), lebt und arbeitet in Schwäbisch Hall (kein Synonym für eine Bausparkasse, sondern die vermutlich kleinste Metropole der Welt) und liebt Württemberger Weine, vor allem die Samtroten. Seit dem Jahr 2000 schreibt sie Kriminalromane, u.a. die »Kommissar Seifferheld«-Reihe. www.tatjanakruse.de

Hagen Range, geboren 1974 in Schlotheim (Thüringen), lebt heute in Hürth bei Köln, kann gut essen. Und prima Bier oder Whisky trinken. Weingenuss lernt er zurzeit im »Missionswerk Öxle«, der Video-Kolumne des internationalen Weinmagazins »Vinum«. Er hat sich seine Sporen im Theater verdient. Unter anderem in der »Kleinen Komödie Köln«, dem »Lustspielhaus München« und der »Comödie Bochum«. Aber auch im Fernsehen ließ er sich blicken. Zum Beispiel im Cast von »Anke« oder »Mircomania« (SAT1), das sogar die »Silberne Rose« von Montreux gewann. Seit neuestem ist er Teil des Comedy-Duos »Die Saugstauber« (www.diesaugstauber.de).

Wolfgang Schüler stammt ursprünglich aus thüringischen Anbaugebieten, erntet aber seit langem seine Trauben in märkischer Heide, auf märkischem Sand. Anders als die meisten Helden seiner zahlreichen Kriminalgeschichten und -romane bevorzugt er einen trockenen Roten.

Uwe Voehl, ertragreicher Autor, dessen Ergebnisse im besten Fall bereits mit einigen Preisen belohnt wurden. Trank als Grundschüler bereits KELLERGEISTER, heute bevorzugt er blutrote Franzosen. Gereifter 59-er Jahrgang, etwas knorrig, da westfälischer Heimatboden (Hagen in Westf.), gedeiht zurzeit im lippischen Bad Salzuflen. Auf fruchtbaren Boden fielen vor allem die gutgelaunten Krimi-Cuvées mit Carsten Sebastian Henn und Ralf Kramp, zu denen der Autor seinen Anteil als Monica Mirelli beischüttete. 2011 erscheint Uwe Voehls neue Krimi-Reihe.

Andreas Wagner, Jahrgang 1974, lebt in Essenheim bei Mainz. Nach seinem Studium in Leipzig und Prag zog es den promovierten Historiker zurück in seine alte Heimat Rheinhessen. Zusammen mit seinen beiden Brüdern – ein gelernter Winzer und ein Diplom-Mineraloge – leitet er das Familienweingut im Selztal. 2007 erschien sein erster Wein-Krimi »Herbstblut«. Es folgten drei weitere Wein-Krimis mit dem Nieder-Olmer Bezirkspolizisten Paul Kendzierski: »Abgefüllt«, »Gebrannt« und »Letzter Abstich« sowie eine Sammlung weinhaltiger Kurzgeschichten »Auslese feinherb«. Mehr zum Autor, seinen Weinen und Büchern finden Sie unter: www.wagner-wein.de.

KBV KRIMINALROMAN

Marita & Jürgen Alberts (Hg.)

ARSEN UND KARTÖFFELCHEN

Taschenbuch, 178 Seiten
ISBN 978-3-937001-94-4
8,90 EURO

Wie war das noch mit dem Verschwinden des Blauen Schweden?
Was ist Sieglindes finsteres Geheimnis?
Wer betreibt schwunghaften Handel mit Hansa-Nieren?
Was hat es mit dem Diebstahl des Rezepts für Goldkartoffel auf sich?
Wer brachte die Kartoffelkönigin um?
Und warum lagen neben der Leiche kalte Pommes Frites?

Dreißig knackige Kurzkrimis um die tollen Knollen, lockerflockig wie ein köstliches Püree, kross und knusprig wie goldbraune Bratkartoffeln, ersonnen von einer hochkarätigen Riege deutscher Krimiautoren und zusammengestellt von den preisgekrönten Krimispezialisten Marita und Jürgen Alberts. Mit zehn außergewöhnlich köstlichen Kartoffelrezepten und einem mörderischen Kartoffel-Krimi-Rezept von Deutschlands Crime-Lady Ingrid Noll.

»Fazit: Eine Anthologie mit Kochrezepten. Empfehlenswert!« (deutsche-krimi-autoren.de)

»…dreißig knackige Kurzkrimis um die tollen Knollen, lockerflockig wie ein köstliches Püree, kross und knusprig wie goldbraune Bratkartoffeln, ersonnen von einer hochkarätigen Riege deutscher Krimiautoren und zusammengestellt von den preisgekrönten Krimispezialisten Marita und Jürgen Alberts.« (Wochenspiegel)